ABD-EL-HAMID-BEY.

JOURNAL D'UN VOYAGE EN ARABIE.

BRUXELLES,
ALPHONSE LEBÈGUE, IMPRIMEUR,
RUE DES JARDINS D'IDALIE, 1.

COLLECTION HETZEL.

ALD-EL-HAMID-BEY

JOURNAL

D'UN VOYAGE EN ARABIE,

RÉDIGÉ PAR

ALEXANDRE DUMAS.

I

Edition autorisée pour la Belgique et l'Étranger,
interdite pour la France.

BRUXELLES,

ALPH. LEBÈGUE, IMPRIMEUR-ÉDITEUR,

RUE DU JARDIN D'IDALIE, 1.

1856

AVANT-PROPOS.

En 1835 ou 1836, je faisais, à bord du *Tancrède*, la traversée de Gênes à Livourne.

A mon arrivée sur le pont, quelqu'un me nomma, et je vis alors se détacher de la muraille du bâtiment et venir à moi un homme vêtu du costume des Arabes du Liban.

Quand j'aperçois un costume arabe, les ailes que Dieu a attachées à mon imagination, au lieu de les attacher à mes épaules, s'ouvrent d'elles-mêmes, et je suis prêt à m'envoler vers le pays des rêves d'or.

Aussi, voyant l'Arabe venir à moi, j'allai à lui.

— Monsieur Dumas, me dit-il, voulez-vous me permettre de me féliciter du hasard qui nous réunit sur le même paquebot?

Je m'inclinai en me disant à moi-même :

— Ces diables d'Orientaux, comme ils vous parlent le français!

— Je vous ai cherché à Paris partout où j'espérais vous rencontrer, mais inutilement, continua l'Arabe.

— Pourquoi n'êtes-vous pas tout simplement venu chez moi?

— Je m'y suis présenté dix fois : on m'a toujours dit que vous n'y étiez pas.

— Il fallait laisser votre nom.

— Ce nom vous était inconnu.

— Vous aviez quelque chose à me dire ?

— Vous venez de publier, avec M. Dauzats, reprit l'Arabe, un livre intitulé : *Quinze jours au mont Sinaï.*

Je rougis légèrement.

— C'est vrai, répondis-je.

— Eh bien, j'avais à vous répéter ce que j'avais entendu dire à Ibrahim-Pacha.

— Et qu'avez-vous entendu dire à Ibrahim-Pacha ?

— Que vous étiez un des hommes qui avaient le mieux vu l'Égypte...

Cette fois, je ne rougis point, je souris.

— Seulement, il regrettait de ne pas vous avoir connu.

— Ah ! vraiment ?

— Pourquoi, allant au Caire, n'avez-vous pas été personnellement lui faire une visite? C'est un homme très-remarquable et qui vous eût parfaitement reçu.

— D'après ce que je sais du prince, je n'en doute pas, monsieur ; mais il y avait une raison péremptoire pour que je me privasse de cet honneur.

— Est-ce indiscret de vous demander laquelle?

— Oh! mon Dieu, non! C'est que je n'ai jamais vu l'Égypte que dans les cartons de mon ami Dauzats.

— De sorte que ce voyage au Sinaï...?

— Je l'ai fait en imagination, avec mon autre ami Taylor.

— Voilà tout?

— Voilà tout.

— C'est fâcheux que vous n'ayez point parcouru ces pays-là par vous-même. Ayant écrit ce que vous avez écrit sans les avoir vus, qu'auriez-vous fait, les ayant visités?

— Mon Dieu, quelque chose de plus exact, à coup sûr, mais de moins poétique, peut-être.

— C'est possible, dit l'Arabe. Le compliment d'Ibrahim n'en subsiste pas moins, et n'en acquiert que plus de prix.

— Mais vous, monsieur, vous les avez vus, ces pays merveilleux?

— J'en viens.

— Et vous y retournez?

— Sans doute; il y a un proverbe qui dit : « Dès qu'un étranger touche la terre d'Orient, il lui pousse des racines aux pieds. »

— Alors, vous n'êtes point Arabe?

— Je suis Français.

— Et vous vous nommez?

— Je me nomme Du Couret... Vous voyez que cela n'a rien d'oriental; aussi, vais-je changer de nom, et même de religion.

— Vous allez vous faire musulman?
— Oui.
— Et pourquoi cela?
— Parce que j'ai l'intention de voyager dans l'Éthiopie, sur la mer Rouge, dans l'Yémen, en Perse, dans l'Inde... J'ai aussi un autre projet, mais pour plus tard : je voudrais traverser le continent africain du nord au sud, d'Alger au cap de Bonne-Espérance, en m'arrêtant et séjournant à Tombouctou et au lac Tchad. Or, vous comprenez bien, je ne puis entreprendre toutes ces pérégrinations qu'en renonçant, sinon à mon titre de Français, du moins à la religion catholique.

J'écoutais ce que me disait cet homme, et je croyais entendre le rêve d'un fou, d'une cigogne ou d'une hirondelle; mais, comme ce rêve prenait une certaine réalité en passant par la bouche de mon compatriote ; comme il y avait dans l'esprit qui me l'exposait un grand fonds de volonté; comme on sentait que cet homme se ferait tuer ou qu'il accomplirait son dessein, je voyageai en imagination avec lui dans tous les pays où il lui plut de me conduire, jusqu'à ce que, à Livourne, nous prissions congé l'un de l'autre, lui continuant de voguer vers l'est, moi faisant un crochet vers le nord, et m'arrêtant modestement à Florence.

Quinze ans s'écoulèrent; j'avais depuis longtemps oublié cette rencontre.

On sonna un matin à ma porte, et mon domestique m'annonça Hadji-Abd-el-Hamid-Bey !

J'ordonnai de faire entrer.

L'homme que je vis paraître était mon passager du *Tancrède*. — Je le reconnus à l'instant même, quoique, au lieu du costume des Arabes du Liban, il portât celui des Turcs du Caire.

Qu'avait-il fait pendant ces quinze ans? On pense bien que, quand je lui eus serré les mains, et que nous nous trouvâmes assis l'un près de l'autre, ce fut la première question que je lui adressai.

Il avait, en me quittant, été à Constantinople, puis à Smyrne, puis à Rhodes, puis à Alexandrie, puis au Caire. Il avait remonté le Nil, visité Thèbes, Philœ, Dongolah, le Sennaar, le Kordofan jusqu'aux limites du Dar-Four; il avait traversé le Dar-Fungarah, le pays des Nabas, le pays des Tuklavis, le Bournou — Suivez-le, si vous pouvez, sur la carte, s'il y a une carte qui mentionne les pays qu'il a parcourus. — Il était revenu au Sennaar; il avait touché à l'île de Méroé, abordé à Souakin; il avait remonté la rive gauche de la mer Rouge jusqu'à Suez, en avait descendu la rive droite jusqu'à la Mecque. Là, suivant son projet, il avait embrassé l'islamisme, avait fait le pèlerinage à Médine, la seconde des villes saintes, puis avait exploré la province de l'Hedjaz, les montagnes de l'Asser et l'Yémen.

Alors, vaincu par le climat fiévreux, par la mauvaise qualité des eaux de puits, il était tombé malade, et s'était traîné jusqu'à Sanah ; de Sanah, il avait gagné Mareb, l'ancienne capitale de la reine Nicaulis, puis Mascate sur le golfe Persique. Bien accueilli par l'iman Saïd-Saïd, il avait parcouru l'Oman, fait naufrage devant le djebel Menef, était tombé aux mains d'une tribu antimahométane, et avait été conduit par elle sur le marché de Derreyeh. Acheté par le petit-fils de Wahab, ce Luther musulman, et transporté mourant par son maître, ou plutôt par son libérateur, à Koueith, point culminant du golfe Persique, il avait profité du voisinage pour visiter Bassora, Zuber, Koma, d'où il avait touché en quelque sorte, d'une main, le Tigre, et, de l'autre, l'Euphrate; il avait traversé la grande tribu des Montéfis, été à Bagdad, exploré le pays des Anèses, était revenu, mourant, à Bagdad, s'était de nouveau couché à Bassora sur le lit d'agonie, s'en était encore une fois relevé, avait repris son chemin vers Mascate, s'y était arrêté le temps de reprendre des forces, s'était embarqué dans le golfe Persique, avait traversé diagonalement l'océan Indien, avait débarqué à Zanzibar, y avait été recueilli sur le brick *le Berceau* par l'amiral Romain-Desfossés, avait été transporté par lui à l'île Bourbon, s'y était engagé comme interprète à bord de la corvette *le Cormoran*, dans le but d'aller chercher les fragments antiques retrouvés par mon ami Botta au milieu des ruines de Ninive, avait regagné Mascate, était retourné à Bassora, y avait quitté le navire, s'était enfoncé vers Ispahan, était entré là au service de Mehemed-Shah ; dénoncé comme Français et comme chrétien, il avait été bâtonné et jeté en prison, avait séduit son geôlier avec l'or caché dans les semelles de ses babouches, s'était évadé sous un costume de femme, avait atteint Chiraz, avait visité Persépolis, Ecbatane, Suze, le Béloutchistan, Bender-Bouchir, Bender-Abassy, Ormuz, l'île de Karak, Bombay, était, pour la troisième fois, retourné à Mascate, puis avait longé la côte jusqu'à Hargiah, était allé à Socotora, à Mogadoxo, à Mélinde, à Jabah, à Mouba, à Killoa, à Mozambique, à Kérimb, et était encore une fois arrivé, mourant, à Zanzibar. De là, il s'était —

après deux mois de convalescence — embarqué pour les Comores, avait abordé à Tamatave, avait remonté la côte de Madagascar jusqu'à Tananarive, était revenu à Bourbon, y était resté trois mois malade de la fièvre et du scorbut, et, enfin, se retrouvait à Paris, après avoir passé par le Cap et Sainte-Hélène !

Je le croyais guéri de la manie des voyages. Mais non ; on dit : *Qui a bu, boira ;* — *qui a joué, jouera ;* il y a un troisième proverbe à ajouter à ceux-là ; c'est : *Qui a voyagé, voyagera.*

Abd-el-Hamid-Bey revenait en France à l'effet d'organiser son grand voyage dans l'Afrique centrale.

Après un an de sollicitations, il reçut une mission du gouvernement, ceignit ses reins de nouveau, reprit son bâton de pèlerin, aussi leste, aussi ingambe, aussi dispos, que s'il ne venait pas de faire trente ou trente-cinq mille lieues, — c'est-à-dire trois ou quatre fois la valeur du tour du monde !

Maintenant, le voilà encore une fois de retour, l'infatigable voyageur. Il a parcouru toute la Tunisie, visité Sfax, pénétré jusqu'à la petite Syrte, traversé le lac Melr'hir, l'oued Souf, l'oued Rhir, où, arrêté par le soulèvement général des tribus, il a combattu au milieu des goums du sultan de Tuggurt; après quoi, il est revenu à Biskarah, et, enfin, rappelé par le ministère de l'instruction publique, est rentré à Paris en passant par ces faubourgs de la France qu'on appelle Constantine et Philippeville.

Il compte ne faire parmi nous qu'une halte, bien entendu, et obtenir prochainement quelque nouvelle mission qui lui donne le prétexte de lutter de nouveau, au profit de la science, contre la fatigue, la fièvre, la peste, le choléra, le simoun, le scorbut, l'ouragan, le naufrage, tous les périls qu'il a déjà bravés, tous les fléaux qu'il a déjà vaincus.

En attendant, Abd-el-Hamid-Bey fait, chaque jour, faute de mieux, le chemin de la barrière d'Enfer à la barrière de Clichy, c'est-à-dire qu'il vient me voir, et se prépare à ses voyages futurs en me racontant ses voyages passés; or, comme j'ai toujours la plume à la main, tandis qu'il parle, j'écris…

Et voilà comment je puis aujourd'hui mettre sous les yeux du public une partie de l'odyssée de ce passager du *Tancrède*, de ce vieil ami que je revois au bout de vingt ans, et qui, pendant ces vingt ans, a fait plus de deux mille lieues par année.

Si l'on trouve que l'ouvrage est bien gai pour le grave musulman que l'on a rencontré peut-être plus d'une fois à travers

Paris, j'avouerai que cette gaieté, intempestive peut-être, mais qui m'a semblé aussi nécessaire que ce miel dont parle Horace, et qu'on met au bord de la coupe des enfants malades, j'avouerai, dis-je, que cette gaieté est de moi, et que j'en dois porter seul la responsabilité devant les savants qui m'ont reproché déjà d'avoir plaisanté avec le Nil et les Pyramides!

Alex. Dumas.

I

— La mer Rouge. —

Le 9 février 1842, je partis du Caire avec mon domestique Sélim, koulougli de vingt-huit à trente ans, que j'avais engagé à mon service moyennant trente piastres par mois, c'est-à-dire pour cinq ou six francs de notre monnaie. Je portais le costume de *caïmacan*, c'est-à-dire de lieutenant-colonel égyptien; j'étais armé d'un sabre, de deux paires de pistolets, d'un poignard; j'avais, en outre, un fusil à deux coups, — fabrique de Paris, — que je comptais utiliser, selon l'occasion, pour mon plaisir ou ma défense.

Nous nous étions joints à une caravane de marchands ; cette caravane comptait quinze chameaux, à peu près ; par conséquent, elle était faible.

La route du Caire à Suez est médiocrement sûre : les Arabes de Thor, les plus hardis voleurs et les plus effrontés pillards qu'il y ait sous le ciel, poussent leurs courses jusqu'aux faubourgs du Caire, ne respectant que les moines du Sinaï, protégés par le firman de Bonaparte.

C'est une chose curieuse que l'histoire de ce firman.

Bourrienne en plaisante galamment dans ses Mémoires. Bourrienne voyait Bonaparte de trop près pour deviner qu'il serait un jour Napoléon.

« Bonaparte, dit-il, avait signé le 19 décembre, avant de partir pour Suez, une espèce de sauvegarde, une exemption de droit pour le couvent du mont Sinaï, afin qu'il pût transmettre *aux races futures* le souvenir de notre conquête. Il lui avait donné cette sauvegarde par respect pour Moïse et la nation juive, noms dont la cosmogonie nous rappelle les âges les plus reculés, et il la lui avait donnée aussi parce que le couvent du Sinaï est habité par des hommes instruits et polis au milieu de la barbarie du désert. *Tout*

Bourrienne se trompait, comme on voit. Malgré son doute, le souvenir de notre conquête est transmis aux races futures, et la signature de *Bounaberdi* est vénérée par les Arabes de Thor, qui ne manquent pas de demander à la voir chaque fois qu'ils rencontrent les moines protégés par ce talisman.

Aucun chemin tracé ne marque la route. Sur la surface plane qui sépare le Caire du Sinaï, roule incessamment une mer de sable dont les vagues mouvantes rendraient l'emploi de la boussole nécessaire, si les ossements des chameaux morts d'accident ou de fatigue dans le trajet ne servaient de point de repère pendant le jour. La nuit, la route devient plus facile : on a pour guides les étoiles.

On mettait, à cette époque, trois jours pour aller du Caire à Suez ; aujourd'hui qu'il y a concurrence entre deux lignes d'omnibus, les uns anglais, les autres français, on y va en trente heures. Trois ou quatre lieues avant d'arriver à Suez, on voit blanchir la ville aux rayons du soleil couchant ; une ligne brillante coupe le sable jaunâtre d'un reflet d'argent : c'est la mère des villes saintes, de la Mecque et de Médine.

Au fur et à mesure que l'on approche, on distingue une espèce de procession de gens qui vont et qui viennent, les uns à pied, les autres sur des ânes, d'autres sur des chameaux : ce sont les habitants de Suez qui vont chercher de l'eau à un puits situé à trois quarts de lieue à peu-près de la ville.

Je descendis chez M. Nicolas Costa, consul à Suez, pour lequel j'avais des lettres de recommandation. Sa maison est située juste en face de celle où logea Bonaparte, lors de son voyage à la mer Rouge. Cette dernière est habitée aujourd'hui par un Grec, agent de la Compagnie des Indes, pour l'Angleterre, qui m'en ouvrit les portes au premier désir que je lui manifestai de la visiter.

La chambre du vainqueur des Pyramides a été, assure-t-on, conservée telle qu'elle était à l'époque de son passage. C'est une des plus simples de la maison : un divan règne tout à l'entour; les croisées s'ouvrent sur le port.

J'arrivai tout juste pour mettre mon arabe et mes habitudes du pays à la disposition d'un compatriote. L'abbé Cafarel se rendait à Agrah, dans l'Indoustan, avec six religieuses qui s'étaient, ainsi que lui, vouées aux missions; leur intention était de partir par le bateau à vapeur; seulement, on leur demandait mille écus par personne pour les conduire à Bombay !

L'abbé Cafarel trouvait l'exigence un peu forte; le consul, qui ne parlait pas français, ne pouvait leur être d'aucune utilité. Je me chargeai de la négociation.

Je leur frétai une barque qui s'engagea à les conduire pour quinze cents francs à Djeddah, où je leur affirmai qu'ils trouveraient un bâtiment qui, à un prix raisonnable, les transporterait dans l'Inde.

Le *reïs* (patron) s'était engagé à ne prendre aucun passager, ni aucune marchandise; il va sans dire qu'en arrivant à bord, ils trouvèrent la cale encombrée de ballots et le pont couvert de pèlerins.

Ce manque de parole du patron et la quantité de punaises qui couraient le long des parois du *boutre* — c'est le nom que portent ces sortes de bâtiments — valurent à l'abbé Cafarel et à ses bonnes sœurs un nouveau rabais de cinq cents francs.

Il en résulta que, pour mille francs, les sept passagers arrivèrent à Djeddah, où, comme je le leur avais prédit, ils trouvèrent un bâtiment qui les transporta à Bombay.

C'était un navire hollandais.

Les six religieuses avaient laissé un souvenir à Suez; leurs visages découverts et leur étrange costume avaient fait à la fois le scandale et l'étonnement des Arabes.

Je profitai du mois que j'avais à rester à Suez

pour faire des courses aux environs. Ces courses eurent pour but de visiter les ruines d'Arsinoé, les restes de Clisma, les rives du canal de Ptolémée, un vieil aqueduc qui amenait les eaux de Kosséir, c'est-à-dire de plus de cent lieues, et les fontaines de Moïse.

J'avais gardé cette excursion pour la dernière, comme étant la plus intéressante. Je comptais suivre, pour y aller, ainsi que pour en revenir, exactement le même chemin qu'avait suivi Bonaparte.

Les fontaines de Moïse sont à deux lieues de Suez, à peu près, en Asie, dans l'Arabie Pétrée. On peut, pour s'y rendre, ou contourner la pointe septentrionale de la mer, ou traverser son lit à pied sec en profitant du retrait des eaux.

Je profitai de cette dernière facilité, qui, en allant, me donnait une ressemblance avec Pharaon, tandis que le retour devait m'en donner une avec Bonaparte.

Seulement, au lieu de passer la mer Rouge en char, comme Pharaon, ou à cheval, comme Bonaparte, je la passai tout bonnement à âne ; — mais qui n'a pas connu l'âne d'Égypte n'a pas connu l'âne modèle ! L'âne de Sancho, des qualités duquel l'auteur de *Don Quichotte* fait un si tendre éloge, n'est qu'un descendant bien descendu des ânes arabes.

Nous arrivâmes en deux heures aux sources de Moïse, en arabe *aïoun Mouça*; ce sont dix charmantes fontaines, ombragées par une douzaine de palmiers.

Les Israélites fugitifs s'arrêtèrent là, après avoir vu la mer dévorer leur ennemi et son armée; mais un ennemi bien autrement terrible faisait halte avec eux pour les dévorer eux-mêmes : c'était la soif. Moïse, le savant législateur, qui connaissait non-seulement tous les besoins de la société, mais encore tous les mystères de la nature; Moïse, qui venait de faire un miracle de ce flux et de ce reflux de la mer Rouge, ignoré dans la Méditerranée; Moïse examina le terrain, et reconnut que des sources devaient couler à une faible profondeur.

Il enfonça sa verge, l'eau jaillit : il venait d'inventer les puits artésiens !

L'eau, quoique un peu saumâtre, est fraîche, et, après la course que l'on vient de faire, paraît excellente. On passerait sa vie couché à l'ombre de ces palmiers, sur le bord d'une de ces sources; mais deux choses nous empêchaient d'y prolonger notre halte : d'abord, nous n'avions pas le firman des moines du Sinaï; ensuite, nous devions, sous peine de l'accident arrivé à Pharaon et qui avait failli arriver à Bonaparte, repasser la mer en temps opportun.

Nous remontâmes donc sur nos ânes et nous reprîmes à rebours le chemin déjà suivi.

Ce fut le 28 décembre 1798 que Bonaparte visita les sources de Moïse ; il avait traversé la mer Rouge à huit heures du matin ; mais il s'attarda, et ne se retrouva qu'à la nuit sur ses bords.

Bourrienne raconte ainsi ce retour :

« Bonaparte revint à Suez le soir du jour qu'il l'avait quitté. La nuit était profonde ; nous arrivâmes au bord de la mer : elle montait et était déjà assez haute. On s'écarta un peu du chemin que l'on avait pris le matin ; le guide nous avait trompés, on s'égara : nous passâmes un peu trop bas ; le désordre se mit bientôt parmi nous. Nous ne fûmes point perdus dans les marais, comme on l'a dit, il n'y en avait point ; on ne se voyait pas, mais on criait, on s'appelait. J'ai lu, mais je n'ai ni vu ni ouï dire que la marée montante serait devenue le tombeau du général en chef, si un guide de son escorte ne l'eût sauvé en l'emportant sur ses épaules. Si le danger eût été tel, tous ceux qui n'eussent point eu quelqu'un pour les emporter eussent péri, et il n'a péri personne. Le général Caffarelli, auprès duquel j'étais dans cette bagarre, courut quelque danger parce que sa jambe de bois l'empêchait de se bien tenir à cheval au milieu des eaux ; on vint à son secours en le soutenant de chaque côté. Ni Berthier dans sa relation, ni Napoléon à Sainte-Hélène ne parlent de ce fait. Il aurait fallu que le guide se mît dans l'eau jusqu'au menton; son cheval et celui du général en chef, abandonnés à eux-mêmes et dans l'obscurité, auraient mis le désordre dans la petite escorte, et le bulletin en aurait parlé : c'est une pure invention. »

Voilà le souvenir qu'a conservé Bourrienne de cet événement. Bourrienne, comme le secrétaire de Charlemagne, Éginhard, semble placé près de Napoléon pour le ramener sans cesse à des proportions humaines; c'est l'esclave antique qui crie derrière le char : « César, souviens-toi que tu es mortel ! »

Maintenant, voici comment le fait est rapporté par Napoléon :

« Profitant de la marée basse, je traversai la mer Rouge à pied sec. Au retour, je fus pris par la nuit et je m'égarai au milieu de la marée montante; je courus le plus grand danger : je faillis périr de la même manière que Pharaon; ce qui n'eût pas manqué de fournir, à tous les prédicateurs de la chrétienté, un texte magnifique contre moi. »

Les fontaines de Moïse sont les points les plus avancés qu'ait touchés, du côté de l'Inde, le moderne Alexandre. Sans doute venait-il reconnaître le chemin, et comptait-il traverser un jour tout cet espace situé entre la mer Rouge et le golfe Persique.

La chute de Tippo-Saëb l'arrêta.

Je trouvai, en revenant à Suez, M. Jacobi, ministre apostolique, revenant de Rome avec une quarantaine d'Abyssiniens jacobites, sujets du roi Oubyé, — le même qui fit offrir au roi Louis-Philippe cent cinquante lieues de terrain sur la mer Rouge et une alliance contre les Anglais; double proposition que le roi Louis-Philippe refusa.

Ces jeunes gens parlaient l'italien et le français; il y avait parmi eux cinq ou six prêtres ordonnés à Rome.

Pour célébrer leur retour, on dit une grand'-messe, à laquelle assistèrent tous les chrétiens de la ville.

Le gouverneur de Suez se nommait Mohammed-Bey.

C'était une espèce d'idiot, rendant la justice à la turque, avec un raffinement de cruauté inouï.

Pendant mon séjour, un vol considérable en argent et en soieries avait été commis; il soupçonna — pourquoi? je n'en sais absolument rien — trois fellahs d'être les coupables, et les condamna à être battus de bambous jusqu'à ce qu'ils avouassent leur prétendu méfait.

Un de ces pauvres diables mourut pendant

l'opération ; les deux autres s'évanouirent et ne moururent que des suites.

Mais qui s'inquiète de trois pauvres paysans égyptiens? Il faut pour cela être Français, et n'avoir rien de mieux à faire.

J'avais vu de Suez tout ce que j'en voulais voir ; j'avais hâte de m'enfoncer vers le sud ; mon projet était de m'arrêter à Djeddah, de m'y faire musulman et d'accomplir le pèlerinage de la Mecque. J'étais convaincu que ce changement de religion et le titre de *hadji* m'ouvriraient tous les chemins et que ces nombreux et insurmontables obstacles qui empêchent les Européens de pénétrer en Arabie s'aplaniraient dès lors devant moi.

Je traitai de mon passage avec le reïs d'un boutre ; ces bâtiments ont si peu d'importance, qu'en général ils n'ont d'autre nom que celui de leur propriétaire.

Le propriétaire de mon boutre s'appelait Mohammed ; son boutre s'appelait donc le *Mohammed*.

C'était une barque à voiles latines jaugeant quatre-vingt-dix tonneaux, à peu près ; on la chargeait en mer, attendu l'ensablement successif du port. — Suez finira par être aussi loin, au midi, de la mer Rouge, qu'il l'est, au nord, de la mer Méditerranée.

Il n'y a que les très-petites embarcations qui

puissent entrer dans le chenal; encore, à tout moment, leurs équipages sont-ils obligés de se mettre à l'eau pour les tirer du sable.

Je me rendis à bord de mon *bagolo* (c'est encore un nom que les Arabes donnent à ces sortes de bâtiments), je me rendis à bord de mon bagolo le 2 avril, et j'y choisis incontinent, avec l'aide de Sélim, la place que j'y devais occuper.

Ce n'était pas chose facile : le bâtiment, outre son chargement commercial, contenait cent passagers, à peu près. Ce n'était pas un mètre carré par personne.

Ces passagers se divisaient ainsi : sept ou huit marchands, et le reste voyageurs et pèlerins. Parmi ces marchands, ces voyageurs et ces pèlerins, on comptait une vingtaine de femmes et d'enfants. Tout cela, à quelques exceptions près, était d'une malpropreté révoltante.

Au moment où j'arrivai, un passager s'était mis nu et roulait un boulet de douze sur ses vêtements.

Je demandai à Sélim à quelle occupation se livrait cet homme.

Il tuait en gros les insectes qu'il eût été trop long de détruire en détail!

Les principaux de ces passagers étaient un docteur de la loi musulmane, ses deux femmes et son nègre; un vieux turcoman de Rhodes, avec sa femme grecque; le mari s'appelait Hadji-Ali et la femme Hadji-Fatma : elle devait être superbe, à en juger par ses yeux, qu'on apercevait sous le *mellaïa* de soie blanche et bleue qui l'enveloppait des pieds à la tête.

Je ne sais si ce fut cette conviction que j'avais de la beauté de la femme qui me fit rechercher le voisinage du mari; mais, ce que je sais, c'est que mon établissement se trouva contigu à celui de Hadji-Ali.

Sur ces sortes de bâtiments non pontés, et par conséquent sans cabine, chacun couche sur les planches et à la belle étoile, s'arrangeant comme il peut, conquérant et défendant sa place contre les empiétements de ses voisins.

Au reste, j'avais moins à lutter que tout autre : mes armes en excellent état, mon grade de caïmacan, mon titre de médecin, l'apparence de luxe que me donnait Sélim avec son costume de saïs dans les jours ordinaires, et de baltadji dans les jours de fête, inspiraient un certain respect aux pauvres diables avec lesquels nous voyagions.

Quant aux besoins matériels de la vie, ils semblaient à peu près supprimés chez les Arabes. L'Arabie est le pays de la famine : un Arabe pur sang a toujours faim.

Chacun de nous avait donc à pourvoir à sa subsistance personnelle ; en conséquence, chacun avait emporté sa farine, son riz et son eau.

Une cuisine commune, pareille aux fours banaux du moyen âge, offrait à chacun son foyer toujours ardent.

Au reste, la cuisine est simple dans toute l'Égypte, et particulièrement sur la mer Rouge. Les Arabes pétrissent du pain aigre avec des dattes, et mangent cette espèce de galette ; les riches font crever leur riz dans l'eau, le saupoudrent d'un peu de sel, le dorent avec un peu de beurre, et tout est dit. — Le beurre est dans des vases, liquide comme de l'huile, à cause de la chaleur.

Le commun des martyrs mange ce riz avec les doigts, les plus difficiles avec une cuiller.

Les mousses sucent les noyaux des dattes déjà sucés par les consommateurs, et mangent les miettes que laissent tomber les convives les plus prodigues. Deux enfants, pendant toute notre traversée, n'ont pas, à ma connaissance, vécu d'autre chose.

Je ne conseille pas à une Parisienne de voyager sur la mer Rouge !

Notre Grecque elle-même, la belle Hadji-Fatma, ne pouvait dissimuler sa répugnance pour l'eau.

En effet, l'eau se corrompait avec une effrayante

facilité, et l'on n'avait aucun besoin de microscope solaire pour distinguer les animaux qui l'habitaient. Ces animaux, qui me répugnaient fort à moi-même, faisaient le désespoir de ma voisine.

J'eus, par bonheur, une idée qui parut me mettre au mieux dans son esprit : c'était de passer l'eau dans un mouchoir et d'en faire de la limonade avec une légère dose d'acide tartrique que je tirai de ma pharmacie.

Je fus remercié de cette attention par un charmant serrement de main.

Chaque soir, au reste, on s'arrêtait et on amarrait la barque au rivage.

Les matelots de la mer Rouge ne voyagent pas la nuit, de peur des rochers et des pirates.

On ne nous promettait de l'eau qu'à Thor, et nous ne devions y arriver que le troisième jour. Sans l'acide tartrique, je ne sais pas comment nous eussions fait.

Quand je dis que nous ne devions arriver à Thor que le troisième jour, j'avance ce fait d'après les informations que j'avais prises à Suez : jamais un pilote arabe ne répondant autre chose à cette question : « Quand arriverons-nous à tel endroit? » que ces mots : « Quand il plaira à Dieu ! »

Heureusement, il plut à Dieu de nous faire arriver le troisième jour.

Je descendis à terre aussitôt que l'ancre fut jetée.

Le mouillage est charmant. Quelques palmiers se groupent et se balancent au bord de la mer. Partout où pousse cet arbre, si gracieux et si poétique, le paysage prend un air d'oasis qui rafraîchit même de loin.

Un palmier n'est pas pour moi un arbre ordinaire, comme le chêne ou le sycomore; le palmier m'attire, me plaît, me réjouit; je souris à un palmier comme on sourit à un frère.

L'Arabe compare presque toujours la taille de sa maîtresse à la tige souple et élégante du palmier. Il est vrai qu'il y a des savants, très-savants même, qui échappent à ce prestige, et qui comparent le palmier à un balai retourné. Tant pis pour ces savants-là !

Il était deux heures de l'après-midi, à peu près.

Je commençai par me désaltérer, résultat auquel je crus un instant que je n'arriverais jamais; puis je fis provision de petits citrons gros comme des noix, excellents compagnons de route par la chaleur, et je me fis conduire aux bains de Moïse.

On comprend qu'aux environs du Sinaï, tout porte le nom vénéré du législateur des Hébreux.

Les bains de Moïse sont à peu près à une lieue et demie du port, au pied de la montagne; on traverse le désert pour y arriver.

Jamais, du reste, je n'ai vu désert plus peuplé, plus vivant, plus grouillant que celui qui s'étend du port aux bains de Moïse.

A chaque pas, on risque de marcher sur ces beaux lézards à deux pattes et couleur d'argent que les Africains appellent les poissons du désert, et qu'ils mangent avec délices, tandis que le lézard vert de deux pieds de long, qu'Hérodote désigne sous le nom de crocodile terrestre, et les Arabes sous celui de *ouaran*, regarde gravement passer le voyageur, paraissant éprouver à sa vue plus de curiosité que de crainte.

En outre, à droite et à gauche, de charmantes gerboises, espèces de kanguroos en miniature, presque aussi nombreuses que les sauterelles d'Europe dans un pré nouvellement fauché, décrivent leurs courbes gracieuses, fuyant par bonds de deux ou trois mètres, et, si elles sont poursuivies, s'enfonçant et disparaissant dans le sable.

Nos Arabes étaient d'une habileté extrême à cette chasse; ils leur jetaient leur *sommada*, et les prenaient comme des oiseaux sous une trappe; ou bien, sautant presque aussi légèrement qu'elles, plongeant leurs mains dans le sable, les poursuivaient dans leur terrier mouvant, et les ramenaient prisonnières par le train de derrière. Il fallait une grande adresse aux chasseurs pour les prendre ainsi, sinon ils étaient mordus cruellement.

Au-dessus de nos têtes planaient des aigles et des vautours.

Nous arrivâmes aux bains sans nous apercevoir, grâce à ces détails pittoresques, de la chaleur du soleil et de la longueur de la route.

Ces bains d'eau thermale, mais dont je n'ai pu mesurer la chaleur faute de thermomètre, sont enfermés dans une bâtisse en maçonnerie de dix mètres de long sur quatre de hauteur; le matin ou le soir, je les eusse trouvés pleins de baigneuses venant de Thor; à trois heures de l'après-midi, ils étaient parfaitement solitaires.

Nous revînmes, moi regardant les lézards et les aigles, mes compagnons attrapant des gerboises.

Du port, je vis *le Mohammed* couché doucement à l'ancre, à trente pas de moi. Son équipage, tout composé de noirs, — je crois l'avoir déjà dit, — se livrait à un travail qui pouvait faire le pendant de celui de mes preneurs de gerboises.

L'équipage pêchait à la ligne et prenait du poisson par tonnes; seulement, des milliers de goëlands volaient à l'entour des pêcheurs, et, avec une adresse merveilleuse, une fois sur trois, leur enlevaient le poisson dans l'espace qu'il avait à parcourir entre la surface de la mer et leur main.

Il arrivait parfois que le goëland, victime de sa gloutonnerie, se prenait lui-même à l'hameçon ; le pêcheur pêchait ainsi du même coup un poisson et un oiseau.

Après une demi-heure passée à regarder ce spectacle grotesque, j'allai prendre mon dîner chez un nommé Nicolas Birmil, auquel j'étais recommandé par le consul de Suez ; puis, je revins coucher à bord. — Nous devions reprendre la mer à minuit.

Je ne saurais dire précisément si nous levâmes l'ancre à l'heure dite. J'étais écrasé de fatigue, et, pour la première fois depuis mon entrée dans la barque, je dormis malgré les incessantes piqûres des ennemis du sommeil humain.

Je fus réveillé par l'appel à la prière.

Nous étions déjà loin de Thor.

Chacun prenait de l'eau dans son écuelle ou dans sa noix de coco, et faisait ses ablutions avec de l'eau de mer.

Je fis comme les autres.

On ignorait à bord que je fusse encore chrétien : mon nom d'*Ibrahim*, — c'était celui que je portais alors, — mon costume égyptien, faisaient croire que j'étais mahométan.

Je me lavai donc avec les autres, je me tournai donc vers la Mecque avec les autres, je me prosternai donc avec les autres, je priai donc avec les autres.

Si notre prière avait pour but de demander du calme, nous fûmes servis à souhait.

La chose était d'autant plus désagréable que l'on cessait d'avancer, mais que l'on roulait toujours. De temps en temps, le navire craquait de manière à faire croire qu'il allait s'ouvrir.

Il faisait une chaleur torride; le matin, on ressentait non pas un peu de vent, mais un peu de fraîcheur.

C'était à cette heure seulement que l'on commençait à s'endormir.

On se réveillait avec un ciel bleu de cobalt au-dessus de la tête; mais, peu à peu, cet azur semblait se fondre et se liquéfier aux rayons du soleil.

De dix heures du matin à quatre heures du soir, c'était de la flamme que l'on respirait, des vagues de plomb fondu qui roulaient dans l'air.

Chacun de nous, pendant ce temps, était pris d'une torpeur invincible. On allait se coucher sur le pont, couvert chacun de son burnous ou de son manteau.

Enfin, pour comble d'inquiétude, on épuisait l'eau peu à peu, sans savoir comment on pourrait la renouveler.

Chaque soir, à force de travail, on se rapprochait du rivage, dont, à force de travail encore, on s'éloignait chaque matin ; mais le rivage était désert et complétement aride ; le savant le plus savant eût donné bien des choses pour apercevoir un de ces groupes de palmiers qui annoncent la présence de l'eau, et sans doute, dans sa reconnaissance, il les eût traités d'arbres sauveurs et non de balais retournés.

La nuit était encore ce qu'il y avait de plus gai : les chanteurs chantaient ; les conteurs contaient ; les musiciens jouaient d'une espèce de tambour et d'une manière de guitare, et les noirs, qui seuls couraient comme des grillons sous ce soleil digne du Sénégal et de la Guinée, après avoir passé une journée délicieuse, essayaient de nous réjouir, ou plus simplement peut-être encore de s'amuser en dansant la *chuâ*, cette pyrrhique de l'Éthiopie.

Alors, nous fumions, et l'on ne voyait que nègres courant de la poupe à la proue, pour nous servir du café dans ces charmantes petites tasses appelées *finjal*, et nous apporter du charbon destiné à allumer les chibouques et les narghilés.

Pendant ce temps-là, les dauphins, aussi joyeux que les nègres, bondissaient autour du bâtiment, et les Arabes disaient tout bas que c'étaient des *sirènes* qui venaient pour les charmer, se recommandant les uns aux autres de ne point céder aux séductions des modernes Leucothoés.

Les Arabes croient fort aux sirènes ; beaucoup prétendent qu'ils en ont vu.

Pourquoi pas? J'ai bien vu une *licorne* dans le Dar-Four, et, à la Mecque, ce fameux *homme à queue* qui met, à cette heure, en révolution toute l'Académie des sciences!

Dans les endroits où l'on croyait n'avoir rien à craindre des Arabes, on descendait à terre, on faisait un feu pour éloigner les hyènes et les chacals, et l'on se couchait un peu plus à l'aise que sur le boutre.

J'étais aux aguets pour saisir quelque occasion de retrouver cette main de la belle Grecque qui m'avait si tendrement remercié de ma limonade ; mais mon diable de turcoman ne dormait jamais que de l'œil droit ou de l'œil gauche ; il est vrai que la belle Fatma ne dormait ni de l'un ni de l'autre, et que je voyais briller, la nuit, ses deux yeux comme deux escarboucles.

Enfin, le 12 au matin, le reïs s'écria :

— *Allah kerim!* (Dieu est grand!)

Nous lui demandâmes le motif de cette exclamation.

Il nous montra la fumée de sa pipe, qui, au lieu de monter verticalement, s'inclinait diagonalement.

— Le vent, qui était en retard, courait après nous.

Une jolie brise nord-ouest fut saluée par un cri de joie unanime.

Vers midi, nous doublâmes la pointe appelée par les Européens le cap Sinaï, et par les Arabes le *raz Mohammed*, c'est-à-dire le cap Mahomet.

Pourquoi le cap Mahomet?

Mahomet n'est-il pas de la Mecque? A cent lieues aux environs, tout est plein de son souvenir! Il s'est arrêté sur ce cap, disent les Arabes, avant de monter au Sinaï; puis, si vous doutez que Mahomet ait été au Sinaï, ils vous montreront sur le rocher la trace du pied de son chameau, près de l'endroit où les chrétiens vous montrent l'empreinte du front de Moïse.

Enfin, le 14, après cinq jours de souffrances inouïes, nous entrâmes dans le petit port de Moïla, dernière possession du pacha d'Égypte, depuis la révolte de la côte orientale de la mer Rouge.

La première bâtisse qui frappa nos yeux fut un petit fort gardé par une vingtaine d'hommes.

Nous y trouvâmes de l'eau fraîche; depuis quatre jours, nous ne buvions que de l'eau croupie, que mon acide tartrique avait bien de la peine à rendre potable.

On se rembarqua le lendemain.

Les montagnes d'Afrique avaient disparu entièrement; on était en pleine Arabie.

J'eus la joie de voir sur la plage un groupe de dattiers ; je n'en avais pas vu depuis Thor.

Le soir, nous abordâmes à Deba ; le patron nous avait annoncé un puits contenant de l'eau excellente. On se précipita à la mer pour arriver plus vite au bienheureux puits.

Jamais amateur de vin ne fera en Europe, pour se rapprocher d'une bouteille de chambertin, de cliquot ou de château-laroze, les enjambées que fait un voyageur altéré pour se rapprocher, en Afrique, d'une source ou d'un puits.

Le reïs ne nous avait pas trompés : ce n'était pas un puits, c'était trois puits qu'il eût dû dire.

Ils étaient en excellent état, bâtis avec des pierres de taille, et avaient de quinze à vingt pieds de profondeur, sur huit ou dix de large.

Le lendemain, on reprit la mer.

Le vent nous poussait assez rapidement vers l'île de Naaman. On eût dit que la mer était fermée à l'horizon par un barrage de couleur verdâtre ; c'était une ligne d'écueils formée par le travail des coraux.

Enfin, le 24, à sept heures du soir, nous jetâmes l'ancre dans le port d'Yambo.

Yambo est à Médine ce que Djeddah est à la Mecque ; seulement, la Mecque n'est qu'à dix-huit lieues de Djeddah, tandis que Médine est distant d'Yambo d'une soixantaine de lieues.

Je dis que nous jetâmes l'ancre, parce que, arrivés tard, nous ne pûmes débarquer, par mesure de police ; mais la joie d'être arrivés à une des stations principales de notre voyage, fit qu'on passa la nuit en fête.

Depuis trois jours, on n'avait pas relâché.

Dès le matin, on entendit une voix qui passait dans les airs.

Cette voix disait :

« Dieu très-grand ! Dieu très-grand ! nous attestons qu'il n'y a pas d'autre Dieu que Dieu ! nous attestons que notre seigneur Mahomet est le prophète de Dieu ! Venez à la prière ! venez au temple du salut ! La prière est préférable au sommeil ! Dieu très-grand ! Dieu très-grand ! Il n'y a pas d'autre Dieu que Dieu ! »

C'était le muezzin qui appelait les fidèles à la prière.

La prière terminée, nous descendîmes à bord.

J'avais connu en Syrie le gouverneur d'Yambo : c'était un ancien officier égyptien resté au service de la Turquie, et nommé Ali-Bey.

J'allai droit chez lui.

Je m'attendais à une série de questions : rien n'est plus curieux qu'un Turc ou un Arabe.

A peine m'eut-il reconnu, que les questions tombèrent, en effet, sur moi comme la grêle.

Où vas-tu ? d'où viens-tu ? pourquoi voyages-tu? que vas-tu faire à Djeddah? à quel propos as-tu quitté le Caire? voyages-tu en marchand, en commissionnaire, en médecin?

Je répondis à toutes ces demandes avec une réserve réelle.

Ne confiez jamais à un Turc ou à un Arabe que la part de vos secrets que vous voudrez qui soit connue de tout le monde.

J'exprimai à Ali-Bey le désir de faire un tour par la ville. Il m'offrit aussitôt, sous prétexte de me faire honneur, mais en réalité pour m'espionner, deux baltadjis que je n'osai refuser.

Au reste, si je n'eusse point su l'office qu'ils remplissaient près de moi, j'eusse été fier de mes deux gardes du corps : c'étaient deux magnifiques Arnautes revêtus de leurs splendides costumes, hérissés de leurs armes étincelantes, des pieds à la tête.

A part leur fustanelle blanche comme la neige, ils n'étaient vêtus que de velours et d'or : leurs vestes étaient brodées d'or; leurs guêtres étaient brodées d'or; la giberne où ils mettaient le Coran était brodée d'or; et, dans leur ceinture, plus chargée d'or encore que le reste de l'habillement, étaient passés des yatagans aux fourreaux et des pistolets aux crosses d'argent.

Quelque désir que j'eusse de visiter la ville, c'était impossible par l'ardeur du soleil, qui ruisselait en cascades sur les terrasses et le long des murailles des maisons : on marchait sous un ciel de feu, sur une terre de feu, entre deux murs de feu.

Je me réfugiai au caravansérail.

Il était plein, tant des voyageurs que des désœuvrés de la ville, — et, Dieu merci ! nulle part plus qu'en Orient, il n'y a de désœuvrés.

Je dirais bien qu'un caravansérail arabe est l'équivalent d'un café français, mais ce serait inexact. Un caravansérail n'a point d'équivalent ; c'est un caravansérail, c'est-à-dire un endroit où l'on fume, où l'on boit, où l'on dort, où l'on joue, surtout où l'on se fait raser la tête.

C'était pour le moment la plus grande occupation de mes compagnons de voyage, que je retrouvai là en grande partie.

N'ayant rien de mieux à faire, je fis comme eux.

Les perruquiers français avaient une réputation de cancaniers que le XVIIIe siècle, qui les vit fleurir, prétendait bien méritée : ce sont des muets ou des bègues, en comparaison des barbiers arabes !

Ce que celui qui me tenait par les oreilles me raconta d'histoires pour savoir la mienne, est inimaginable.

Malheureusement pour lui, je connaissais et mettais en pratique la maxime arabe :

« La parole est d'argent, mais le silence est d'or. »

Je ne desserrai les dents que pour lui dire de temps en temps :

— Mon ami, vous m'arrachez les cheveux, au lieu de me les couper ! — Mon ami, vous m'entamez la peau du crâne ! — Mon ami, je vous conseille d'acheter d'autres rasoirs ou de faire repasser ceux-ci.

Je lui donnai deux piastres (dix sous de notre monnaie, à peu près) : c'était une somme inouïe ; eh bien, je suis sûr qu'il me l'eût rendu avec joie si j'avais bien voulu lui dire où j'allais, d'où je venais, qui j'étais.

Ma tête rasée, je remis mon *tarbouch*, et j'allai me coucher sur un de ces lits de sangle dont le fond est tissé avec des feuilles de palmier, et qu'on appelle des *sirirs*.

Autour de moi grouillaient Bédouins, Arabes, Turcs, officiers, marchands, soldats, domestiques, courtisanes.

Je m'endormis au milieu de cette compagnie, une main sur mon *kanjiar*, l'autre sur ma bourse...

Je déjeunais chez Ali-Bey vers onze heures ; j'avais donc recommandé à mes Arnautes de m'éveiller à dix heures et demie.

Ils m'éveillèrent à l'heure dite.

Nous étions huit ou dix convives.

On apporta l'*ibricq;* l'ibricq est l'aiguière dans laquelle les convives se lavent les mains avant les repas.

Dans laquelle est une mauvaise locution : on doit dire *au-dessous de laquelle*.

Un nègre soutient une cuvette de cuivre d'une main, et, de l'autre, verse l'eau contenue dans l'aiguière sur les doigts de celui qui accomplit cet acte de propreté; un second nègre se tient debout près du premier, avec une tranche de savon dans la paume de la main; un troisième, avec une serviette sur le bras.

Quand l'ibricq eut fait le tour de la salle, on apporta une petite table avec des incrustations de nacre et d'écaille.

Sur cette table, on posa d'abord un potage au riz, où chacun puisa à la gamelle avec une cuiller d'ébène ou de nacre; puis, les uns après les autres, une trentaine de plats de viande.

Inutile de dire que les couteaux et les fourchettes sont inconnus des Orientaux. Un vrai musulman mange avec ses doigts. Pour les étrangers, c'est une étude à faire; de même qu'on dit aux apprentis nageurs : « Voyez le mouvement de la grenouille et imitez-le, » on dit aux apprentis convives : « Voyez le mouvement des corbeaux et des vautours, et imitez-le; » seule-

ment, il faut faire de son bras un cou, et d[u]
pouce et de l'index un bec : avec le bras, on décri[t]
une courbe; avec le pouce et l'index, on pinc[e]
un lopin de viande que l'on tire jusqu'à ce qu'[il]
vienne.

Quand la viande est dure, c'est un travail.

J'avais l'habitude de cette manœuvre; auss[i]
j'étais tranquille. Si l'on devait s'apercevoir qu[e]
j'étais chrétien, ce n'était pas à ma manière d[e]
manger.

Quant aux fautes que je faisais en parlant[,]
elles ne m'inquiétaient que médiocrement. J[e]
me faisais passer pour Turc, et un Turc serai[t]
humilié de parler correctement l'arabe.

Après les viandes, l'eau sucrée et les sorbets[,]
qui constituent les diverses boissons d'un repa[s]
musulman, vinrent les fruits et les confitures.

Les confitures sont en général à la rose, et le[s]
fruits à peu près les mêmes qu'en Europe[:]
figues, raisins, abricots, oranges et pêches; plus[,]
pastèques, dattes et bananes.

Puis vint le tour du café : nous étions sur s[a]
terre natale. Je n'ai jamais bu de liqueur plu[s]
suave que le café que l'on prend en Arabie.

Les chibouques et les narghilés eurent leu[r]
tour; après quoi, on nous aspergea d'essences[,]
et toutes les phases aristocratiques d'un dîne[r]
musulman furent accomplies.

Alors commença la conversation. Un repas turc est toujours silencieux.

Enfin, tout le monde se retira.

Ordinairement vers midi, les Turs se réfugient dans leurs harems pour y fuir la chaleur et les mouches.

J'ai déjà parlé de la chaleur, et dit ce que nous avions eu à souffrir ; je n'ai point parlé des mouches, c'est de l'ingratitude.

Les mouches sont un des fléaux du pays; il y a des enfants qui sont littéralement noirs de mouches et qui ne viennent jamais à bout de les chasser.

Les enfants, en général, vont nus ; les mouches s'attachent à eux comme les taons aux chevaux. S'ils se roulent et les écrasent, un nuage de mouches nouvelles tourne autour de leur tête et attend, pour s'abattre, que les vieilles mouches soient écrasées.

Je n'avais pas de harem. On me conduisit dans un cabinet où je dormis de une heure à quatre heures.

A quatre heures, on m'éveilla. Ali-Bey me faisait proposer une promenade en mer.

J'acceptai.

Il m'attendait sous le vestibule. Nous montâmes dans un canot muni de six rameurs; ce canot était tout couvert de coussins et d'étoffes de Constantinople et de Smyrne.

Le pilote mit le cap sur une île qui sortait verdoyante du milieu de l'eau. On eût dit de loin une corbeille d'orangers, de citronniers et de lauriers-roses, au-dessus desquels trois ou quatre palmiers balançaient leurs panaches flottants.

Cette île était située à une lieue à peu près du port.

Nous y abordâmes en quarante minutes. Son apparence n'était point trompeuse : l'intérieur, plein d'ombre et de fontaines, tenait tout ce que promettait l'extérieur, et même davantage.

C'était là qu'Ali-Bey avait son harem.

Il me fit entrer dans un kiosque qui semblait bâti par l'architecte de l'Alhambra, et, me laissant au premier étage avec des esclaves chargés de m'allumer ma pipe et de me verser mon café, il disparut.

Je ne me doutais point que le second étage renfermât les femmes de mon hôte. Au bout d'un certain temps, ne le voyant pas revenir, je commençai à m'inquiéter de lui et me mis à sa recherche.

Ce fut alors qu'à certains mouvements des jalousies du second étage, à certains rires étouffés, à certains ongles rougis de henné passant à travers les interstices des persiennes, je compris où j'étais.

Je trouvai que c'était assez peu généreux, de

la part de mon hôte, de se faire accompagner par moi dans une pareille course.

Je pensai à la belle Hadji-Fatma, et je mis mon martyre à ses pieds.

Au bout d'une heure, mon hôte reparut. Nous remontâmes dans la barque et nous regagnâmes Yambo à l'heure de la prière du soir.

Je couchai chez Ali-Bey, qui exigea positivement que je ne quittasse sa maison que pour remonter sur le bâtiment, le lendemain matin; encore m'accompagna-t-il jusqu'au rivage, et me fit-il conduire au *Mohammed* par son embarcation.

Quelques instants après que j'eus mis le pied à bord, on leva l'ancre, et une heure ne s'était pas écoulée, que nous avions regagné la pleine mer.

En pleine mer, nous retrouvâmes le calme, et ce ne fut que vers le soir que la brise se leva.

Ce vent est celui que les Arabes appellent *chamal*; comme il soufflait du nord, il nous était par conséquent on ne peut plus favorable; nous espérâmes être bientôt à Djeddah.

Sur ces entrefaites, on m'appela à grands cris à la proue.

Je me levai. Il y avait un cercle de gens levant les bras et faisant des gestes désespérés.

Je pensai qu'il était arrivé quelque accident,

et je me rendis au lieu où ma présence paraissait nécessaire, aussi vite que le permettait la gravité de mon costume musulman.

Un nègre d'une taille colossale et d'une force prodigieuse était couché à terre, sans mouvement, les yeux ouverts et injectés de sang.

Il avait été la veille à Yambo, avait beaucoup mangé, beaucoup bu, et portait la peine de sa gloutonnerie : en allant allumer sa pipe au foyer commun, il était tombé frappé d'une congestion cérébrale.

On m'appelait comme médecin.

Il n'y avait d'autre remède à employer qu'une saignée. Par malheur, mes lancettes étaient dans ma trousse, ma trousse était dans ma malle, et ma malle était sur le cadre extérieur du bâtiment.

J'enjambai la muraille de notre boutre, suivi de deux ou trois nègres qui m'offraient leurs services. J'ouvris ma malle et j'y fouillai rapidement pour chercher ma trousse.

En fouillant, je soulevai mes effets et un sac d'or contenant dix mille francs, — c'est-à-dire à peu près toute ma petite fortune — tomba à la mer.

Une des principales qualités de mon tempérament, c'est le stoïcisme. Entre mes dix mille francs s'en allant au fond de l'eau et un homme m'appelant à son aide, je n'hésitai pas un instant : j'allai à l'homme.

La saignée était chose difficile, presque impossible. Sous cette peau noire, je ne distinguais pas la veine. Je perdis cinq minutes à sa recherche ; enfin, je la reconnus et j'y pratiquai une ouverture.

Le sang ne vint pas.

Je cherchai la veine du pied ; celle-là était plus apparente, je l'ouvris. Cette fois, le sang vint et l'homme reprit peu à peu connaissance au milieu du concert d'admiration des assistants.

Je soulevai la tête et je vis devant moi un nègre tenant mon sac d'or à la main.

Je crus à une apparition.

Je me trompais : c'était, par ma foi, au contraire, une belle et bonne réalité.

En voyant tomber mon sac à l'eau, le brave garçon avait plongé et l'avait rattrapé au quart de la route, comme les matelots de Naples rattrapent les piastres que les voyageurs leur jettent dans le golfe de Baïa.

Je donnai cent francs au plongeur. Le pauvre diable ne s'était jamais vu pareille somme ; pendant vingt-quatre heures, il se crut roi du Congo.

Quant au congestionnaire, la saignée fut insuffisante : il mourut trois jours après.

Nous étions encore à une vingtaine de lieues de Djeddah; mais nous nous apercevions déjà de l'approche de cette importante station au nombre considérable de bâtiments qui sillonnaient la mer et passaient à bâbord ou à tribord, selon qu'ils allaient à Suez ou à Kosséir, et qui, lorsqu'ils étaient moins forts que nous, nous saluaient les premiers des trois mots consacrés : *Salam a eikum;* ce qui veut dire : « Que le salut soit avec vous. »

Alors, tout le monde à notre bord se levait, et, la main sur la poitrine ou en l'air, répondait: *Al eikum salam* (avec vous soit le salut).

Il y avait là, comme partout, la distance qui sépare le grand du petit, et notre reïs avait grand soin que l'étiquette fût observée à notre endroit.

Au reste, j'ai passé trop légèrement sur le patron Mohammed, et je lui dois de revenir à lui.

C'était un homme plus instruit que ne le sont d'ordinaire les capitaines de boutre. Il se servait de la boussole et en connaissait les variations, jetait le loch, tenait compte de la dérive, était au courant du gisement des principaux récifs, avait des notions exactes des heures de marées et des signes qui annoncent les changements de temps. Il était, en outre, d'un commerce facile et agréable, aussi bien avec ceux qui payaient peu, et même pas du tout, qu'avec ceux qui payaient beaucoup.

Quelques pauvres diables s'étaient embarqués sans vivres, et, comptant sur la Providence, avaient rencontré la bonne déesse sous les traits du patron, auquel, du reste, étaient venus se joindre quelques charitables passagers.

Mohammed — chose rare chez les musulmans — était non-seulement charitable, mais encore tolérant. Un marchand grec naviguait avec nous et vivait ostensiblement à sa manière, buvant du vin et priant Dieu à la façon des chrétiens. Or, je dois l'avouer, comme chrétien, il était plus fanatique que les musulmans avec lesquels il voyageait, et, maintes fois, il faillit se faire de mauvaises affaires en raillant et blâmant chez les autres ce que l'on respectait chez lui. En toute circonstance, le reïs le protégeait, se faisant soutenir au besoin par le docteur de la loi musulmane, qui, appuyé au mât de notre boutre, passait son temps à copier le *Coran* sur ses genoux.

Quant au physique, le patron Mohammed était un homme de quarante à quarante-cinq ans. — On sait qu'un musulman ne connaît jamais exactement son âge, et compte par les événements : lui comptait par le départ des Français d'Égypte ; c'était de l'année suivante que datait sa naissance.

Son père, qui avait vu Bonaparte au Caire et à

Suez, lui en avait parlé si souvent, qu'il avait pour le vainqueur des Pyramides une vénération presque égale à celle qu'il portait à Mahomet.

Il était invariablement vêtu d'une chemise de toile, d'un pantalon ou plutôt d'un caleçon de toile, d'une ceinture et d'un turban bleu, — le turban de la même étoffe que la ceinture. — Une des extrémités du turban formait gourmette, et, passant sous le menton, allait retomber sur l'épaule gauche.

Dans les grandes occasions, il jetait sur ce costume une djebba rouge. Ce costume est, au reste, celui des marins qui naviguent de Suez à Aden.

Il avait pour esclave un Abyssin, magnifique jeune homme de dix-huit à vingt ans, proprement et même coquettement vêtu. C'était lui qui tenait les livres et faisait la correspondance du reïs, avec lequel il vivait dans une sorte de familiarité. Il courait même à bord d'assez mauvais propos sur Mohammed et son secrétaire.

Celui que cette intimité paraissait scandaliser le plus était le docteur musulman.

C'était un homme de cinquante à cinquante-cinq ans, portant au côté l'encrier de cuivre renfermant une plume de roseau. — Nous avons dit quel emploi il faisait de cette plume. — Il avait la barbe parfaitement blanche, et tout son corps, sec, maigre et hâlé, portait le cachet vigoureusement accusé du type arabe. Il avait, en outre, les mains délicates, la peau fine, les pieds petits, et, quoiqu'ils fussent constamment nus, presque aussi délicats que les mains; comme chez le cheval de son pays enfin, il était facile de reconnaître chez lui tous les signes caractéristiques de la race.

Quant à son costume, d'une propreté extrême, c'était celui d'un homme du Caire, c'est-à-dire qu'il portait la robe de calicot blanc, recouverte d'une djebba de drap vert.

Tout le temps de sa journée qu'il n'employait pas à copier le Coran était divisé avec une régularité dont nous autres Européens ne saurions nous faire une idée. Il en était imposant même pour ses coreligionnaires : aussi tout le monde avait-il pour lui une suprême déférence.

Du reste, grâce à cette variété de costumes d'hommes venant de tous les points de l'Asie et de l'Afrique, notre boutre présentait l'aspect le plus pittoresque le jour et surtout la nuit, à l'heure où la clarté mystérieuse de la lune tombait sur cette singulière réunion d'hommes, quand, les grappins jetés (il n'avait pas d'ancre), sa station prise dans quelque petite crique, à un quart de lieue, une demi-lieue, une lieue de la terre, mais jamais assez loin pour qu'on n'entendît pas hurler les hyènes et glapir les chacals, il se balançait sur le flot phosphorescent dans la transparente vapeur qui s'élève de la surface de la mer.

Pendant une de ces nuits, la dernière avant notre arrivée à Djeddah, nous eûmes une assez vive alerte.

Le moitié de notre équipage, comme de coutume, était couchée. Les dormeurs avaient déroulé leur turban, l'avaient plié en deux, s'en étaient couverts, tandis que ceux qui étaient de quart, à moitié nus, — plus qu'à moitié nus souvent, — couraient silencieux, selon leurs besoins, d'un bout à l'autre du bâtiment, enjambant par-dessus les femmes, légers comme des démons de la nuit.

Tout à coup, l'un d'eux s'arrêta, enjamba la muraille, et, s'avançant tout au bout du cadre extérieur, reconnut une barque conduite par six rameurs, laquelle rasait la surface de la mer, muette comme un de ces oiseaux qui, le soir, rentrent rapidement à leur nid.

C'était évidemment à nous qu'elle en voulait.

L'alarme fut aussitôt donnée.

A part mes armes et celles de Sélim, il n'y avait à bord qu'un petit pierrier qui servait à annoncer notre arrivée dans les ports.

Mais la barque qui venait à nous ne pouvait porter plus de huit ou dix hommes, et nous étions une soixantaine. Une fois prévenus, nous n'avions donc plus rien à craindre.

En effet, à peine les hommes de la barque se furent-ils assurés qu'ils étaient découverts, que les six rameurs s'arrêtèrent d'un même mouvement, comme des soldats qui remettent l'arme à terre : et puis, jetant un filet à la mer, leurs compagnons se mirent innocemment à pêcher.

Je me chargeai de surveiller les pêcheurs avec mon fusil à deux coups.

Il y avait eu à ce cri : « Des pirates ! » poussé par le nègre qui avait aperçu cette barque nocturne, — peut-être, d'ailleurs, aussi inoffensive qu'elle en avait l'air, — un singulier moment de frayeur et de confusion sur le boutre. Les femmes, réveillées au milieu de leur sommeil, avaient commencé, avant de savoir de quoi il était sérieusement question, par pousser d'effroyables cris, courant d'un bout à l'autre du bâtiment et levant les bras au ciel. Dans ce désordre, Fatma avait trouvé moyen de s'éloigner un instant de son mari, et m'avait pris la main en disant :

— Vous me défendrez, n'est-ce pas ? je n'ai confiance qu'en vous !

Un énergique serrement de main lui avait répondu qu'elle pouvait compter sur moi ; puis j'avais pris mon fusil et j'avais couru à l'avant.

Le danger mesuré à sa valeur, chacun avait repris son sang-froid et s'était recouché.

Je m'étais offert pour sentinelle; je restai donc à la proue jusqu'au jour.

Mais, avant même que parussent les premières heures du matin, les rôdeurs de mer s'étaient éloignés sans essayer seulement de nous vendre leur poisson.

Le lendemain, 30 avril, nous eûmes connaissance de Djeddah. Ce fut le patron Mohammed qui l'aperçut le premier, comme un point blanc sur la côte, à dix lieues de distance à peu près.

La nouvelle donna à tout le bâtiment une satisfaction qui fit le contre-poids de la terreur de la nuit.

Mais, au fur et à mesure que nous approchions le reïs était obligé de redoubler de précautions. Les récifs semblaient sortir de l'eau comme pour défendre aux infidèles l'approche de la ville sainte. Nous passâmes au milieu d'eux, la sonde à la main, et arrivâmes sans accident au mouillage, situé à trois quarts de lieue de la ville, à peu près; mouillage ouvert de tous les côtés, et l'un des plus mauvais qui soient au monde!

Nous gagnâmes le port, les uns dans les canots du bâtiment, les autres dans les barques des Djeddaouïs, qui venaient au-devant de nous, et qui, pour une demi-piastre par personne (un peu moins de trois sous), se chargeaient de mettre à terre voyageurs et bagages.

Je fus un peu en retard, voulant partir dans la même barque que Fatma ; ce qui fit qu'à mon arrivée sur le port, la nouvelle de ma présence parmi les passagers était déjà répandue, et que je trouvai M. Serkis, gérant du consulat, qui m'attendait.

Notre consul à Djeddah, M. Fulgence Fresnel, était absent ; je m'étais fait donner au Caire des lettres pour M. Serkis, et, pendant que j'étais à Suez, celui-ci avait été prévenu directement de cette circonstance ; de sorte qu'apprenant par les premiers débarqués la présence à bord du boutre d'un personnage ayant l'honneur d'être à la fois caïmacan et médecin, il était venu au-devant de moi aussi loin que la terre le lui avait permis.

M. Serkis était un Arménien aux trois quarts Français ; aussi la connaissance entre nous deux fut bientôt faite.

Le moment était venu de me séparer de mes compagnons de voyage. Je le fis avec trois sentiments de plus dans le cœur : une grande amitié pour le reïs ; une véritable vénération pour le docteur ; un commencement d'amour réel pour Fatma.

Tous les passagers prirent congé les uns

des autres avec l'espérance de se revoir à la Mecque.

Hadji-Ali et Fatma partaient le jour même ; je leur donnai rendez-vous dans la ville sainte.

Seulement, restait à savoir si j'y pourrais entrer, jamais un chrétien n'ayant franchi le portes de la Mecque.

Il est vrai que j'étais décidé à me faire musulman.

II

— Djeddah. —

Les Djeddaouïs avaient gagné quelque chose à la domination de Méhémet-Ali : ils avaient gagné une douane.

Or, comme les douaniers tenaient à prouver, sans doute, qu'ils étaient les représentants de la civilisation européenne, ils étaient tout aussi exigeants que les douaniers de Livourne ou de Monaco.

Mes malles furent ouvertes, et une recherche

rigoureuse fut faite à l'endroit des diamants, qui payent d'énormes droits, et qui souvent même, une fois entrés dans les mains de la douane, s'acheminent vers Constantinople sans faire semblant de connaître leurs propriétaires.

Osman-Pacha, gouverneur de l'Hedjaz, doit au sultan un tribut en diamants; le directeur de la douane est le frère d'Osman-Pacha : de là la curiosité de celui-ci à l'endroit des pierres précieuses.

Le hasard voulut qu'au fond d'une de mes malles, on trouvât ma trousse et ma pharmacie. Une fois cette découverte faite, c'est-à-dire une fois que je fus reconnu comme médecin, j'eus l'entrée libre.

Je me promis de placer à l'avenir ma trousse et ma pharmacie sur mes effets, au lieu de les mettre dessous.

M. Serkis avait patiemment attendu la fin de la visite; grâce à cette abréviation des formalités, nous pûmes nous rendre immédiatement chez lui.

M. Serkis était lui-même médico-pharmacien; il logeait au consulat, et, du consultat situé sur une hauteur, on dominait une partie de la rade.

J'étais tellement fatigué par vingt jours de mer et de chaleur écrasante, qu'en arrivant, je ne songeai à rien qu'à me reposer. Je n'eus pas même le courage d'aller aux bains turcs, si délassants que soient ces bains.

D'ailleurs, mon docteur de la loi avait déjà parlé : la curiosité dont on m'honorait ne venait pas seulement de mon titre de médecin, mais aussi du bruit qui s'était répandu que j'allais à la Mecque pour y embrasser le mahométisme.

Je tenais donc, avant de me hasarder dans la ville, à bien connaître mon hôte, auquel j'avais ma confidence à faire.

Mais un dîner, des rafraîchissements et un bon lit m'attendaient. Je profitai de tout cela, remettant, comme Horace, le soin des affaires sérieuses, non pas au lendemain, mais à l'après-midi.

Une fois réveillé, j'examinai mon hôte.

C'était, au physique, un homme de trente à trente-cinq ans, sec et noueux comme un bambou ; Arménien de nation, et suivant, par conséquent, un rit qui se rapprochait du cophte.

Il portait le costume égyptien.

Comme je l'ai dit, il était un peu médecin et tout à fait pharmacien. Pour l'exercice de cette industrie, il était associé avec un Suisse nommé Sévin. Ce Suisse était toujours ivre : il buvait une bouteille d'absinthe par jour ; plus tard, il se fit musulman ; je ne sais comment il fit dès lors pour ne plus s'enivrer.

Ma première sortie fut pour faire une visite au consul d'Angleterre, M. Ogilvie. C'était une espèce de Maltais, baragouinant toutes les langues sans en parler aucune. Celui-là aussi était un maître ivrogne, et bien digne de faire la partie de M. Sévin !

M. Ogilvie me reçut poliment, mais cependant avec cette sorte de défiance qu'on laisse entrevoir à un homme que l'on croit chargé d'une mission secrète.

Il résulta de cette opinion préconçue à mon égard que, tout en me faisant force questions et offres de services, il demeura vis-à-vis de moi dans la plus grande réserve.

J'avais des lettres de recommandation pour de riches négociants musulmans. Le principal se nommait Abd-Allah Nassif; il était, à Djeddah, le chargé d'affaires du chérif de la Mecque. C'était un homme très-intelligent, faisant un commerce actif avec l'Inde et Java.

La lettre qui me recommandait à lui me dépeignait comme un homme déterminé à embrasser l'islamisme. Les musulmans sont tous atteints de la fièvre du prosélytisme, comme le sont, en général, les peuples croyants. Abd-Allah Nassif me fit donc un excellent accueil et me dit, avec un accent de vérité auquel il n'y avait point à se tromper, que sa maison était la mienne.

La considération dont il jouissait à Djeddah était immense. Au reste, en Orient, le commerce est l'état noble ; le soldat, quelque gradé qu'il soit, ne vient, dans l'opinion publique, qu'après le commerçant.

En rentrant de faire cette double visite, je pris à part mon hôte, M. Serkis, et m'ouvris à lui du motif qui m'amenait à Djeddah et de l'intention où j'étais de me faire musulman. Il accueillit vivement cette ouverture et se chargea d'être mon intermédiaire près du pacha de Djeddah.

En effet, le même jour, il se rendit près de celui-ci et lui fit part de mon projet.

Moi, pendant ce temps, je visitai la ville.

A l'extérieur, Djeddah est une charmante ville. Vus de la rade, ses maisons blanches, ses minarets crayeux se détachent crûment sur l'azur du ciel. Pendant le jour, le port est sillonné par une multitude de petites barques qui établissent un va-et-vient continuel entre la ville et les bâtiments qui sont à l'ancre, à une demi-lieue et même à une lieue en mer. Le soir, quand le soleil disparaît, quand la fraîcheur vient, les terrasses se peuplent de femmes voilées qui s'accroupissent ou se tiennent debout, et qui, dans l'un et l'autre cas, ressemblent à des fantômes.

On attribue à Djeddah une fondation miraculeuse.

Un jour, deux pêcheurs idolâtres raccommodaient leurs filets dans une cabane située au bord de la mer; l'heure de la pêche étant venue, l'un d'eux sortit pour mettre la barque à flot.

Mais, en promenant son regard à l'horizon, il aperçut un homme debout sur une île déserte, éloignée d'une demi-lieue du rivage, à peu près.

Que faisait là cet homme, et comment y était-il venu? C'est ce que le pêcheur se demanda d'abord à lui-même sans pouvoir se répondre, et ce qu'il demanda ensuite à son compagnon, sans que celui-ci lui répondît davantage.

On s'arrêta à l'idée que c'était un naufragé.

Mus par cette idée, les deux pêcheurs descendirent vivement dans leur barque et mirent le cap sur l'île.

Mais, au fur et à mesure qu'ils approchaient, tous deux secouaient la tête.

L'un disait:

— Ce n'est point un naufragé, il n'y a pas eu de tempête cette nuit, et nul débris de bâtiment ne flotte sur la mer.

L'autre ajoutait:

— Et puis ses vêtements sont aussi propres que s'ils sortaient des mains d'un tailleur.

— Il porte le costume des vieux habitants de la Mecque, remarqua le premier.

— Voguons toujours de son côté et de manière à passer à la portée de sa voix, répondit le second ; s'il a besoin de notre secours, il nous appellera ; sinon, il nous laissera passer.

— Dieu veuille qu'il ait besoin de nous et qu'il nous appelle! dit le premier ; car, si l'on en juge par son costume, il doit être riche, et un service rendu à un pareil homme nous rapporterait probablement plus que quinze jours de pêche!

Et, tout en parlant ainsi, l'un ramait et l'autre jetait ses filets à la mer.

Mais celui qui jetait ses filets à la mer les retirait constamment vides. Cela ne paraissait pas naturel au pauvre diable; aussi chercha-t-il une raison à ce malheur constant.

— Depuis que le faux Mahomet, dit-il, a commencé de prêcher contre nos idoles, nos idoles sont irritées, et c'est nous qui payons pour lui.

— Ou peut-être nos idoles nous punissent-elles de tant tarder à porter secours à un homme qui, selon toute probabilité, a besoin de nous!

— Imbécile! nos idoles savent bien que nous y allons... Nous n'y allons pas vite, c'est vrai, mais nous y allons.

— Eh bien, je crois, moi, qu'il vaudrait mieux donner deux bons coups de rame et aborder.

— Donne-les, alors, et abordons!

Le rameur donna les deux coups de rame et l'on aborda.

L'eau que la barque poussait devant elle en touchant le rivage, mouilla les sandales de l'inconnu.

— Braves gens, leur dit celui-ci, je connais votre intention, car je lis dans les cœurs. Vous avez quitté le rivage pour venir à mon secours. Merci ! Votre pêche a été mauvaise, à ce que je vois. Conduisez-moi à terre, je vous donnerai une récompense telle, que vous pourrez pendre vos filets dans votre cabane et vous reposer jusqu'au jour de votre mort !

Les pêcheurs se regardèrent joyeusement; puis, pour faire honneur à l'inconnu, ils étendirent leur *abbaye* en guise de coussin à la poupe de la barque. L'étranger s'assit dessus, et ils ramèrent vigoureusement vers la terre.

L'un des deux pêcheurs sauta sur le rivage, tendit la chaîne pour que l'inconnu pût descendre facilement, ce qu'il fit d'un pas grave et majestueux.

Seulement, à peine à terre, il se prosterna sur le sable pour y faire sa prière, et à ses poses, les deux pêcheurs reconnurent qu'il était musulman.

Il était au plus fort de sa prière quand un Arabe, qui revenait de la pêche, accosta ses deux confrères.

— O mes amis, dit-il, savez-vous quel est l'homme que vous venez de secourir?

— Non! et toi?

— Je l'ignore comme vous, mais voici ce que j'ai vu. J'étais sur le rivage lorsqu'il s'y est présenté; après s'être recueilli pendant quelques instants, il a déroulé le châle qui ceignait son front et l'a jeté à la mer : à l'instant même, les eaux se sont séparées pour lui faire un passage. Alors, en suivant ce chemin étrange, il est parvenu à pied sec, et marchant entre deux murailles de flots, jusqu'au lieu où vous avez été le chercher. A peine était-il arrivé à l'île, que la mer a repris son niveau.

Les deux pêcheurs refusaient de croire ce que racontait leur compagnon.

Mais l'inconnu, ayant fini sa prière, se releva, s'approcha d'eux et leur dit :

— Ce que vient de vous raconter cet homme est l'exacte vérité. Pour échapper aux persécutions que les Mecquaouïs exercent contre moi, j'ai été obligé de fuir, et j'avais résolu de passer en Abyssinie, espérant que mon absence calmerait leur haine. J'ai ordonné à la mer de me livrer un passage et la mer m'a obéi; mais, une fois arrivé à cette île, j'ai songé au grand nombre de créatures humaines qui pouvaient être sacrifiées pendant que je ne serais point là. Alors, j'ai renoncé à mon voyage, et je suis revenu avec la ferme volonté d'affronter mes ennemis. Quant à vous, pour perpétuer le souvenir de votre bonne action, je vais jeter ici les fondements d'une ville qui aura pour nom *Djeddah* (l'Heureuse), et vous en serez les premiers citoyens.

Puis, étendant la main avec un geste de suprême commandement, il ajouta :

— Je suis Mahomet, l'envoyé de Dieu ; prosternez-vous, et adorez celui qui n'a point d'égal !

Les deux pêcheurs obéirent et adorèrent. Ils furent, comme l'avait dit Mahomet, les deux premiers habitants de la nouvelle ville, et, après une longue vie de bonheur que leur avait prédite Mahomet, ils allèrent prendre leur place au milieu des jardins destinés aux bienheureux.

Voilà la légende de la fondation de Djeddah, telle que me la raconta l'Arabe que j'avais pris pour me servir de guide par les rues de la ville.

La première chose qui me frappa en arrivant près de la porte de Médine, fut un certain nombre de moulins à vent, qui, placés sur une colline, me rappelèrent Montmartre.

Seulement, nos moulins à vent n'ont que quatre ailes : ceux de Djeddah en ont huit.

C'est, comme la douane, un produit de la civilisation. Ibrahim-Pacha les a fait construire sur le modèle de ceux d'Alexandrie ; mais, malheureusement, ils occupent des sinécures : pas un seul moulin n'est en état de tourner, et pas un seul Djeddaouï n'est, de son côté, en état de les réparer.

J'avais beaucoup entendu parler du tombeau d'Ève, et j'avais résolu de le visiter.

On m'avait dit qu'il n'était pas prudent à un infidèle de visiter ce monument; mais je portais le costume égyptien, je parlais le turc de manière à faire croire à un Arabe que j'étais né à Constantinople; dans quelques jours, je serais musulman moi-même; je crus pouvoir me risquer.

A cent pas à peu près, au nord-est de la ville, s'étend, sur un espace de deux kilomètres environ, le cimetière de Djeddah.

Au milieu des cyprès funéraires qui semblent, le soir, des fantômes de pierre coiffés d'un turban, s'élève un monument carré, surmonté d'une coupole. Une porte s'ouvre à l'est, et y donne entrée; deux fenêtres sont percées, l'une au nord, l'autre au sud, pour y laisser pénétrer l'air et le jour : c'est ce que les Européens appellent la tombe d'Ève, et les Arabes la tombe d'*Eouan*.

Il est placé juste, disent les Arabes, à l'endroit où était le nombril de la mère du genre humain; car, quant au corps lui-même qui a tant enfanté, il était si long, que la tête se trouvait à

Médine et que les pieds touchaient à l'Afrique.

Le monument primitif avait quarante coudées de longueur; c'était, s'il faut en croire le vieux marabout à figure douce et à barbe blanche qui reçoit les visiteurs, un magnifique monument. Quant à celui qui existe aujourd'hui, il a été construit depuis que les Wahabites ont été obligés d'abandonner l'Hedjaz.

Tout autour de ce monument s'élèvent, comme je l'ai dit, les tombes des Djeddaouïs. On les dirait sculptées dans un même roc. Celles des hommes sont surmontées d'un turban, celles des femmes ne dépassent pas de six pouces le sol.

En voyant les quelques arbres rabougris et poudreux qui s'élèvent à peine au-dessus de terre, je pensai à ces beaux cimetières turcs où les morts dorment fraîchement à l'ombre de magnifiques cyprès, dans les branches desquels roucoulent les tourterelles bleues du Bosphore, et qui offrent de si douces retraites, qu'ils sont des lieux de délices pour les vivants.

En sortant du cimetière des musulmans, je visitai le cimetière des chrétiens. Le cimetière des chrétiens est aux Turcs, en Arabie, ce que le cimetière juif est aux chrétiens en Europe.

Les chrétiens n'ont pas droit à la même terre que les musulmans. Quand un *djaour* meurt, on lui creuse sa fosse sur une lagune qui s'étend au sud de Djeddah, et qui est séparée du continent par une langue de mer.

Peut-être est-il encore plus triste et plus nu que l'autre; mais, avec son murmure éternel des flots et son isolement funèbre, il est à coup sûr plus poétique.

Près de ces deux cimetières, en dehors de la porte de la Mecque, se tient le marché des Bédouins. C'est dans ce marché que l'on dépose, pendant la nuit, les fruits que l'on envoie de Taïf ou de l'Ouadi-Fatma. Lorsque la porte s'ouvre le matin, les commissionnaires et les portefaix, connus sous le nom générique de *hammals*, enlèvent ces fruits pour le compte des revendeurs et viennent les rapporter au grand marché.

Je rentrai dans Djeddah par la porte de la Mecque, *Bab-el-Mekkah*.

Depuis que cette porte existe, qui pourrait dire le nombre des pèlerins qui ont passé sous son ogive? On compterait aussi facilement les grains de sable de la mer.

C'est encore tout auprès de cette porte que s'élèvent ou plutôt que rampent les habitations de ces misérables parias qu'on appelle les *tacrouris*.

Pourquoi ces hommes ont-ils quitté leur pays, pourquoi sont-ils venus mourir de misère et de nostalgie sur la route de la ville sainte? Demandez au premier *djellab* venu, et le marchand d'esclaves vous racontera cette triste légende :

Les tacrouris viennent d'au delà du Dar-Four, du Baghermy ou du Bournou. Leur pays est pauvre, et ses productions ne peuvent nourrir ses habitants. Si la population s'obstinait à rester au lieu de sa naissance, le Baghermy et le Bournou se dépeupleraient dans une longue famine. Or, le gouvernement, pour se défaire du surcroît menaçant de population, envoie toutes les années quelques milliers de nègres en pèlerinage à la Mecque.

Les pèlerins ont deux ou trois cents lieues à faire à travers le Dar-Four et le Kordofan, cent lieues au moins de déserts affreux à traverser. Ils partent par troupes, voyageant à pied, vivant des provisions qu'ils portent suspendues aux deux bouts d'un bâton dont le milieu pose sur leur épaule. Ils portent aussi des outres pleines d'eau; mais la plupart ne prennent même pas cette dernière précaution. Ils savent que leur départ correspond avec celui des pluies périodiques, et ils s'en rapportent au ciel du soin de leur garder cette manne liquide dans le creux des rochers.

Le tiers des pèlerins reste en route avant d'arriver au terme du pèlerinage.

Les survivants poursuivent leur chemin en vendant des amulettes, des philtres d'amour, des drogues de leur pays. Quelques-uns savent écrire et font des espèces de talismans avec des versets du Coran écrits sur parchemin.

Voulez-vous voir la route que suit, pareille à une caravane de gigantesques fourmis, la noire migration ?

Elle va d'abord, comme nous l'avons dit, du Baghermy ou du Bournou au Kordofan; du Kordofan, elle se rend à Kartoum ou à Dongola; de Dongola ou de Kartoum, elle gagne, par l'Abyssinie, Massasuah ou, à travers le désert des Bécharris, Souakem. Une fois arrivés à ces ports de mer, les malheureux pèlerins trouvent des transports gratis pour Djeddah.

Ils ne partent jamais tous ensemble, car ils épuiseraient d'eau les pays par lesquels ils passeraient, et les trois quarts mourraient de soif avant que d'arriver; mais ils se mettent en voyage par petites troupes de cent cinquante à deux cents hommes. Les femmes, s'ils en ont parmi eux, portent les calebasses. Malheur aux habitants des villages qu'ils rencontrent sur leur route, si ces habitants n'ont pas le soin de fuir à leur approche ! Ce sont des prisonniers que les tacrouris emmènent avec eux, qu'ils chargent d'une partie de leurs bagages, et qu'ils font marcher courbés sous leur fardeau jusqu'à ce qu'ils tombent et meurent de fatigue.

Après le pèlerinage, quelques-uns — c'est le

petit nombre — ont le courage de reprendre le même chemin et de retourner chez eux. Mais la plupart, en se rappelant la fatigue de l'aller, ne veulent pas s'exposer à celle du retour.

Ils demeurent donc dans l'Hedjaz, les uns ici, les autres là, autour de Djeddah, autour de la Mecque, se bâtissant des cabanes ou plutôt des chenils dont ne voudraient pas les animaux les plus immondes de nos villes ou les plus sauvages de nos forêts.

Quant à leur métier, ils font celui qu'ils ont adopté en route, c'est-à-dire qu'ils vendent des philtres, des amulettes, des talismans; quelques-uns se font *sakas* (porteurs d'eau).

La plupart, préférant sans doute la voûte du ciel aux immondes demeures de leurs compagnons, dorment le jour au soleil, la nuit à la rosée, sans être le moins du monde incommodés, soit de la chaleur torride du jour, soit de la fraîcheur glaciale de la nuit.

Comme pendant magnifique à ces nègres hideux, Djeddah présente à la curiosité des voyageurs les hommes de Souakem. C'est une race aussi fière et aussi indépendante que celle des acrouris est humble et soumise. Impossible, quand on vous a montré une fois un homme de cette tribu, de ne pas les reconnaître tous à la première vue. Ce sont de beaux nègres dont le teint, presque aussi noir que celui des tacrouris, est légèrement teinté de rouge. Fiers et hautains, se balançant avec une élégante nonchalance, ils se promènent dans les rues de Djeddah, s'installent dans les bazars, et se couchent sur les *serir* avec autant de grâce et de mollesse que les Sybarites sur ces lits de duvet où ils ne savaient pas supporter le pli d'une feuille de rose. Ils ont le nez aquilin, le menton pointu, des regards magnifiques, fiers et doux à la fois, et présentant un singulier mélange d'orgueil et d'indifférence, qui est dû à la limpidité nacrée du blanc de l'œil. La bouche est belle, moyenne, avec des dents éblouissantes de blancheur. La tête est couverte d'une forêt de cheveux noirs, dont chaque boucle est nattée symétriquement, comme autrefois la barbe des Perses; ces nattes sont symétriquement disposées à côté les unes des autres. Cette coiffure singulière, à travers laquelle passe un petit bâton de six pouces de long, à l'aide duquel ils raccommodent les nattes qui se dérangent, s'arrondit sur le derrière du cou et s'élève en énorme touffe au-dessus du front. Lorsqu'ils se couchent, ils ont, comme les femmes chinoises, un coussin de bois à l'aide duquel ils soutiennent leur chevelure.

Quant à leur costume, il est plus que simple; il consiste dans une ceinture dont ils se serrent les reins, dans une toile blanche qu'ils jettent sur leurs épaules et drapent de cent manières différentes, mais toujours d'une façon noble et gracieuse. Enfin, il est complété par de coquettes et mignonnes sandales qui ont quelque chose de la chaussure militaire à laquelle Caligula, l'empereur insensé, avait emprunté son nom.

Ils font le commerce du maïs, du froment, et, en général, de toutes les graines. Ils apportent, en outre, des jarres de beurre, et eux seuls fournissent, sous ce rapport, à la consommation de plus de la moitié de la ville. Ils vendent aussi les dromadaires les plus estimés de l'Orient, avec ceux des Bécharris.

De mémoire des Djeddaouïs, on n'a vu mendier un homme de Souakem.

Djeddah, lors de sa fondation que nous avons racontée, n'était point bâtie où elle est maintenant, quoique toujours située au bord de la mer ; mais la mer se retire et Djeddah la suit, bâtissant sur le sable que l'eau abandonne, dès que ce sable peut porter des fondations. C'est surtout à l'est de la ville : on y voit de vieux rochers de corail, qui autrefois ont été couverts par les flots, et aux arêtes aiguës desquels se sont peut-être déchirés les flancs des navires. Leurs cavités seules aujourd'hui contiennent de l'eau conservée du temps des pluies, et qui donnent assez de fraîcheur pour que, dans leurs interstices, poussent quelques arbres épineux où viennent se poser des volées d'oiseaux attirés par leur feuillage, et particulièrement, parmi ces oiseaux, des volées de tourterelles.

Aussi, est-ce là que les chasseurs se mettent à l'affût.

Ces chasseurs sont presque toujours des soldats arnautes au brillant costume, tout brodé d'or.

Ils attendent le gibier couchés, fumant la chibouque d'une main, et tenant de l'autre leur long fusil à la garniture d'argent.

Presque toujours, ils rentrent à la caserne avec dix, quinze, vingt tourterelles, dont la chair délicate fait une agréable diversion au biscuit et au pilau, leur nourriture habituelle.

Djeddah possède cinq mosquées remarquables.

Celle de *Djemmaa-Soultan-Haçan* est bâtie en pierres de corail. C'est du haut de son minaret que, pendant le pèlerinage, les santons et les derviches psalmodient la prière et les versets du Coran.

La seconde, celle de *Chafaï*, l'un des chefs d'une des sectes orthodoxes du mahométisme, s'élève à côté de la porte de la Mecque.

La troisième se nomme *Akat* ; elle est située au centre de la ville.

La quatrième, *Hanefi*, s'élève à quelques pas de la mosquée *Akat*.

La cinquième est la mosquée *Mohammed*.

Il y a à Djeddah des écoles pour les petits enfants. Je n'ai pas besoin de les décrire à ceux qui ont vu les deux merveilleux tableaux de Decamps re présentant, l'un *l'École turque*, l'autre *la Sortie de l'école*. Elles sont dirigées par un iman ou un cheik.

Quant aux écoliers, c'est un nombre plus ou moins considérable d'enfants plus ou moins sales, accroupis, ayant devant les yeux une planche où sont écrits leurs devoirs, et marmottant à haute voix des prières.

Au milieu d'eux est le maître, tenant à la main, et presque toujours soulevé, un martinet qu'il ne quitte pas plus que l'ange exterminateur ne fait de son glaive.

On reconnaît de loin ces écoles à un bourdonnement qui est en grand ce que celui d'une ruche est en petit.

La première visite que fait un étranger, en arrivant dans une ville turque ou arabe, est aux bains, la seconde aux bazars.

Les bazars de Djeddah forment à eux seuls plusieurs rues.

Ce sont les plus belles et les mieux alignées de la ville ; les maisons en sont hautes, et ornées de moucharabies construites sur un même modèle.

Quant aux magasins, ce sont de simples échoppes, exhaussées à deux pieds du sol, à l'ouverture desquelles le marchand fume ou prend son café.

Chez nous, en Europe, tout est en étalage à l'extérieur des boutiques ; en Orient, tout est à l'intérieur. Le marchand cache ses richesses au lieu de les montrer : il veut paraître pauvre, pour échapper autant que possible aux avanies.

D'ailleurs, ces échoppes ne sont presque toujours que des dépôts d'échantillons. Les marchandises sont à la maison de leur propriétaire ou dans des magasins particuliers ; ou bien, et plus souvent encore, au fond d'une arrière-boutique, dans laquelle on pénètre par une porte basse et étroite, où les petits ont peine à passer, et où les gros ne passent pas du tout.

Ces marchandises sont les merveilles de tous les pays : les châles de l'Inde, les porcelaines de la Chine, les épiceries de Java, les étoffes de Lyon, les verroteries de Venise, avec lesquelles se fait tout le commerce de l'intérieur de l'Afrique.

Les boutiques sont couvertes d'une espèce de marquise en nattes de différentes couleurs, quelquefois d'étoffes à larges rayures.

Il y règne une espèce d'ordre. Chaque compartiment est consacré à une industrie spéciale.

En allant du nord au sud, on trouve, d'abord, les fruits secs, les blés, les fèves, les lentilles, l'orge, le riz; puis le beurre et les herbages; puis la verrerie et la poterie; puis les cafés; puis les armuriers; puis les boulangers; puis enfin, à l'extrémité, des espèces de restaurateurs qui vendent au peuple des mets tout préparés.

Il y a, à la fois, dans chaque bazar, des ventes à l'encan, et, outre ces ventes, une vente nomade, si l'on peut dire cela. Des *djellabs* — c'est le nom que l'on donne à ces sortes de marchands — se promènent au milieu de la foule, agitant à la main l'objet qu'ils veulent vendre. Ce sont des agents particuliers, vendant pour le compte d'un propriétaire inconnu, qui ne veut pas laisser savoir au public que la gêne le force à se défaire d'un objet précieux.

Ces espèces d'huissiers priseurs adjugent la marchandise quand l'amateur arrive au prix indiqué par le véritable vendeur, et ils ont cinq pour cent sur la vente; mais, en revanche, ils payent au gouvernement une sorte de droit proportionnel.

Nous avons dit quelques mots des cafés turcs; il faut que nos lecteurs aient la bonté d'entrer avec nous dans un de ces établissements construits en forme d'*eschés*.

Mais, d'abord, qu'est-ce qu'un esché?

On appelle, en général, eschés les habitations du peuple : elles sont construites en troncs et en branches d'arbres — comme ce que l'on appelle chez nous bois en grume — et recouvertes de nattes ou de chaume.

Ce sont, avec les bains et les boutiques des barbiers, les lieux les plus fréquentés de l'Orient ; ajoutons les plus pittoresques.

Au fond brûle sans cesse, comme sur l'autel de la Vesta antique, un feu nourri avec du charbon de bois, et qui sert à préparer le café et à allumer la chibouque, le narghilé ou les chichés, dont les tuyaux sont rangés près du fourneau.

Les fumeurs ont leurs tuyaux privilégiés, comme chez nous les grands amateurs de billard ont leurs queues de prédilection.

Un bonhomme de douze à quinze ans, dont les mœurs n'ont rien de commun avec celles des vestales, est, en général, chargé d'entretenir ce feu.

Pendant tout le jour, on reste à l'intérieur, à cause du soleil. Consommateurs et fumeurs se couchent sur des sofas en sparterie ou sur des tapis déposés dans l'établissement.

Le soir, on traîne les sofas et on étend les tapis dehors.

La vie vient avec l'air de la nuit.

C'est à cette heure surtout que l'on prend le café indigène, sans sucre, bien entendu, mais parfumé, selon le goût des consommateurs, avec du gingembre, de l'essence de rose, du girofle, de la cannelle et une espèce de patchouli.

Ceux qui ne prennent point de café prennent les sorbets qui ne sont autre chose qu'une espèce d'hydromel fait avec de l'eau où l'on a mis infuser des épices.

Un porteur d'eau, tenant une *goulla* à la main, circule dans les groupes.

La goulla est un vase poreux qui tient l'eau fraîche, ou, pour mieux dire, qui la rafraîchit.

La décoration de ces cafés est simple, surtout comparée à celle des nôtres, qui étale toutes les richesses sculpturales du moyen âge et toutes les évocations d'Herculanum et de Pompéi ; de grossières peintures, écloses sous le pinceau naïf d'artistes grecs, représentant des navires à l'ancre et à la voile, ornent les murs.

De petits bâtiments, avec tous leurs agrès, dans le genre de ceux que nos marchands de jouets vendent aux enfants pour les faire naviguer sur le bassin des Tuileries, sont, en outre, pendus au plafond, comme, dans les ateliers de nos peintres, les mouettes et les goëlands empaillés.

Quant aux boutiques des barbiers, leur ameublement se compose d'un grand plat en cuivre étamé, de quelques rasoirs, de quelques peignoirs en coton pour les pauvres, d'un peignoir en soie pour les riches, et d'un miroir rond, incrusté en nacre. C'est l'officine de tous les cancans de la ville.

Une longue bande de cuir où il repasse ses rasoirs tombe de la ceinture jusqu'aux pieds de l'opérateur.

Ces barbiers sont tous médecins ; mais le médecin arabe n'est pas même à la hauteur d'un charlatan français : il saigne et estropie naturellement en saignant ; il emploie des drogues traditionnelles et applique sur le corps du malade des plaques de fer rougies au feu.

Ce qui frappe d'abord en arrivant à Djeddah, c'est la propreté de la ville, comparée aux autres villes arabes. Les rues en sont larges, presque droites, bordées de maisons à deux ou trois étages, bâties en madrépores apportés de la mer à dos de baudets. La mer fournit, en outre, le ciment.

Cette espèce de pierre blanchit à l'air, mais, en même temps, devient friable ; ce qui lui ôte de sa solidité.

Beaucoup de maisons ont des moucharabies merveilleusement sculptées ; on dirait des dentelles de bois et de pierre.

Rarement on trouve, en architecture, la ligne droite, mais presque toujours la ligne courbe; cette ligne donne aux bâtiments une tournure moitié indienne, moitié arabe, charmante à voir.

A l'intérieur, toutes ces maisons, avec leurs chambres sombres, rarement de plain-pied, leurs plafonds peints, leurs murailles garnies d'armoires et d'étagères en bois sculpté, ressemblent à des habitations du moyen âge.

Voilà pour les demeures des riches.

Pour les demeures des pauvres, ce sont de simples eschés; — nous avons dit ce que c'était que les eschés. — Ces maisons sont faites en charpentes revêtues de hachiche. Le toit a la forme d'une pyramide à quatre pans. Le tout est couvert d'une toile ou d'une natte.

Maintenant que, tant bien que mal, nous avons montré la ville à nos lecteurs, faisons-leur faire connaissance avec ses habitants.

Les premiers habitants de Djeddah — à part les deux privilégiés que nous y avons vus installés par Mahomet lui-même — étaient des Bédouins venus de l'intérieur des terres, trouvant favorable au commerce l'emplacement de la nouvelle ville qui s'élevait. Bientôt le bruit se répandit de tribu en tribu qu'il y avait beaucoup d'argent à gagner à Djeddah. L'argent attire l'Arabe comme l'aimant le fer, et une population de dix à douze mille âmes s'aggloméra sur le même point.

Cette population, qui se compose d'Arabes de l'Hedjaz, d'Arabes de l'Yémen, d'Indiens, de Persans, monte, au moment du pèlerinage, à un chiffre de trente, quarante, cinquante mille âmes, qui séjournent un mois, deux mois, quelquefois davantage, tant à l'aller qu'au retour.

La population particulière à Djeddah, c'est-à-dire les Arabes marchands, quoique venant de la même souche que les Bédouins, ont vu s'altérer chez eux le type primitif, et par le séjour de la ville, et par le mélange de la race de l'Yémen avec celle de l'Asie et de l'Afrique. Cependant, ils ont, avec leurs aïeux, cette ressemblance d'être grands, secs, maigres, bruns ou plutôt cuivrés, et de porter un petit bouquet de poil au menton, seul endroit du visage où ils aient de la barbe.

Leur costume se compose d'un caleçon venant au-dessus du genou et laissant la jambe nue, d'une chemise, et d'une robe de mousseline ou de soie par-dessus la chemise.

Le reste de leur vêtement, qui ressemble, au reste, à celui des Arméniens, se compose d'un cafetan en drap, toujours de couleur éclatante, d'un turban blanc comme la neige, et de sandales élégantes, dans le genre de celles des hommes de Souakem.

Mais, plus que tout cela, une chose qui attire l'attention des étrangers, ce sont trois cicatrices qui s'étendent des tempes aux joues de tout musulman né sur le territoire sacré.

Voici d'où est venue la mode de cet étrange ornement :

Nous avons dit quel grand nombre de pèlerins accomplissent le voyage de la Mecque, que tout musulman doit faire au moins une fois en sa vie ; eh bien, cette solennité, source de prospérité pour les habitants de Djeddah et de la Mecque, était en même temps pour eux une source de douleur.

Il arrivait à chaque instant que ceux des pèlerins qui n'avaient pas d'enfants, et qui n'avaient pas espérance d'en avoir, attiraient sous leurs tentes, en leur montrant des confitures et des sucreries, les enfants des Djeddaouïs ou des Mecquaouïs, et les emmenaient avec eux.

Ces enfants, d'ailleurs, avaient un double prix pour les ravisseurs : d'abord, c'était l'enfant qui leur manquait, puis un enfant né sur le territoire sacré.

Les pèlerins commencèrent par voler les enfants des pauvres. Ils savaient que les plaintes des pauvres montent rarement jusqu'aux chérifs et aux ulémas ; mais, peu à peu, ces rapts s'opérèrent au détriment des parents riches.

Alors, ceux-ci se plaignirent aux pachas ;

les pachas transmirent les plaintes au sultan.

Le sultan auquel ces plaintes étaient transmises était le sultan Sélim.

Le sultan Sélim réfléchit; puis, illuminé par une inspiration céleste :

— Que les habitants de Djeddah et de la Mecque, dit-il, marquent leurs enfants au visage, et je leur ferai rendre, quelque part qu'ils soient, les enfants portant la marque convenue.

Le sultan Sélim tint parole. Quelques enfants réclamés furent retrouvés, et des châtiments sévères infligés à leurs ravisseurs.

L'exemple fut efficace, les vols cessèrent; mais la mode de marquer les enfants au visage continua : c'était devenu une pratique religieuse et en même temps un signe de noblesse, puisque tout Arabe marqué au visage est né sur le territoire sacré.

Maintenant, comment l'opération se fait-elle?

De la façon la plus simple. Les mères prennent un rasoir et font elles-mêmes à l'enfant six incisions profondes : trois à la joue et à la tempe gauches, trois à la joue et à la tempe droites. L'enfant a d'abord la fièvre; mais, au bout de trois jours, la fièvre est passée ; et, au bout de huit, la plaie est entièrement guérie.

Cette digression nous a pris au milieu de notre visite aux bazars.

Il y a deux bazars dont nous n'avons pas encore parlé, et qui, cependant, méritent la peine d'être vus : le marché aux parfums, le bazar des esclaves.

Le marché aux parfums se révèle à cinq cents pas de distance, de plus loin encore, si, en termes de chasse, le vent est bon. Alors, vous n'avez pas besoin de guide, et, au fur et à mesure que vous vous enfoncez dans une atmosphère plus embaumée, vous approchez du but de votre course.

Les parfums, ordinairement renfermés dans de petites bouteilles ou dans des boîtes, sont étalés sur les rayons de boutiques en plein vent, assujetties, comme des armoires ou comme ces balles que nos colporteurs portent sur leur dos, aux murailles des maisons.

Quant aux marchands, il sont assis dans les renfoncements pratiqués entre leurs armoires.

Les parfums que l'on trouve toujours à ces sortes de bazars sont l'essence de rose et l'essence de jasmin, des résines pour parfumer le tabac.

Les Arabes adorent les odeurs et mettent de l'eau de rose jusque dans leur café.

Au reste, cet abus d'essences n'est pas tout à fait du luxe. Les Arabes, comme les nègres, ont une odeur qui leur est propre, odeur qui disparaît ou s'atténue chez les riches à cause des soins qu'ils prennent de leur personne, mais qui persiste chez les gens du commun, lesquels ne suivent pas toujours avec sévérité les ordonnances de Mahomet sur les ablutions, ou substituent les ablutions sèches aux ablutions humides.

Quant aux bazars des esclaves, *Okkel-el-Abid*, c'est encore, pour un étranger surtout, une chose des plus curieuses à voir.

Le bazar des esclaves est à quelques pas du marché aux parfums. Il se compose d'une grande pièce au rez-de-chaussée et d'une grande pièce au premier.

Dans la salle du rez-de-chaussée sont les esclaves d'un prix inférieur, les plus communes, les moins belles, les plus vieilles. Ce sont des négresses du Baghermy, du Dar-Four, du pays des Changallas, du Zanguebar, du pays des Adels, du Mozambique, de la Nubie, de l'Abyssinie, enfin des Somaliennes, qui viennent de la côte de la mer Rouge, en face d'Aden.

Les plus belles, parmi cette première catégorie, sont les Abyssines, les Nubiennes, les Somaliennes.

Les Abyssines rappellent l'ancien type égyptien, la race primitive du temps des rois pasteurs. Elles ont le teint olivâtre, jaune, quelquefois presque blanc ; les yeux très-fendus, langoureux, charmants ; les cheveux tressés en fines nattes; les pieds sont petits, les mains sont petites. Une Abyssine vaut de deux à trois cents francs de notre monnaie; si elle est vierge, le double.

Les Nubiennes sont belles aussi, mais d'un autre genre de beauté. Elles sont grandes, bien faites, ont la taille déliée; on dirait des Dianes chasseresses d'ébène. Leur prix est, en général, inférieur à celui des Abyssines. Il n'y a cependant rien d'absolu sur ce point : c'est, comme on le comprend, une question de beauté chez l'esclave, une question de caprice chez le maître.

Les Somaliennes sont les plus belles et, par conséquent, les plus chères.

Toutes ces malheureuses, jeunes, vieilles, laides ou belles, — à l'exception des très-belles, que l'on met à part, — sont dans la même chambre, à peine couvertes de quelques hardes, assises ou couchées sur des nattes, les plus riches fumant et mâchant du mastic en larmes, espèce de résine comme la térébenthine et le baume.

Dès qu'un homme entre, qu'elles peuvent croire un acheteur, chacune s'occupe à produire ce qu'elle a de plus beau, fait des agaceries et provoque le client. Tout est préférable pour ces malheureuses à l'idée de rester chez leurs djellabs.

Alors, l'amateur s'approche, désigne du doigt celle qu'il veut examiner. Si la demande paraît sérieuse, si la bourse de l'amateur semble bien garnie, le djellab fait un signe et la femme s'approche.

Il est permis d'examiner et de toucher les mains et les dents : les mains, pour savoir si la marchandise n'a pas la gale ; les dents, pour savoir si elle n'a pas le scorbut.

On ne touche pas aux autres parties du corps, mais, de lui-même, presque toujours le marchand les découvre.

Si l'acheteur ne trouve rien qui lui convienne dans la première salle, il monte dans la seconde, où se trouvent les esclaves de choix de tous les pays, et presque toujours, dans une case à part, ces précieux joyaux de harems, qu'on appelle les *Circassiennes*.

Là, les esclaves n'ont plus de prix. Une Circassienne est pour un Turc ce qu'un cheval de race est pour un sportman. Le désir n'a de limite que l'impossible.

Une fois le marché fait devant deux témoins, le marchand est tenu de dire les défauts de l'esclave, s'il lui en connaît. Comme pour les chevaux, il y a des cas rédhibitoires.

Toute maladie occulte, toute mauvaise inclination, comme le penchant au vol, toutes les actions qui dénotent irascibilité ou folie, sont des cas rédhibitoires.

Les vices ou maladies sont constatés par la présence des symptômes apparents et par la déclaration d'experts, lorsque le mal est caché. L'avis d'un seul expert suffit ; dans l'expertise, on a le soin de bien établir si le mal a pris naissance avant ou après l'époque de l'achat.

A défaut d'expert, le cadi fait jurer au vendeur que son esclave était saine lors de la vente, et décide ensuite en dernier ressort. Si le vendeur prétend avoir averti l'acquéreur des défauts de l'esclave avant la conclusion du marché, et que le fait soit nié, la question est soumise au cadi, qui exige le serment et prononce son arrêt.

Dans le cas où le marchand omettrait une seule des affections dont l'esclave est atteinte à l'époque de la vente, ce serait une cause suffisante pour annuler le marché (1).

Si les défauts énumérés ne le dégoûtent pas, l'acheteur paye. On passe à l'esclave une chemise blanche, et on la conduit avec cette chemise à la maison de son nouveau maître ; là, le marchand la laisse nue : il n'a vendu que la femme.

Un chrétien n'a pas le droit d'acheter une esclave, mais il lève la difficulté en achetant par intermédiaire.

A la suite des esclaves, disons un mot des

---

(1) Code de l'esclavage chez les musulmans.

courtisanes. La chose dont se préoccupaient toujours les Européens qui m'ont interrogé dans mes voyages, c'était la question de la femme, question si délicate, et nous dirons plus, si dangereuse en Orient.

Les courtisanes sont, en général, des espèces d'almées qui dansent dans les rues, dans les cafés, dans les bazars. Ce sont pour la plupart des Égyptiennes, des femmes du Caire ou d'Alexandrie.

Les riches Djeddaouïs les font venir chez eux; mais ce plaisir que peuvent se donner les musulmans est interdit aux chrétiens et aux juifs.

Une de ces femmes, convaincue d'avoir eu commerce avec un juif ou un chrétien, serait mise dans un sac et jetée à la mer.

Maintenant, en dehors des esclaves et des courtisanes, la Providence a créé pour les malheureux étrangers une classe de visiteuses matinales toutes particulières à Djeddah : ce sont les laitières.

Tous les matins, une troupe de belles et jeunes Arabes descend des montagnes, conduisant des ânes chargés de lait. Ce lait est renfermé soit dans des outres, soit dans des pots de grès. Dans des outres, les marchandes les portent sous les bras ; dans des pots, elles le portent sur les épaules.

Celles-là, grâce au commerce qu'elles exercent, ont des priviléges plus étendus, priviléges qui ne leur sont pas accordés en vertu de mœurs plus sévères. Comme on suppose que le lait est une boisson aussi nécessaire aux chrétiens, et même aux juifs, qu'aux musulmans, on ne s'inquiète pas trop des maisons où entrent les belles laitières, ni du temps qu'elles restent dans ces maisons.

Ces montagnardes offrent un admirable type. Elles sont grandes, belles, souples de taille, ont des cheveux magnifiques, souvent de plus d'un mètre. Elles ont la bouche et les oreilles petites, le nez droit, les dents blanches et bien rangées. Elles se teignent les yeux avec du *koheul*, et les ongles avec du *henné*. Pour tout vêtement, elles portent une chemise dont les manches sont si larges et si ouvertes, que, lorsqu'elles portent leur amphore sur l'épaule, on leur voit tout le corps par l'ouverture de leurs manches.

Puis, en dehors des esclaves, des courtisanes et des laitières, restent les intrigues d'amour.

Une femme voit un étranger du haut de sa terrasse, elle le trouve beau, devient amoureuse de lui, et, dans la solitude du harem, ne pense plus qu'à satisfaire le désir qu'il lui a inspiré.

A l'angle de quelque ruelle, une vieille négresse l'aborde et lui fait signe de la suivre.

S'il est prudent, l'étranger refuse ; s'il est fou ou Français, il accepte.

C'est ordinairement le jeudi que la chose a lieu.

Pourquoi le jeudi?

Vous allez le savoir.

C'est que, le jeudi, les femmes vont en visite, et au bain.

L'étranger qui a résolu de risquer sa vie au jeu que lui propose la vieille, la suit jusqu'à quelque maison de barbier ; là, on le conduit dans l'arrière-boutique d'où il sort déguisé en femme avec un mellaya sur le visage. Puis la négresse se poste avec lui au coin d'une rue, le pousse dans un groupe de femmes qui passe, et avec lequel il entre dans une maison. Arrivé au harem, les femmes entourent leur nouvelle compagne, la poussent dans la chambre où elle est attendue, et font le guet de peur que les amants ne soient surpris. Les femmes arabes s'entendent merveilleusement sur ce point pour tromper leurs maris ou leurs maîtres, et il est bien rare que quelque chose soit découvert par le fait d'une trahison féminine. La révélation, si révélation il y a, vient presque toujours de quelque nègre difforme ou de quelque eunuque jaloux.

Si le maître ou le mari surprend les coupables il a droit de vie et de mort sur eux. L'homme meurt habituellement d'un coup de poignard ou d'un coup de pistolet.

Quant à la femme, l'exécution est sombre et secrète : la nuit venue, on lui lie les mains, on lui met un bâillon à la bouche, on la coud dans un sac, et on place le sac en travers sur un âne.

Le nègre ou l'eunuque qui a découvert le coupable conduit l'âne.

Arrivé au bord de la mer, l'exécuteur nocturne charge le sac sur ses épaules, s'avance jusqu'à l'extrémité d'une roche qui surplombe, et jette le sac à la mer, qui se referme dessus.

Si vous êtes étranger et que vous rencontriez dans les rues de Djeddah un eunuque et un âne portant un sac, rangez-vous en regardant d'un autre côté : c'est la justice de quelque mari offensé qui passe...

J'ai dit, à peu de chose près, ce qu'est l'intérieur de Djeddah. Je dirai en moins de mots encore ce qu'est l'extérieur.

Du côté de l'occident, la mer Rouge passe devant la ville comme une immense rivière.

Du côté nord et sud, est le littoral.

A l'est, s'étend la plaine, bordée par des montagnes.

Ces montagnes sont parallèles à la côte et courent du nord au sud, à la distance de deux lieues à peu près du rivage.

Cette plaine est peuplée de gerboises et de chacals; on y trouve, comme gibier quelques perdrix et quelques gazelles, mais ces dernières seulement en se rapprochant des montagnes.

Depuis le mois d'octobre jusqu'au mois d'avril, c'est-à-dire dans la saison des pluies, cette plaine se couvre d'une espèce de chanvre qui n'est autre que le *hachiche*.

C'est alors que la chasse est le plus facile; les perdrix partent sous les pieds. D'ailleurs, les Arabes ne tirent presque jamais au vol, n'ayant pas de petit plomb. La provision que j'en avais faite au Caire, au contraire, me permettait, à moi, de me donner ce plaisir.

Dans mes courses extérieures, je rencontrais fréquemment la couleuvre ordinaire, inoffensive, longue d'un mètre, fuyant rapidement à l'approche de l'homme; l'aspic qu'on prétend être celui de Cléopâtre est un serpent gros et court, long de deux pieds et demi à peine, lent comme une chenille ou un ver. Il est de couleur gris foncé, se tient particulièrement dans les rochers, où il se chauffe au soleil, à peu de distance de son trou.

Il y a de plus, en insectes, l'araignée venimeuse, la *tarentule*, et le *scorpion*. Les scorpions sont très-nombreux : on les trouve sous chaque pierre qu'on lève.

Les Arabes traitent la morsure des animaux venimeux par la cautérisation, soit avec la pierre chauffée dans le feu, soit avec le fer rouge, soit avec la poudre. Ils lient le membre au-dessus de la plaie, et brûlent.

Je m'étais approvisionné d'alcali, de sorte que j'introduisis ce mode de traitement en place de la cautérisation. Il m'a toujours réussi. Plus de deux cents Arabes sont venus à moi, pendant le cours de mes voyages, toujours piqués par des scorpions ou des tarentules. Je débridais la plaie d'un coup de bistouri, j'y introduisais quelques gouttes d'alcali pur, j'en versais cinq ou six gouttes dans un verre d'eau, je les faisais avaler au malade, et il était bien rare que, le lendemain ou le surlendemain, toute trace d'enflure n'eût pas disparu.

Quant aux punaises, puces, poux et moustiques, je ne les mentionne ici qu'en ma qualité d'Européen. Les Arabes n'y pensent même pas, et, je dirai plus, à l'insouciance qu'ils témoignent pour eux, je crois que ces animaux perdent complétement leur temps avec les habitants du pays.

Toutes ces excursions m'avaient pris trois jours.

En rentrant chez mon hôte, M. Serkis, je trouvai celui-ci qui m'attendait avec impatience. Il avait vu le pacha et lui avait annoncé que j'étais dans l'intention de me faire musulman. Celui-ci ayant manifesté le désir que je lui fusse présenté, je lui fis ma visite, le 2 mai, accompagné de M. Serkis.

Je parlais assez bien le turc et l'arabe. Quant à M. Serkis, il parlait toutes les langues, le français, l'arabe, l'arménien et le grec.

Le pacha nous reçut accroupi sur son divan, nous fit signe de nous accroupir comme lui, fit apporter du café et des pipes, et, quand nous eûmes pris le café et fumé quelques bouffées de tabac :

— Tu veux te faire musulman? me demanda-t-il.

— Oui, lui répondis-je.

— Pourquoi cela ?

— Parce que j'ai été inspiré.

Il n'avait pas autre chose à me demander, je n'avais pas autre chose à lui répondre, et, sur l'article de mon changement de religion, la conversation finit là.

La religion musulmane lui défendait même de me faire aucune observation.

Il envoya chercher le cadi.

Au moment de faire le *saut périlleux*, comme disait Henri IV, je demandai de remettre la chose au lendemain; mais lui insista pour qu'elle se fît le jour même. Le cadi, mandé, arriva et reçut l'ordre de faire un acte authentique.

Il ne s'informa ni de mon âge ni même de

mon nom : j'étais né ce jour-là, j'étais fils de Mahomet. Seulement, il me demanda quel nom je désirais prendre. Je lui dis que je désirais prendre celui d'*Abd-el-Hamid*, qui signifie l'Esclave du Très-Haut. — Quand j'aurais fait le pèlerinage à la Mecque, j'y joindrais celui de *hadji*, qui veut dire pèlerin.

Le cadi dressa l'acte; je prononçai à haute voix les paroles sacramentelles :

« Il n'y a pas d'autre Dieu que Dieu, et Mahomet est son prophète ! »

Puis l'acte fut déposé entre les mains d'Oman-Pacha.

Tout était dit : j'étais musulman.

Restaient cependant deux formalités accessoires : mon éducation musulmane à faire; l'opération de la circoncision à accomplir.

Pour la première de ces deux choses, c'est-à-dire pour mon éducation, on me remit aux mains d'un vieux Turc appelé Rustan-Aga, auquel je fus livré immédiatement.

On voulait me promener dans la ville, vêtu d'habits magnifiques, et monté sur un cheval richement caparaçonné; mais toutes les instances que l'on me fit à ce sujet échouèrent; je me refusai obstinément à la promenade.

Le pacha voulut qu'à partir de ce moment je logeasse chez lui. Quant à cela, c'était une marque de considération qu'il me donnait et que je ne jugeai pas à propos de refuser.

Un appartement et des domestiques furent immédiatement mis à ma disposition. J'allai chercher mon bagage chez M. Serkis, et j'emménageai le même jour.

Alors, les visites m'arrivèrent en foule; j'en reçus plus de trois cents : c'étaient des souhaits de bonheur par milliers, auxquels répondaient le café et les pipes du pacha.

J'étais, en outre, obsédé par des fanatiques; les uns voulaient me faire raser, les autres me faire circoncire. Quelques-uns me proposèrent de me circoncire eux-mêmes. Tous voulaient m'apprendre leurs prières. C'était à n'y pas tenir; j'entrai en pleine révolte.

On alla dire au pacha que je faisais résistance.

— Laissez-le agir à sa volonté, répondit-il.

Et je fus un peu débarrassé.

Puis, au moment où l'on y pensait le moins, je fis appeler le médecin du bataillon d'artillerie en garnison à Djeddah, *Mohammed-Effendi*, ce qui veut dire Mohammed le Savant. En Égypte et dans tout l'Yémen, on est savant quand on sait lire et écrire.

Je l'invitai à se munir d'une pince et d'un bistouri.

Comme il comptait sur un bon *batchis* (salaire), ses préparatifs furent bientôt achevés.

En moins de cinq minutes, ma circoncision fut opérée, et les plus fanatiques n'eurent plus rien à dire.

Seulement, les suites de cette opération, qui semblait si peu de chose en elle-même, furent horriblement douloureuses. Je fus près d'un mois malade.

Au bout de quinze jours, je mis Mohammed-Effendi à la porte et me guéris moi-même avec des ablutions d'extrait de Saturne étendu dans de l'eau.

Comme Mohammed-Effendi avait reçu deux cents francs, et que je me croyais parfaitement quitte avec lui, je le consignai dans mon antichambre.

Quand le pacha eut appris que l'opération était faite, il fut enchanté; il avait peur que je ne m'y refusasse, ce qui eût produit le plus mauvais effet.

Il m'envoya des habits égyptiens magnifiques, tout brodés d'or, un cheval, un sabre de Damas, puis toutes sortes de confitures.

Puis, en outre, il vint me voir lui-même.

J'étais encore un peu souffrant quand il eut l'idée de me faire assister à un exercice au canon, et m'envoya chercher pour que je l'accompagnasse.

Je ne crus pas devoir m'y refuser.

Nous arrivâmes au polygone.

Les artilleurs égyptiens étaient assez maladroits ; le pacha me pria de leur montrer comment on pointait en France. — Pour un Turc, un Européen doit tout savoir, même pointer une pièce de canon.

Je n'hésitai donc pas ; je pointai la pièce de mon mieux, j'y mis le feu : le boulet porta en pleine cible.

Il y avait dans le coup que je venais de faire plus de bonheur que d'adresse. Je n'en devins pas moins à l'instant même un homme de la plus haute importance.

En rentrant, je reçus de nouveaux présents du pacha : c'étaient une pipe magnifique, une selle de velours brodée d'or, des étoffes à chemises et des pistolets montés en argent.

Dès que mon rétablissement fut complet, Osman-Pacha me prit auprès de lui. Chaque jour, nous faisions notre prière ensemble et quelque promenade côte à côte dans la ville.

Un pareille faveur ne pouvait durer. Il était sans exemple qu'un Européen, fût-il musulman, eût une si grande part à l'amitié d'un Turc.

M. Ogilvie surtout, le consul anglais, continuait de me venir voir et ne cessait pas de me soupçonner.

Pourquoi m'étais-je fait musulman?

Il cherchait à cela quelque raison politique, quelque motif diplomatique. « Avez-vous remarqué comme Sémonville maigrit? » disait-on à M. de Talleyrand. M. de Talleyrand devint pensif; puis, au bout d'un instant : « Quel intérêt Sémonville peut-il avoir à maigrir? » demanda-t-il. Eh bien, le consul anglais était comme M. de Talleyrand : il n'admettait point que l'on fît quelque chose sans intérêt.

Aussi les calomnies commencèrent-elles à aller leur train.

Il y avait cela d'agréable chez Osman-Pacha, qu'il n'y faisait aucune attention. Je me lassai le premier.

Je désirais aller à la Mecque; je lui demandai la permission de partir.

Il tint bon une huitaine de jours pour me faire rester; mais je redoublai d'instances, au point qu'il fut obligé de céder.

J'avais pris Djeddah en horreur.

C'était pourtant une belle vie que celle que je menais là, et, lorsque j'y pense, j'en suis encore tout reconnaissant à cet excellent homme.

Jusqu'à dix heures du matin, j'étais parfaitement libre; à dix heures, nous faisions la prière ensemble, puis nous déjeunions et faisions la sieste; à trois heures, nous dînions; au coucher du soleil, on recevait les visites, on fumait, on causait religion et politique jusqu'à dix heures du soir.

Puis on recommençait le lendemain.

Pour un musulman de naissance, c'est un paradis anticipé; pour un Français devenu musulman, c'était une espèce d'esclavage auquel il m'était impossible de me soumettre.

J'insistai donc, comme j'ai dit, de telle sorte, que j'obtins la permission de partir.

Le 3 juin 1842, je pris congé de mon hôte. A quatre heures de l'après-midi, je devais partir avec une caravane qui avait choisi cette heure pour voyager la nuit.

III

— La Mecque. —

Nous partîmes donc à quatre heures de l'après-midi. Mes bagages avaient, dès la veille, pris le devant sur un chameau.

On compte douze heures de marche de Djeddah à la ville sainte.

Notre caravane se composait de pèlerins et de marchands, les uns à chameau, les autres à cheval.

Je montais le cheval que m'avait donné Osman-Pacha, et, outre mon domestique Saïs-Sélim, j'étais suivi de deux baltadjis.

Pendant deux lieues et demie, à peu près, nous traversâmes une plaine de gravier; puis, enfin, nous entrâmes dans la montagne.

Le défilé que nous suivions était complétement dépourvu de végétation. Dans la saison des pluies, des torrents s'y précipitent et y roulent avec fracas. Une fois la saison du soleil revenue, l'eau tarit et la poussière prend sa place.

On entendait hurler les hyènes et glapir les chacals. De temps en temps, en avant de la caravane, à cent ou deux cents pas, on voyait passer une ombre fauve. C'était l'un ou l'autre de ces animaux qui semblait croiser devant nous pour éclairer notre marche.

De temps en temps aussi, on entendait le sifflement des merles, le dernier des oiseaux de jour qui se couche, et le cri du chat-huant, le premier des oiseaux de nuit qui se lève.

Au bout de trois heures de marche, nous aperçûmes la lumière d'un caravansérail.

Ces caravansérails sont espacés de trois en trois lieues; cette lumière qui les signale de loin, c'est celle du feu où l'on fait chauffer le café et où l'on allume les pipes. Il y en a sept de Djeddah à la Mecque.

Au fur et à mesure que nous approchions, les objets devenaient plus distincts, surtout ceux qui se trouvaient dans les rayons de la lumière projetée par le foyer. Nous apercevions les visages bronzés des Arabes, qui brillaient dans leurs burnous blancs comme des statues de cuivre.

Malgré les instances du maître de l'établissement, qui nous invitait à demeurer et à nous reposer, nous nous contentâmes d'une halte d'un instant, pendant laquelle quelques-uns d'entre nous prirent une tasse de café ou un verre de sorbet; puis nous nous remîmes en route.

Vers minuit, nous rencontrâmes un important village, *El Hadda*. Deux cents Bédouins, éleveurs de troupeaux, et qui, en outre, sur les deux rives d'un fort torrent, cultivent des pommes de terre, des pastèques, des pois et toutes sortes de fruits et de légumes qu'ils vont vendre à la Mecque et à Djeddah, habitent ce village. Le torrent qui fertilise les terres cultivées par eux est l'ouadi *Fatma*.

Cette fois, nous nous arrêtâmes dans un café. Nous étions à moitié chemin, à peu près; nous avions donc fait neuf lieues. Les chevaux avaient besoin de repos.

Nous nous approchâmes vivement du feu. Les nuits sont toujours fraîches en Orient, et surtout dans les montagnes.

Sélim m'étendit une natte à terre, me bourra ma pipe, et me présenta une tasse de café.

Je me rappelle cette halte avec un plaisir extrême. Le ciel était magnifique, l'air vif, mais plein de vitalité. De grands papillons de nuit voltigeaient autour de nous et venaient tournoyer autour de notre feu, dans lequel ils finissaient toujours par plonger pour ne plus reparaître. On entendait le bruissement de l'ouadi Fatma, et, dans un endroit où il était moins encaissé, on le voyait réfléchissant les rayons de la lune et roulant au fond de la vallée comme un ruisseau d'argent.

Pendant l'heure que dura notre halte, deux ou trois caravanes arrivèrent allant de la Mecque à Djeddah, et se groupèrent autour de nous.

A une heure du matin, nous repartîmes. Nos chevaux et nos chameaux, bien reposés, marchaient d'un pas rapide : nous faisions près de deux lieues à l'heure; si bien que, vers quatre heures, un peu avant le lever du soleil, en sortant d'un défilé excessivement étroit, nous débouchâmes dans une grande plaine.

La Mecque était à un quart de lieue devant nous, et nous n'en étions plus séparés que par un plateau de sable tout couvert de tentes de nègres.

C'est dans cette plaine que campent toutes les caravanes au moment du pèlerinage.

Je n'eus pas besoin de demander si c'était là la Mecque : l'attitude de mes compagnons de voyage ne me laissait aucun doute sur ce point.

La Mecque est en partie élevée sur une colline qui est une des dernières arêtes du djebel *Kobez*. Ses dernières maisons sont adossées à la montagne, coupée à pic.

La ville est dominée par sa gigantesque citadelle.

En ce moment, les premiers rayons du soleil apparurent derrière la montagne, et la ville sainte sembla nager dans une atmosphère d'un beau rose nacré ; au milieu de cette atmosphère, les quelques palmiers, sycomores et tamarins dont elle est semée prenaient une teinte charmante, qui avait quelque chose de ces jardins enchantés décrits dans les *Mille et une Nuits*.

Nous y entrâmes avec les premières lueurs du jour.

Pas de portes, pas de murailles ; non point que la Mecque réponde comme Sparte : « Mes fortifications, c'est la poitrine de mes enfants, » mais parce que murailles et portes ont été renversées par les inondations.

L'eau qu'on y boit vient d'une petite rivière dont la source, au dire des Arabes, est inconnue; cette rivière coule sous terre et ne paraît qu'au djebel *Arafat*, dont elle fait le tour à la surface du sol, puis elle disparaît de nouveau pour reparaître dans le réservoir de la Mecque.

Le djebel Arafat s'élève à sept lieues de la ville sainte. Les Arabes y font leur pèlerinage.

Je me rendis droit chez le *moudir*, c'est-à-dire chez le maire de l'endroit. C'était l'homme de confiance d'Osman-Pacha. Je lui étais vivement recommandé. Il mit à ma disposition toute sa maison, excepté son harem.

C'était un bossu fort intelligent et très-ambitieux; il parlait assez bien italien et rêvait, je n'ai jamais pu m'expliquer pourquoi, l'ambassade de Constantinople à Paris.

C'était dans l'espérance de cette ambassade, et pour se mettre au courant des habitudes parisiennes, qu'il me recevait si fraternellement.

Quelle étrange chose! mon plus ardent désir, à moi, avait été de venir de Paris à la Mecque; son plus ardent désir, à lui, était d'aller de la Mecque à Paris.

Ma première question fut de m'informer où étaient les bains.

Le moudir me donna un de ses esclaves qui

m'y conduisit. Puis, bien lavé, bien frotté, bie[n] massé, je sortis en disant à l'esclave de mo[n] moudir que je désirais rentrer par la *Kadba*.

En véritable mulsuman qu'il était, l'esclav[e] comprit mon désir, et m'arrêta bientôt devant [le] premier monument que, si l'on en croit le[s] Arabes, les hommes aient élevé à la gloire d[e] Dieu.

C'est à l'endroit où se trouve aujourd'hui [le] puits sacré de Zem-Zem, dont l'eau sanctifi[e] ceux qui la boivent, qu'Agar, chassée de la ten[te] d'Abraham, après avoir épuisé sa provision d[e] dattes, après avoir vidé son outre, tomba épuisé[e] de fatigue et de soif.

Alors, il n'y avait, sur tout cet emplacement q[ue] couvre aujourd'hui la Mecque, ni puits ni ville[,] c'était un vaste désert de sable aride et brûlan[t.]

Les cris du petit Ismaël rendirent des forces [à] sa mère. Agar se leva, demandant une goutt[e] d'eau au ciel en échange de tout son sang.

Elle parcourut la vallée, la ravine alors des[sé]chée de *Safa*; mais elle ne trouva pas mêm[e] une feuille verte à lui donner à mâcher.

Pendant ce temps, l'enfant se roulait sur s[a] couche de feu, ses cris redoublèrent, et, dan[s] son impatience, il frappa la terre de son talon.

Mais Dieu avait décidé que cette heure sera[it] le terme des souffrances de la mère et de l'enfa[nt.]

une source jaillit du sable à l'endroit où avait frappé le talon d'Ismaël.

L'enfant se traîna vers l'eau et but à son loisir; puis il s'endormit.

Agar revenait désespérée quand, de loin, elle vit son fils endormi près d'une eau bouillonnante. Elle crut à un mirage et accourut tout effarée, craignant de trouver son enfant mort.

L'enfant était endormi d'un doux et paisible sommeil, et c'était bien une eau fraîche et excellente qui jaillissait de terre.

Mais, de peur que cette eau ne se perdît dans le sable, elle pétrit de ses mains la terre humide, et en forma les bords d'un bassin.

Pendant que l'enfant dormait, tandis qu'Agar, de ses mains, traçait la circonférence du puits moderne, des Arabes qui faisaient paître leurs chameaux sur le djebel Arafat, virent des aigles se diriger vers l'endroit où venait de s'opérer le miracle que nous avons raconté. Comme ces aigles volaient d'un vol très-pressé, et, de tous les points de l'horizon, se dirigeaient vers le même centre, ils se doutèrent qu'ils étaient attirés par l'humidité, et suivirent la même direction qu'avaient suivie et que suivaient encore ceux qui passaient sur leurs têtes. Après trois ou quatre heures de marche dans la même direction, ils trouvèrent la mère, l'enfant et la source.

TOME I. 8

Leur étonnement fut grand en voyant là une femme et un enfant, mais plus grand encore en y voyant une source.

— Qui es-tu, et quel est cet enfant? demandèrent les Arabes.

— Je suis Agar, et celui-ci est mon fils Ismaël, répondit Agar.

— Comment es-tu seule au milieu du désert?

— Abraham nous a chassés de sa tente, à la sollicitation de sa femme Sarah.

— Et cette eau?... Comment y a-t-il là une source? comment la voyons-nous aujourd'hui pour la première fois?

— Il faut que cet enfant soit béni de Dieu, dit Agar; car nous allions mourir de soif tous les deux quand, en frappant le sable du pied, il en a fait jaillir cette source.

Le récit était incroyable; mais la mère était là, l'enfant était là, la source continuait de couler : il fallait bien croire.

Un des Arabes partit pour aller annoncer cette nouvelle à la tribu, qui accourut tout entière et planta ses tentes autour de la source.

Ismaël grandit au milieu de ce peuple et épousa une fille de la tribu nommée Amara.

Le bruit de cet événement se répandit et parvint jusqu'au douar qu'habitait Abraham.

Abraham s'informa. Il avait quelque soupçon

que cette femme égarée, c'était Agar; que cet enfant prédestiné, c'était Ismaël.

Ses soupçons se confirmèrent.

— Femme, dit-il à Sarah, on parle d'une tribu qui vient de s'établir autour d'une source miraculeuse près du djebel Arafat; je vais aller visiter cette tribu.

Mais Sarah, de son côté, s'était informée, et savait, aussi bien qu'Abraham, dans quelle circonstance cette source miraculeuse avait jailli.

— Ce n'est point la tribu que tu vas visiter, dit-elle toujours jalouse : c'est ton fils Ismaël et ton ancienne esclave Agar.

— Eh bien, fit Abraham, quand cela serait, Ismaël n'est-il pas mon fils, et n'ai-je pas suffisamment obéi à ta volonté en chassant Agar? Je désire visiter cette tribu.

— Pars donc, dit Sarah; mais, avant de partir, fais à ta femme légitime une promesse...

— Laquelle?

— Jure-moi que tu ne descendras point de cheval dans la demeure du fils d'Agar.

Abraham fit le serment demandé, et partit.

Arrivé dans la tribu, il demanda où était la maison d'Ismaël, fils d'Agar.

On lui indiqua la maison.

Il s'arrêta devant la porte et appela trois fois :

— Ismaël! Ismaël! Ismaël!

A la troisième fois, une femme parut sur la porte.

C'était Amara.

— Où est Ismaël? demanda Abraham sans descendre de cheval.

— Il est à la chasse, répondit Amara.

— N'as-tu rien à me donner à manger? demanda Abraham; je ne puis descendre de cheval.

— Je n'ai rien, répondit Amara; ce pays est un désert.

— Eh bien, dit à son tour Abraham, quand ton mari reviendra de la chasse, dis-lui que tu as vu un étranger; dépeins-lui ma figure; dis-lui ma taille, mon âge, mon aspect, et ajoute ceci : « Cet étranger te recommande de changer le seuil de ta porte. »

Amara ne comprit point ce que signifiait cette recommandation; mais Abraham partit sans vouloir s'expliquer davantage.

Ismaël revint; Amara s'acquitta du message.

Le jeune homme reconnut Abraham, et, offensé de ce que sa femme avait refusé à manger à son père quand celui-ci lui disait qu'il avait faim, il la répudia, et alla dans une autre tribu chercher une nouvelle femme.

Cette femme s'appelait Saïda.

Trois ans après, Abraham revint de nouveau pour visiter son fils.

Comme la première fois, Ismaël était absent ; mais, à sa place et répondant pour son mari, une femme jeune, belle, gracieuse, s'avança sur le seuil de la porte.

— Sois le bienvenu, dit-elle à l'étranger ; que désires-tu ?

— Je désirerais voir Ismaël, répondit le vieillard.

— Il est absent ; mais, en l'absence de son mari, la femme ne peut-elle rien pour toi ?

— As tu quelque nourriture à me donner ? répondit le patriarche sans se faire connaître et sans quitter la selle de son cheval.

— Oui, dit-elle.

Et, rentrant chez elle, elle reparut un instant après, offrant au voyageur une épaule de chevreau rôti, du lait et des dattes.

Abraham mangea de ces trois espèces de mets ; puis, quand il fut rassasié, il bénit les restes en disant :

— Que Dieu multiplie dans cette contrée le chevreau, le lait et les dattes.

Alors, Saïda dit au vieillard :

— Étranger, maintenant que tu as mangé, ne veux-tu point descendre de cheval, que je te lave la tête et la barbe ?

— Non, dit Abraham ; car j'ai fait serment de

ne pas quitter ma selle. Mais va toujours chercher de l'eau.

Saïda rentra dans la maison et reparut avec un bassin plein d'eau.

Alors, Abraham, pour tenir son serment, sans descendre de son cheval, posa son pied sur une grosse pierre, et, toujours en selle, s'inclina vers la jeune femme de manière à ce que sa tête descendît à la portée de sa main.

Et la jeune femme lava la poussière dont le visage et la barbe du vieillard étaient souillés.

— Maintenant, dit le patriarche, quand ton mari reviendra, apprends-lui que le vieillard qui était déjà venu il y a trois ans, et qui n'avait pas voulu descendre de son cheval, est revenu de nouveau ; et dis-lui, de ma part, *que le seuil de sa porte est solide et brillant, et que je lui recommande bien de ne pas le changer.*

Et le vieillard disparut.

Au retour d'Ismaël, Saïda lui raconta ce qui s'était passé.

Ismaël écouta attentivement ; puis, traduisant à Saïda ce qui pouvait être obscur pour elle dans les paroles du vieillard :

— Cet étranger que tu as vu, dit-il, c'est Abraham, mon père, et il m'ordonne de te garder à jamais.

Or, la bénédiction d'Abraham, refusée à la

première femme d'Ismaël, profita à la seconde. De Saïda descendent tous les Arabes qui se disent fils d'Ismaël.

Abraham fit une troisième visite à son fils. Cette fois, Ismaël était à la maison.

— Aujourd'hui, lui dit-il, je viens pour t'aider à bâtir un temple au Seigneur.

— Mettons-nous à l'œuvre, répondit Ismaël.

Et tous deux choisirent d'abord l'emplacement ; puis, comme ils hésitaient, l'ange Gabriel apparut à Abraham et lui dit :

— Le Seigneur désire que son temple soit bâti à l'endroit où tu trouveras une *pierre noire*. Cette pierre, c'est moi qui l'ai apportée par l'ordre de Dieu.

Le matin même, Abraham et Ismaël se mirent en quête de la pierre sainte, qu'ils trouvèrent à l'endroit où est aujourd'hui le temple de la Mecque.

Alors fut commencée la Kaâba.

C'était un petit édifice presque informe, sans toit, sans portes, sans fenêtres, bâti, comme les constructions cyclopéennes, en quartiers de roc mal équarris ; car Abraham bâtissait, et Ismaël, tant bien que mal, taillait les pierres.

Sur la face qui regarde l'ouest *, ils incrus-

---

* Quelques auteurs placent la pierre noire à l'angle sud-ouest de la Kaâba ; c'est une erreur.

tèrent la *pierre noire* apportée par l'ange, et instituèrent autour de cet édifice les pèlerinages, les rites et les processions qui vont encore maintenant à la Mecque, prier dans le temple saint.

Aujourd'hui, voici les changements que le temps a apportés à la construction primitive, qui s'éleva deux mille sept cent quatre-vingt-treize ans avant l'hégire, deux cent quatre-vingt-treize ans avant la première fondation du temple de Jérusalem, et deux mille deux cent huit ans avant l'ère chrétienne.

D'abord, citons les deux traditions différentes qui se rattachent à la *pierre noire*.

C'est une croyance généralement répandue, parmi les Arabes, que la pierre apportée par l'ange était d'abord une hyacinthe blanche; cette hyacinthe était si brillante, qu'on en distinguait la clarté à quatre journées de chemin, c'est-à-dire à une distance double de celle où, la nuit, on aperçoit en mer le fanal le plus éclatant.

Maintenant, voici les deux traditions qui expliquent son changement de couleur et la perte de ses rayons.

Une femme impure, disent les uns, la toucha, et elle devint noire. — Elle est devenue noire, disent les autres, à force de pleurer sur les péchés des hommes.

Aujourd'hui, c'est un silex noir, tel qu'on en trouve par milliers dans toutes les montagnes voisines de la Mecque.

Un iman a raconté et soutenu qu'autrefois, au centre de cette pierre, était un trou qui correspondait directement à l'oreille de Dieu.

Tout fidèle faisant sa prière à ce trou était sûr d'être exaucé.

Mais, plus tard, les Arabes s'étant adonnés à cette idolâtrie dont les tira Mahomet, Dieu ferma le trou, et sans doute les hommes, depuis cette époque, ne sont point redevenus assez bons pour qu'il le rouvre.

Revenons à l'ensemble du monument, et disons quelles agglomérations successives l'ont conduit de la Kaàba primitive au temple tel qu'il est aujourd'hui.

La mosquée de la Mecque, que les Arabes et tous les musulmans en général appellent *Meedjidi-Chérif* (temple du Seigneur), puis *Beith-Allah* (maison de Dieu), et, enfin, *El Aram* (le temple), diffère des mosquées ordinaires par sa grandeur et son architecture. Six minarets ornent ses quatre ailes et s'élèvent comme des pointes d'aiguilles à des hauteurs inégales, tandis qu'un septième minaret couvre un petit édifice appelé *Medressah*, où le gouverneur turc, le cheik, le cadi et plusieurs autres dignitaires ont des appartements très-confortables, et où sont établies de nombreuses écoles consacrées à l'enseignement de l'arabe, du Coran, des mathématiques et de la philosophie. Ce dernier bâtiment est l'un des murs contre lesquels se trouvent adossées plusieurs autres maisons qui toutes ont une destination spéciale, notamment la maison de justice ou *Mekham*, bel édifice solidement construit, et garni à l'intérieur d'une imposante rangée d'arcades.

On pénètre dans l'enceinte de la mosquée par trente-neuf portes distribuées irrégulièrement, et au-dessus desquelles se lisent en caractères *soulouth* les noms de ceux qui les ont construites ou fait construire.

On monte d'abord plusieurs degrés pour arriver au seuil de ces portes, puis on redescend un nombre de degrés à peu près égal, et l'on arrive ainsi dans l'intérieur de la mosquée, qui forme une longue cour bordée à l'est par quatre rangées de colonnes, tandis qu'elle ne l'est que par trois sur les autres côtés.

De nombreuses allées, pavées de marbre blanc, assez larges pour que quatre personnes puissent y marcher de front, et élevées à un demi-pied du sol, partent des principales portes et convergent vers la Kaâba.

Nous avons déjà dit que la Kaâba était le

temple primitif, la construction d'Abraham et d'Ismaël.

Elle doit son nom à sa forme carrée, se trouve placée à peu près au milieu de cet encadrement de colonnes, à cent quinze pas de l'aile du nord et à quatre-vingt-huit de celle du sud.

Ce petit édifice, qui ressemble à un tabernacle, et qui, en effet, n'est pas autre chose, est posé sur une base haute de deux pieds. Il a, sur chacune de ses faces, vingt-sept pieds de large et trente-quatre de haut, et sa régularité, son toit plat, lui donnent l'aspect d'un cube parfait ou d'un dé gigantesque.

L'unique porte de la Kaâba s'ouvre du côté du sud-ouest, et à une telle hauteur, que, pour y atteindre, il faut se servir d'un escalier à roulettes, qu'on en approche ou qu'on en éloigne à volonté.

Cette porte, lourde et massive, fermée par de gros verrous, est entièrement recouverte d'une épaisse plaque d'argent doré, qui fut apportée de Constantinople en 1633.

Les Arabes l'appellent la porte *d'Or*.

L'intérieur de la Kaâba se compose d'une seule pièce qui ne reçoit de lumière que par la porte. Le plafond, soutenu par deux colonnes, et les parois, jusqu'à une hauteur de cinq pieds, sont garnis de tentures de soie rouge, richement brodées d'argent, et représentant des dessins de fleurs et des inscriptions. Le plancher et les murs sont revêtus de dalles en marbre de différentes couleurs. De nombreuses lampes d'or et de vermeil, suspendues par des chaînes légères, scintillent dans l'espace laissé entre les deux colonnes.

La Kaâba est, à l'extérieur, entièrement revêtue d'une tenture en soie noire, sur laquelle on lit la profession de foi musulmane brodée en lettres d'or. Quoique l'ensemble de l'édifice ait subi, depuis son origine, bien des transformations, il est toujours resté sur le même emplacement où, avant Mahomet, s'élevait déjà un temple célèbre, rendez-vous de toutes les tribus arabes qui, après en avoir fait sept fois le tour, baisaient avec respect la *pierre noire*, et immolaient des moutons ou des chameaux aux trois cent soixante images ou idoles détruites depuis par Mahomet.

Outre la légende de sa construction par Abraham et Ismaël, qui est la plus répandue, la Kaâba aurait une origine plus céleste encore, suivant une tradition populaire qui la fait bâtir par les anges.

Une autre tradition veut aussi que ce soit à la Mecque, après avoir été chassés du paradis, qu'Adam et Ève, errants depuis un siècle, aient obtenu leur pardon du Seigneur.

Enfin, une croyance assez générale veut encore que ce soit à l'endroit même où s'élève la Kaàba, que s'élevait déjà, avant le déluge, le tabernacle de Dieu. C'est pour cela que les Arabes lui ont donné le nom de *Beith-Allah* (maison de Dieu).

Selon les mêmes auteurs, tandis qu'Abraham et Ismaël travaillaient au temple, ils se reposaient d'habitude sur un socle de pierre voisin de la Kaàba. Le socle y est encore; seulement, la vénération des fidèles l'a entouré d'une grille et surmonté d'un petit dôme.

Cette pierre passe aussi pour recouvrir les cendres d'Abraham; dans ce cas, elle prend le nom de *mekami Ibrahim*.

Les fidèles s'y prosternent avec recueillement, et y récitent des prières.

La Kaàba a d'abord servi au culte de Jéhovah, puis à celui des idoles. C'est aujourd'hui l'édifice le plus vénéré du mahométisme, et la *pierre noire* a conservé tout le respect dont l'environnaient les idolâtres.

Le droit de garder et de défendre la Kaàba a été ambitionné par diverses tribus arabes comme un titre de prépondérance politique et religieuse. Incendiée par l'imprudence d'une vieille femme qui y brûlait des parfums, elle ne fut reconstruite que cinq ans avant l'apostolat de Mahomet, qui, lui-même, à ce que l'on assure, prit part au travail de reconstruction.

Abattue de nouveau l'an 1039 de l'hégire ou 1639 de l'ère chrétienne, la Kaâba fut relevée par les soins d'Amurath IV, dans la forme qu'on lui voit aujourd'hui. Ce fut alors que l'on renouvela les colonnes d'ébène qui ornaient l'intérieur, et avec lesquelles on faisait et l'on fait encore des chapelets chèrement vendus aux pèlerins, toujours avides de ces reliques.

Ce fut également vers cette époque que la Kaâba fut revêtue de sa tenture de soie noire, sur laquelle sont brodés, en lettres d'or, des versets du Coran et la profession de foi musulmane : « Il n'y a d'autre Dieu que Dieu, et Mahomet est l'envoyé de Dieu. »

L'usage de recouvrir la Kaâba remonte au paganisme, et l'honneur de donner l'étoffe de cette tenture, nommée *kiswé chérif*, fut toujours recherché par les souverains musulmans. Les califes de Bagdad, les sultans mamelouks de l'Égypte et les empereurs ottomans se sont successivement partagé cette prérogative. Le kiswé chérif a été fourni par le vice-roi d'Égypte, lorsqu'il possédait l'Hedjaz et quelques autres parties de l'Arabie; mais, depuis 1841, c'est le sultan qui pourvoit à cette dépense.

Autrefois, on renouvelait le kiswé chérif

trois fois par an ; aujourd'hui, on ne le change qu'une fois à l'époque du pèlerinage du mont Arafat.

Le kiswé chérif est fixé sur l'édifice au moyen de cercles et d'une ceinture brodée en fils d'or qui porte le nom de *quouchq*. L'ensemble de cette chemise, toute pailletée d'or, comme l'est d'étoiles un ciel sombre, semée de riches broderies et soulevée par le souffle irrégulier de la brise, présente à l'œil un aspect à la fois gracieux et solennel.

Après chaque renouvellement annuel, le voile et la ceinture, vénérés comme des reliques, sont distribués aux mosquées et aux pèlerins. Tous les sept ans, ils appartiennent de droit au sultan, qui les reçoit dans son sérail avec toutes sortes de cérémonies ; puis ils servent à recouvrir les mausolées des sultans et des princes du sang.

La clef de la Kaâba doit éternellement rester aux mains de la famille d'Othman-Ebné-Talha.

Voici ce que disent les Arabes à ce sujet.

Mahomet étant entré victorieux à la Mecque, réclama les clefs du temple à Othman, fils de Talha, qui en était le gardien, afin d'y faire sa prière. Othman les apporta, et, tandis qu'il les lui présentait, Abbas, de la famille de Hachem et oncle de Mahomet, les lui demanda, parce qu'il avait déjà celles du puits de Zem-Zem ; mais,

Othman refusa de les lui remettre et allait se retirer, quand Mahomet lui dit :

— N'avez-vous pas confiance en Dieu et dans son envoyé?

Rassuré par ses paroles, Othman remit les clefs.

Le prophète, après être sorti du temple, fut abordé par son cousin Ali, qui lui en demanda la garde.

Mais Mahomet lui répondit :

— Je ne charge mes parents que des choses dont il peut résulter quelque avantage pour le public.

Puis, ayant fait appeler Othman, il lui dit:

— Recevez ces clefs et gardez-les, vous et votre famille, comme une chose qui vous appartient en propre, et que nul ne vous en ôte jamais la possession, à moins que celui-là ne veuille passer pour un imposteur.

La Kaâba était, dit-on, autrefois recouverte de lames d'or. Soliman Ier y ajouta une toiture d'argent; puis Ahmed Ier remplaça cette toiture d'argent par une toiture d'or. Mais cette dernière fut enlevée par les Wahabites, qui s'emparèrent de la Mecque l'an 1219 de l'hégire (1803), et l'occupèrent ainsi que ses dépendances, pendant près de quinze ans, c'est-à-dire jusqu'aux conquêtes d'Ibrahim-Pacha, en 1818.

C'est à l'angle ouest de la Kaâba, avons-nous dit, que se trouve placée la fameuse pierre noire; les Arabes l'appellent *hadjer-el-elsnit*. Placée à quatre pieds au-dessus du sol et maçonnée dans le mur, elle est de forme ovale et irrégulière; sa surface est ondulée, comme si elle se composait d'une douzaine de petites pierres liées entre elles par un dur ciment. Au premier aspect, elle ressemble à un aréolithe; elle n'a que sept pouces de diamètre; mais, sans doute, elle était plus grande : le temps l'a usée.

Enlevée dans une guerre civile par une tribu antimahométane, elle ne fut restituée que vingt-deux ans après. Un siècle plus tard, elle fut mutilée par un incrédule fanatique, qui paya de sa vie ce sacrilége. Depuis ce temps, on l'a entourée d'une garniture d'argent qui ressemble à un œil. Les croyants s'y pressent pour la toucher des lèvres, ou tout au moins, quand la chose devient impossible à cause de la grande foule, pour la toucher de la main.

Outre cette pierre noire, il en existe une autre qu'à cause de sa couleur on appelle la *pierre grise*; celle-là appartient à l'espèce calcaire employée pour la bâtisse des maisons ordinaires. Cette pierre, moins sainte que la première, mais cependant objet d'une vénération particulière pour les fidèles, est longue d'un pied et demi, et large de trois pouces ; elle est posée perpendiculairement dans le mur, à peu près à la même hauteur que la pierre noire. Les pèlerins se contentent de la toucher, en signe de vénération, avec la main droite, la main gauche étant considérée comme impure, en raison des usages de propreté auxquels cette main est exclusivement réservée.

C'est également pour ce motif que les musulmans ne mangent jamais avec la main gauche, qu'ils cachent à table, comme si elle était honteuse des fonctions qu'ils la forcent de remplir, et qu'ils ne la présentent jamais à un ami. La présenter serait même une insulte grave.

A l'angle sud, et à deux pieds au-dessous du sommet de la Kaâba, se trouve le fameux *mizab* ou *la gouttière*.

C'est par cette gouttière que s'écoulent les eaux de pluie qui s'amassent sur le toit et que les fidèles recueillent pieusement, à cause des vertus merveilleuses qu'ils leur attribuent.

Cette gouttière a quatre pieds de long sur six pouces de large ; elle passe pour être en or massif ; elle a été respectée par les Wahabites lors de leur invasion, ainsi que la garniture d'argent de la pierre noire, celle de la porte de la Kaâba et la flèche d'un petit édifice en marbre blanc, au sommet duquel, les vendredis et les jours de grandes fêtes, les imans viennent lire à la foule les chapitres du Coran.

A l'ouest de la Kaâba, près de la porte, entre le temple et le petit bâtiment où se trouve le puits de Zem-Zem, auquel nous allons arriver tout à l'heure, se trouve une vieille porte, seul reste de l'ancien temple ou tabernacle, et une fosse appelée *el-muazen*, recouverte en marbre, et assez grande pour que trois personnes puissent s'y asseoir. Les musulmans aiment à y prier, parce qu'elle passe pour l'endroit où Abraham et son fils Ismaël préparaient le mortier nécessaire à la construction du temple.

La Kaâba est environnée d'un long parvis circulaire, pavé en marbre blanc et bordé par une balustrade dont les nombreux piliers ou colonnes sont en bronze doré. Entre les colonnes sont suspendus une multitude de verres de toutes couleurs, qui servent de candélabres, et sont allumés le soir.

Au-dessous de la gouttière en or, et du sud à l'est de la Kaâba, se trouve un mur demi-circulaire de trois pieds de haut, qui entoure un espace pavé en mosaïque précieuse et en pierres coloriées ; au centre de cette espèce de cour sont deux belles dalles de beau vert antique, sous lesquelles les musulmans prétendent qu'Ismaël et sa mère Agar sont enterrés et où les pèlerins vont faire une prière et deux prostrations.

L'intérieur de la Kaâba ne peut être visité qu'à époque fixe. La porte ne s'ouvre que trois fois par an, une fois pour les hommes, une fois pour les femmes ; la troisième fois, on s'y livre aux soins de propreté et d'entretien. Le premier jour, les hommes s'empressent d'aller y réciter leurs prières, et s'y prosterner ; le second jour, les femmes y affluent.

D'après l'opinion la plus accréditée parmi les fidèles, l'intérieur du temple, habité par des esprits célestes, brille d'un éclat si merveilleux, que personne n'ose porter les yeux au plafond dans la crainte de perdre la vue. Pendant ces courtes visites, on brûle de l'encens et des parfums.

Tout l'espace sablonneux de cet immense intérieur, une partie du parvis qui environne la Kaâba, ainsi que les galeries placées entre les colonnades, sont couverts, pendant les prières, qui ont lieu cinq fois par jour, de tapis et de nattes en feuilles de dattiers, de soixante à quatre-vingts pieds de longueur, et appelés *hassirr*, sur lesquels tout musulman, quels que soient son rang et sa fortune, peut venir remplir ses devoirs religieux.

A l'extrémité de chaque tapis, et de trois en trois pieds, on place sur le sable des cruches, *doreug*, renfermant de la délicieuse eau du Zem-

Zem pour désaltérer les fidèles, et confiées aux soins de gardes spéciaux.

Chaque matin, le temple est balayé par cinquante eunuques nègres, Abyssins pour la plupart, dont le chef, décoré du titre de *cheik-el-aram*, est considéré comme un des dignitaires les plus élevés du pays.

Ces eunuques portent un costume entièrement blanc; ils sont coiffés d'une énorme toque blanche. Achetés et entretenus aux frais du gouvernement, ils sont, en général, bien traités, ne paraissent pas regretter la triste condition que le fanatisme leur a imposée, et parviennent le plus souvent à une vieillesse très-avancée. On ne les remplace qu'au fur et à mesure qu'ils meurent.

La mosquée est soumise, en outre, à la surveillance d'un agent nommé *naïb-el-aram* (lieutenant du temple), qui garde toutes les clefs, et est chargé de faire évacuer le temple après la prière de l'esché, pour en fermer les portes. Tout ce qui a rapport au service administratif, à l'entretien, aux réparations, aux revenus, aux dépenses de la mosquée, est de la juridiction du *moudir*.

Vis-à-vis des quatre côtés de la Kaâba, dont les faces se dirigent à peu près vers les quatre points cardinaux, s'élèvent quatre petits édifices, où les imans des quatres rites orthodoxes de l'islamisme se placent pour présider à la prière de leur communauté.

Au-dessus de l'édifice destiné à la prière des imans de la secte des *Chafaï* et au nord-est de la Kaâba, est situé le fameux puits, *bir el Zem-Zem*. Ce puits, comblé pendant plus de quinze siècles, fut retrouvé par le grand-père de Mahomet; son eau, réputée sainte, jouit de toutes les vertus et passe pour un remède infaillible contre toutes les maladies. Elle sert de plus aux musulmans pour boire, faire les ablutions ou purifications, et tremper les étoffes destinées à la sépulture des morts.

A la Mecque, chaque maison reçoit, en payant un très-faible tribut annuel, sa ration journalière d'eau du Zem-Zem, une, deux ou trois cruches, qui sont portées à domicile et renouvelées le matin.

Les pèlerins étrangers, dès leur arrivée dans la ville, reçoivent également des cruches d'eau du Zem-Zem, sur lesquelles sont inscrits quelques vers de compliments et de flatterie à l'adresse de la personne à qui se fait cette offrande, toujours largement récompensée.

Les pèlerins ne partent pas sans emporter une certaine quantité de cette eau sainte dans des vases en cuivre étamé ou en fer-blanc, hermétiquement fermés et soudés; et ils en font des présents qui, loin de la Mecque, sont aussi recherchés par les disciples de Mahomet que les débris de la vraie croix ou du saint sépulcre par les chrétiens ; ils en versent aussi quelques gouttes dans l'eau souvent corrompue qu'ils sont obligés de boire pendant leurs longs et pénibles voyages : ils croient, au moyen de cet élixir, se préserver de tous les maux ; il leur est interdit d'en donner à d'autres que des musulmans.

Cette eau du Zem-Zem renferme beaucoup de magnésie ; elle est, en effet, délicieuse, et cela paraît d'autant plus extraordinaire que, dans le pays, l'eau est très-rare ; son goût exquis, semblable à celui du lait, sa fraîcheur, sa limpidité, sa qualité stomachique, la font rechercher préférablement à toutes les autres. Il m'est arrivé souvent de ne pouvoir m'en rassasier, et il n'est pas d'exemple, quelque quantité qu'on en ait bue, qu'elle ait jamais été nuisible pour la santé.

Le puits est entouré d'un parapet en marbre blanc couvert d'inscriptions arabes. Cent hommes y sont journellement occupés à puiser l'eau nécessaire à la consommation, et cette industrie, grâce à la superstitieuse dévotion des pèlerins étrangers, est devenue très-productive. Le chef des gardiens du puits est un des ulémas de la Mecque.

Quelques malveillants, étrangers à l'islamisme,

ont prétendu qu'une préparation quelconque était introduite dans l'eau du Zem-Zem pour lui donner le goût particulier qui lui a fait une si grande réputation. Les musulmans, et particulièrement les Arabes, tiennent trop à la pureté de tout ce dont ils font usage pour qu'il soit permis de croire à un mélange de substances étrangères. D'ailleurs, il ne se rencontrerait parmi eux personne qui fût assez téméraire pour se charger d'une opération aussi délicate et même aussi dangereuse. J'ai vécu trop longtemps au milieu des Arabes de la Mecque pour ne pas être persuadé que l'eau du puits d'Ismaël et d'Agar est une eau naturelle et minérale. J'oppose donc la dénégation la plus formelle aux voyageurs qui ont soutenu l'opinion contraire.

En face du petit édifice où se trouve le puits, on aperçoit deux dômes dont les deux coupoles blanches et élevées sont d'un travail assez remarquable, et qui servent, l'un au pacha turc pour y faire ses prières, l'autre à un savant astronome qui, tous les jours à midi, prend la hauteur du soleil, sans craindre d'être accusé de sortilége par les fanatiques, qui ont pour lui la plus grande vénération.

Une procession imitée des idolâtres — comme beaucoup de pratiques religieuses des musulmans — a lieu toute l'année et à toutes les heures de la journée, surtout à celles où se disent les cinq prières commandées par le Coran.

C'est pendant le mois du Ramadan, et à l'époque du pèlerinage qui lui succède, qu'elle attire le plus grand nombre de fidèles.

Les cérémonies deviennent alors plus rigoureuses; au lieu de sept fois, l'on fait quatorze fois et même vingt et une fois le tour du tabernacle.

La foule est immense; elle se compose principalement de pauvres et d'infirmes; car, il faut bien le dire, dans l'islamisme comme dans la plupart des religions, ce sont toujours les classes inférieures qui fournissent le plus de croyants. Les chefs et les riches qui, en petit nombre, se joignent à la procession, n'agissent guère que par vanité, par ostentation, dans le but de surveiller leurs inférieurs et de leur imposer plus sûrement par le mensonge de leur piété.

De leur côté, les fonctionnaires de dernier ordre n'ont d'autre désir, en se soumettant à ce précepte de la loi musulmane, que de se faire remarquer de leurs supérieurs ou d'une foule fanatique, qui se laisse facilement tromper par ces apparences pieuses, sous lesquelles il n'y a souvent que corruption et hypocrisie.

La Mecque, outre le nom de *Mekka*, porte chez les Arabes les titres les plus pompeux; un volume suffirait à peine pour les enregistrer. Les principaux sont : *Om-el-Kara* (la mère des villes), *El-Moscheréfé* (la noble), *Balad-el-Emin* (la patrie des fidèles). Dans tous les actes publics, elle porte celui de *Mekka-ï-Mekkaramah* (Mecque la Vénérable).

Cette ancienne capitale de l'Arabie, aujourd'hui celle de l'islamisme, était connue des Grecs sous le nom de *Mocaraba;* ce mot exprimait son étendue, qui, cependant, à l'époque de sa plus grande splendeur, n'a jamais égalé le quart de Paris.

Construite au centre de plusieurs montagnes élevées, granitiques, arides, sur un sol pavé de rochers, elle se trouve à l'abri de tous les regards et comme dérobée à l'indiscrète curiosité des profanes.

Ce n'est qu'en arrivant à l'étroite ouverture d'un défilé, espèce de porte naturelle, qu'enfin se présente la vallée resserrée et pierreuse dans laquelle est située la ville. Étendue sur le versant des montagnes, ou perchée en quelque sorte sur leurs crêtes, elle est dominée par son antique et formidable citadelle, qui couronne le djebel Lala, et qui servait autrefois de résidence aux califes et aux chérifs.

Cette forteresse porte aujourd'hui la trace des nombreux siéges qu'elle a eu à soutenir pendant plusieurs siècles. Sa construction remonte à l'an 979 de l'hégire (1571 de notre ère).

Une garnison de quatre cents hommes d'infanterie turque et une nombreuse artillerie de tout calibre la défendent contre de nouvelles attaques. quelques travaux suffiraient pour la mettre en état de résister à un long siége, malgré les dévastations des Wahabites, qui l'ont gardée pendant plusieurs années.

D'autres forts, placés sur des collines voisines, servaient encore à la défense de la Mecque; mais, beaucoup moins solidement construits que la citadelle, ils n'ont pu résister au temps ni aux boulets : il n'en reste plus que des ruines.

Un seul de ces forts, relevé par l'émir Galip pendant les dernières guerres, est armé de quelques bouches à feu.

Au reste, les meilleures fortifications de la Mecque consistent dans la ceinture naturelle de rochers qui l'environnent : l'étroite vallée dans laquelle la ville est située, et qui se dirige du nord au sud, n'ayant que deux issues, fermées par des collines abruptes de plus de deux cents pieds de hauteur.

La Mecque est une jolie ville : presque tous les édifices y sont construits en pierre et selon l'ancienne architecture arabe; les maisons y ont conservé la plus grande solidité et même un air de richesse.

Les rues sont, en général, régulières et sablées ; dans certains quartiers, cependant, elles sont étroites, inégales, malpropres, dépourvues d'air. Mais, malgré les exhalaisons des miasmes qui s'y concentrent, malgré la population misérable qui s'y presse, il n'y a jamais eu un seul cas de peste.

Il n'existe dans toute la ville qu'une seule place publique, celle de la Grande-Mosquée, qui, à l'époque du pèlerinage, est animée par l'affluence des étrangers et par une multitude de boutiques. Plusieurs belles rues bordées de riches bazars viennent y aboutir.

La population de la Mecque est flottante. On peut dire que les habitants de cette ville sont étrangers ou fils d'étrangers, à l'exception de quelques Bédouins qui s'y sont établis et d'un petit nombre d'anciens Arabes, appelés chérifs, qui descendent de Mahomet.

A chaque pèlerinage, quelques-uns des pèlerins s'y fixent.

Cette population si mêlée, qui se compose, comme à Djeddah, d'Arabes en majorité, de Turcs ensuite, puis de Persans, d'Indiens, d'Égyptiens, de Syriens, d'Algériens, de Marocains, de Nubiens, d'Abyssins, de Sommaliens, de Nigritiens, de Barbarins, de Javanais, de quelques Chinois, de Tacrouris, de noirs du Soudan, du

Zanguebar, de Zanzibar, de Quiloa, de Mozambique, du Sénégal, adopte bientôt les mêmes mœurs, les mêmes usages et presque le même costume.

Aujourd'hui, cependant, les habitants de la Mecque se divisent en quatre classes bien distinctes :

D'abord, les employés du gouvernement turc et de l'émir arabe, c'est-à-dire les effendis, les petits émirs rétribués, race fanatique, superstitieuse, cruelle et en même temps corrompue et vouée aux débauches. L'usage du vin et des liqueurs fortes est rigoureusement interdit aux musulmans par la loi du prophète. Cette défense, autrefois bien observée, semble aujourd'hui tombée en désuétude; il y a des musulmans qui, en secret, se livrent à la boisson et aux orgies lorsqu'ils en trouvent l'occasion, même à la Mecque.

La seconde classe est celle des gens riches, — et ils sont nombreux, — des propriétaires, des gros négociants, population indolente et licencieuse. Après les prières, qu'ils récitent avec une exactitude presque mécanique, ils ne songent plus qu'à manger et à boire, et à faire la sieste pendant les chaleurs, qui, de onze à trois heures, s'élèvent souvent à 40 degrés Réaumur. Entourés de leurs femmes, qui sont généralement belles (Abyssines, Nubiennes, Égyptiennes, Turques, Arméniennes, Grecques, Persanes, Géorgiennes ou Arabes), ces heureux mortels prélèvent, dans leurs harems, un avant-goût de ces plaisirs sensuels dont ils n'espèrent la pleine et entière jouissance que dans le séjour du paradis. Leurs houris d'ici-bas, quoique scrupuleusement surveillées par de féroces et indomptables eunuques, sont généralement coquettes, libertines, et ne se font pas faute de profiter des voiles mystérieux et discrets de leur costume pour se livrer aux étrangers. Beaucoup de maris connaissent les déréglements de leurs femmes ; mais ils les tolèrent, par un juste retour sur eux-mêmes, et dans la crainte que la vengeance conjugale ne divulgue la honte de leurs infâmes débauches.

Puis vient la classe des prêtres, des petits négociants, des industriels, des artisans. Celle-là est honnête, sobre et religieuse.

Enfin, la quatrième classe, la plus nombreuse, se compose des pauvres et des étrangers : parmi ceux-ci se trouvent des sages et des hommes véritablement philosophes, des spéculateurs qui, de tous les pays, viennent à la Mecque pour vendre ou échanger des produits ; puis des mendiants de l'Inde et du centre de l'Afrique, dont l'industrie est si productive, qu'en demandant l'aumône de porte en porte, et en réalisant ensuite la valeur de ce qu'ils reçoivent, ils parviennent, en quelques années, à se créer un capital de plusieurs milliers de francs.

On rencontre aussi à la Mecque une foule de derviches, de ces vagabonds qui exploitent la crédulité des pèlerins par leurs jongleries, leurs tours, leurs prédictions et leurs remèdes efficaces contre tous les maux, et qui se reconnaissent à leur costume excentrique, aux chapelets dont ils s'entourent le corps; puis, beaucoup de ces fanatiques, qui, pour se rendre agréables à Dieu, errent tout nus, se mutilent, se déchirent, se chargent de chaînes, et dégoûtent la vue par le cynisme de leur martyre.

Les Arabes, comme les Turcs et les Persans, aiment les habits longs.

En hiver, les hommes de distinction portent un *béniche* ou manteau de dessus en drap, et une *djebba* ou manteau de dessous de même étoffe; une robe en soie très-longue et serrée autour des reins avec une ceinture de cachemire; un turban de mousseline fine et très-blanche, artistement arrangé, couvre leur tête, tandis que de jolies sandales souvent ornent leurs pieds.

L'été, ils remplacent leur béniche de drap par un manteau semblable, mais en soie ou en mérinos, étoffe qu'ils appellent *chali*.

Ils portent aussi des chemises très-courtes en

étoffes fines, presque transparentes, avec les manches fort longues, très-larges et brodées avec beaucoup de goût.

Le célibat est peu commun chez les habitants de la Mecque : c'est un sujet de blâme et de mépris. Les Arabes des deux sexes se marient fort jeunes, et il n'est pas rare de voir un jeune homme de quatorze à quinze ans épouser une fille de huit à dix ans, ou tout au moins posséder déjà une esclave.

Cet usage est déplorable, en ce qu'il énerve promptement la jeunesse, et fait dégénérer la race. On rencontre rarement de beaux vieillards. Les femmes sont vieilles à vingt ans, et presque décrépites à trente-cinq.

La polygamie est permise par le Coran. Mahomet, dans le but de s'entourer rapidement de populations auxquelles il pût imposer ses doctrines, Mahomet flatta les passions naturellement ardentes de ses prosélytes, en leur permettant de posséder quatre femmes légitimes, répudiables à volonté.

Il leur accorda, en outre, autant de concubines ou d'esclaves qu'ils pourraient en entretenir. Cette tolérance, la dernière surtout, fait dégénérer la population, la mélange aux races étrangères, et il est très-ordinaire de rencontrer dans une même famille des enfants de plusieurs nuances, un frère blanc et un frère noir.

Toutefois, Mahomet obvia en partie aux vues politiques de cette loi, en établissant le droit d'aînesse et en ordonnant que tous les enfants suivraient la condition du père, et que ce dernier, à défaut d'enfants issus d'une femme légitime, aurait la faculté de choisir son héritier parmi les enfants nés de ses esclaves.

Les riches habitants de la Mecque considèrent comme une honte la vente d'une esclave concubine; ils l'épousent lorsqu'elle leur donne un enfant. Ils n'ont que trois femmes. Quelques Mecquaouïs ont plusieurs douzaines de concubines.

Malgré la liberté qu'ont les musulmans d'avoir plusieurs femmes légitimes, et en même temps un nombre indéterminé de concubines, il est beaucoup d'Arabes qui ne se marient jamais, et se contentent d'avoir une ou plusieurs esclaves.

Il en est d'autres qui, outre leurs nombreuses esclaves, épousent quatre, trois ou deux femmes; il en est même qui n'en prennent qu'une, sauf à en changer fréquemment, et avec d'autant plus de facilité qu'ils ne sont jamais obligés de faire connaître le motif pour lequel ils les répudient; le plus souvent, il leur suffit de renvoyer leur femme à sa famille.

La loi musulmane accorde à la femme la même

facilité de se séparer d'un mari avec lequel elle ne serait pas heureuse. Elle a le droit de se réfugier chez ses parents, sans que son époux ait celui de la réclamer; toutefois, ce dernier peut l'empêcher de se remarier, en refusant de prononcer la formule du divorce : *En talek* (tu es répudiée).

Les formalités des mariages sont très-simples.

Lorsqu'un Arabe recherche une fille, il envoie dans la famille de celle-ci un ami pour la demander en son nom; le père consulte sa fille; si elle consent, il répond affirmativement, et l'union est arrêtée.

Quelques jours après, le futur envoie à sa fiancée les cadeaux plus ou moins importants qu'il lui destine pour former son trousseau, et que celle-ci peut accepter, s'ils lui conviennent, et refuser s'ils ne lui paraissent pas suffisants. Dans ce dernier cas, on les augmente jusqu'à ce qu'elle les conserve.

Au bout de cinq ou six jours, le futur, accompagné de ses amis, conduit à la porte de la maison de sa fiancée un agneau qu'il égorge en présence des témoins, et, dès que le sang coule, la cérémonie du mariage est accomplie.

Les amis des deux familles se réunissent; tout le monde se divertit; on fait de la musique, on s'assied autour d'un repas splendide, on promène la fiancée au son du tam-tam dans les principales rues, et, enfin, un peu après le coucher du soleil, quand on a vaincu toutes ses hésitations, on l'introduit dans un appartement où elle se livre à son mari, au bruit des applaudissements et des cris de joie de toutes les femmes, qui se tiennent en dehors de la porte, mais qui voient tout ce qui se passe par un trou qu'elles y ont pratiqué.

Le lendemain matin, leur premier soin est d'aller au lit nuptial, acquérir la preuve de la virginité de la jeune épouse; puis elles s'emparent du drap, et se le partagent entre elles pour le conserver comme une relique.

Le costume des femmes, à la Mecque, se compose d'une petite chemise blanche, rose ou bleue, très-courte, d'un tissu fin et transparent, et garnie de longues manches brodées; d'un large pantalon bleu rayé et brodé d'argent au bas des jambes; d'une petite veste bien pincée, fermée devant par deux ou trois boutons, mais laissant la gorge entièrement à découvert, tandis que des manches très-étroites, et ornées d'une multitude de petits boutons, cachent une partie des bras. Une ceinture en cachemire entoure la taille; des bracelets en or, un collier en perles, de jolies boucles d'oreilles, complètent ce costume, dont l'ensemble est plein d'élégance.

Lorsque les femmes sortent de chez elles, elles se couvrent d'une ample robe de soie noire, nommée *habra*, ou d'un énorme voile en soie rayée, bleu et blanc, *mellaya*.

Elles se cachent le visage au moyen d'un *bourko* blanc ou bleu pâle, se coiffent d'une espèce de turban dissimulé sous le voile. Elles se teignent les ongles des pieds et des mains avec du *henné*, se noircissent les yeux avec du *koheul*, et se font tatouer les joues, la poitrine, le front et les bras.

Les mœurs s'étant corrompues plus ou moins chez les Arabes sédentaires des grandes villes, la Mecque, malgré sa sainteté, renferme un grand nombre de femmes et de filles publiques. Plus modestes cependant que celles d'Égypte, ces filles ne se montrent jamais à découvert dans les rues. Elles habitent le quartier de *Schab-Aamer*, où elles sont soumises à un impôt.

Dans l'antiquité, à l'époque où la Mecque était encore gouvernée par les célèbres Koréischites, son sol sablonneux et stérile, se refusant aux travaux agricoles, était, en revanche, favorable aux entreprises commerciales.

Par le port de Djeddah, qui n'est distant que de dix-huit lieues, la Mecque entretenait des rapports avec l'Abyssinie, l'Inde, la Chine, l'Égypte et l'Afrique.

Les caravanes traversaient la péninsule jusqu'à El-Katif, port du golfe Persique. De là, les marchandises arrivaient à l'embouchure de l'Euphrate et à Bassora, placée à peu près à égale distance, trente jours, de la Syrie et de l'Yémen.

Les chameaux se chargeaient de précieuses cargaisons de parfums sur les marchés de Sana et de Mareb, ou dans les ports d'Oman ou d'Aden, tandis qu'ils prenaient le blé et les articles manufacturés aux foires de Bassora et de Damas.

Depuis lors, plus de douze siècles se sont écoulés, et le temps a respecté l'antique cité de la Mecque; mais le commerce a tout à fait changé de route, et les Mecquaouïs ne subsistent plus que par l'affluence des pèlerins qui viennent de tous les pays offrir leurs hommages de vénération à la sainte Kaâba. Le plus grand nombre des habitants n'ont d'autre industrie que celle de *délils* ou guides des étrangers.

D'autres fabriquent des chapelets qui, avec les images représentant grossièrement la Kaâba, avec l'eau du Zem-Zem et le baume célèbre que l'on extrait de la plante *amyris balsamifera*, dont la graine est employée pour faire avorter les esclaves, constituent le principal commerce de la ville.

Ils vendent aussi les parfums, les essences, le café, l'encens.

Quelques-uns ne font qu'écrire des manuscrits, le Coran entre autres, dont les copies ordinaires ne se vendent jamais moins de cent francs, l'imprimerie étant encore interdite dans ce pays, où, au moyen de la traduction d'une partie de nos livres, on pourrait répandre et surtout recueillir de précieuses lumières.

Il ne faut pas oublier non plus la fabrication de gourdes en cuivre ou en fer-blanc, dans lesquelles on verse l'eau du Zem-Zem, remède infaillible pour toutes les maladies, et qui est le plus beau cadeau qu'un pèlerin puisse faire en revenant dans son pays.

La Mecque, avec ses faubourgs, occupe une longueur d'environ cinq mille pas. Elle est journellement fréquentée par des Arabes bédouins et nomades, cultivateurs et pasteurs, qui y amènent des troupeaux, et y apportent, du Doura, du maïs, des légumes, des fruits, du beurre, du miel, du tabac.

La Mecque a joué un grand rôle dans l'histoire de l'islamisme. C'est dans cette ville que le savant législateur arabe a reçu le jour et révélé sa mission.

Les Mecquaouïs sont extrêmement fiers d'habiter un lieu illustré par la présence de leur prophète et de sa famille, et, aujourd'hui encore, ils montrent avec respect aux étrangers — musulmans, bien entendu, — tout ce qui rappelle quelque acte du grand drame accompli par l'apôtre de Dieu et ses successeurs : les maisons de Mahomet, d'Aly et de Fatma, entre autres.

C'est là ce qui explique la présence de cette quantité de marabouts que l'on rencontre soit dans la ville, soit au dehors, et même jusque sur les montagnes qui couvrent cette partie de l'Arabie, le djebel *Kobez* ou *Hira* *, le djebel *Noûr* **, et le djebel *Arafat* ***.

Les marabouts abondent dans tous les pays musulmans ; car chaque génération et chaque contrée comptent des hommes attachés à la religion (*marabouts*) par les pratiques du culte ou par des actions méritoires.

Indépendamment du tombeau qui renferme les restes mortels d'un marabout, il y a des chapelles appelées *zaouïa*, élevées pour perpétuer la mémoire du saint.

Dans les visites qu'ils font aux marabouts, les pèlerins portent des cierges et de l'encens qu'ils font brûler, des offrandes de toutes sortes, et de

---

* Lieu de retraite de Mahomet avant sa mission.

** C'est sur cette montagne que, suivant la tradition, l'ange Gabriel apporta à Mahomet le premier chapitre du Coran. On y voit les ruines d'une célèbre chapelle détruite par les Wahabites en 1803.

*** Lieu du sacrifice d'Abraham.

l'argent qu'ils déposent entre les mains de l'*oukil* ou gardien du lieu.

Les cimetières sont au nombre de trois, à la Mecque; ils occupent les parties nord, sud-ouest et sud-est de la ville.

Le plus remarquable est, sans contredit, celui qu'on voit au nord, sur la route de Médine. Il y a un grand nombre de tombeaux recouverts en coupole. Parmi ces tombeaux se trouve celui de Khadidja, la première femme du Prophète.

La population de la ville sainte, qui s'est élevée jadis à plus de cent mille habitants, était réduite, au commencement de ce siècle, à dix-huit mille seulement. Elle est aujourd'hui de vingt-cinq à trente mille habitants en temps ordinaire, de cent cinquante à deux cent mille à l'époque du pèlerinage.

On voit à la Mecque des maisons à un, deux et trois étages, toutes couvertes de terrasses entourées de jolis parapets à jour, de sept à huit pieds de haut, et recevant les eaux de pluie dans des citernes. Elles sont bâties en moellons, avec crépis, et blanchies à la chaux.

Comme dans toutes les villes de l'Orient, ces maisons ont des cours intérieures et des galeries, tandis que les façades n'ont qu'un petit nombre d'étroites fenêtres.

Les maisons de belle apparence ont des moellons finement piqués à joints apparents, et des huis dont les encadrements, en pierre de taille, sont ornés de colonnes. Chaque maison a son concierge. La porte reste toujours fermée, et s'ouvre au moyen d'un loquet en bois mû par une ficelle.

Une fenêtre à grillages, en bois ouvré de toutes couleurs, et appelée *moucharabie*, surplombe ordinairement les portes. Derrière ces grillages se tiennent, une grande partie de la journée, les femmes, pour voir ce qui se passe au dehors.

La ville compte de quinze à dix-huit mille maisons, toutes louées lors des fêtes du pèlerinage; ce qui est une des sources principales de la richesse des Mecquaouïs. « Le pèlerinage, c'est de l'argent, » disent-ils.

Dans les temps ordinaires, une chambre se loue, par mois, de trois cents à six cents piastres turques, c'est-à-dire de soixante-quinze à cent cinquante francs de notre monnaie; le prix de location est porté au double dans les années où il y a affluence de monde; et il n'est pas rare de voir alors une seule pièce occupée par quinze, voire même vingt individus à la fois.

Ceux des pèlerins qui n'ont pu trouver à se loger dans la ville vont camper sous des tentes dans la campagne, à côté des Tacrouris et des nègres du Soudan.

Pendant l'été, les habitants qui sont à leur

aise se réfugient, pour se soustraire à la trop grande chaleur, à Taïffa, ville célèbre dans les annales politiques et religieuses de l'Hedjaz, et éloignée de la Mecque de cent dix kilomètres environ. C'est en Arabie, durant cette saison, le rendez-vous de tous les gens riches.

Le territoire sacré — son périmètre est de quarante-deux lieues — ne possède qu'une seule source dont l'eau soit potable. C'est celle du fameux puits de Zem-Zem; mais, comme cette source ne pouvait pas suffire aux besoins de la ville, les Mecquaouïs ont dû nécessairement chercher un moyen industriel pour se procurer l'eau que leur triste patrie leur refusait : ils ont creusé un canal de huit lieues de longueur, aboutissant à la petite rivière qui passe à Zébéda.

Ce canal, en pierre et en ciment fort dur, alimente huit fontaines ornées de robinets de bronze.

Ces fontaines coulent jour et nuit. Le gardien de chacune d'elles est en même temps le chef des *sakas* chargés de distribuer l'eau dans toute la ville.

En dehors, on a encore creusé quatre vastes citernes, réservées aux quatre grandes caravanes du pèlerinage.

L'une désaltère la caravane de Damas, l'autre celle du Caire, la troisième sert aux pèlerins de Bagdad, et la dernière à ceux de l'Yémen.

Les Barbarins et les autres peuples de l'Afrique et des îles de l'Asie se pourvoient au Zem-Zem.

Dans cette description que je viens de donner de la ville sainte, j'ai jugé à propos de laisser de côté la question des *bains* et des *bazars*, pour y revenir à l'époque du pèlerinage, alors que ces lieux présentent le plus d'intérêt et d'animation.

J'avais, dès les premiers temps de mon séjour à la Mecque, remis à plusieurs dignitaires turcs les lettres d'introduction dont je m'étais muni à Djeddah.

Partout, je reçus l'offre d'une hospitalité cordiale.

Je me trouvai ainsi tout de suite dans les conditions les plus favorables pour étudier de près la politique, la religion et la vie intime d'un pays où la curiosité et les aventures m'avaient conduit.

J'étais musulman, mais il régnait autour de moi une certaine méfiance, une inquiétude soupçonneuse toujours prête à épier mes moindres actes, surtout mes actes religieux. Je dus, à cet égard, me tenir continuellement sur mes gardes, et me conformer à toutes les pratiques de ma nouvelle foi.

C'était pour moi le seul moyen de ne point inspirer d'ombrage au fanatisme de mes hôtes, et de me conserver, parmi les plus hauts dignitaires, d'utiles relations.

Par ma conduite et ma prudence, je parvins à me concilier tous les esprits. Une sorte de respect m'entoura bientôt : personne n'ignorait ma nationalité, que je ne cachais jamais, et chacun aimait à me questionner sur l'Europe, sur la France, sur le christianisme, sur l'opinion que les autres peuples se font de l'islamisme.

Je répondais avec confiance.

Chaque jour, après la prière du magreb, je voyais mes nouveaux amis arriver près de moi au temple, et nos conversations duraient ordinairement deux heures, jusqu'au moment où commençait la prière de l'esché.

Tous reconnaissaient l'impuissance politique de leur pays, depuis surtout que les événements de 1840 avaient replacé l'Arabie sous la domination de Constantinople. Ils regrettaient unanimement l'administration du pacha d'Égypte, ne se soumettaient qu'avec répugnance au nouvel ordre de choses, et espéraient pour leur patrie de meilleurs destinées.

Le gouvernement de l'Hedjaz se composait, en 1842, de deux autorités puissantes et presque indépendantes l'une de l'autre, qui, toutes deux, avaient à peu près les mêmes attributions.

L'autorité arabe devait, cependant, toujours

céder le pas à l'autorité turque, représentée par Osman-Pacha, ministre de l'empereur de Constantinople.

Mais des germes d'indépendance subsistaient encore dans le cœur arabe, et pouvaient éclater d'un moment à l'autre; il n'aurait fallu qu'un chef, et la reconstitution d'un empire arabe, qui aurait inévitablement changé la face du monde, devenait possible.

Quelques Arabes y songeaient.

Osman-Pacha était alors âgé de cinquante-neuf ans; ses premières années s'étaient écoulées à l'armée, où il se distingua en combattant contre les Russes. Devenu bey, il fut chargé d'administrer la ville de Médine et ses dépendances; il s'acquitta dignement de ce mandat. Rusé, adroit et profond politique, il sut profiter de toutes les bonnes occasions; d'une naissance noble, — il appartenait à la famille des anciens princes régnant en Crimée, — Osman parvint à se faire aimer par la veuve d'un gouverneur turc, et obtint du sultan Mahmoud l'autorisation de l'épouser.

Grâce à sa fortune colossale, il fut bientôt élevé à la dignité de pacha, puis renvoyé à l'armée, qui combattait alors contre Ibrahim.

Rappelé à Constantinople après la bataille de Nézib, il fut désigné pour aller remplacer en Égypte

Méhémet-Ali, qu'alors tout le monde voulait déposséder. Enfin, après la ratification du déplorable traité de la quadruple alliance, il fut chargé d'administrer la Mecque et l'Hedjaz, que Méhémet a abandonnés en même temps que l'Yémen et le Nedjed.

Osman-Pacha résidait à Djeddah, qui lui était entièrement soumise, et où le chérif de la Mecque, l'émir Ibn-Aoûn, n'avait aucun pouvoir. Il y exerçait le gouvernement le plus absolu et le plus conforme aux traditions du despotisme oriental.

Quelques compagnies d'Arnautes très-mal disciplinés, et s'élevant au plus à deux mille hommes, quatre cents cavaliers dans l'état le plus déplorable, un bataillon d'artillerie de Constantinople assez bien organisé, et quelques milliers d'Arabes, c'étaient là toutes les forces qu'il avait à sa disposition pour soutenir une administration oppressive, que le moindre choc pouvait détruire en un instant.

Osman-Pacha était aussi un de ces musulmans fanatiques qui se préoccupent plutôt de la conduite religieuse de leurs subordonnés que de leur bien-être. Il avait les instincts sanguinaires et la vengeance implacable.

La plus grande partie de son temps se passait dans son harem, où se trouvaient renfermées de jeunes et belles Circassiennes dont son âge semblait devoir l'éloigner. Il s'enivrait souvent d'opium et se livrait alors à des excès et à des fureurs que sa vieille épouse n'avait pas le pouvoir de maîtriser.

Le chérif arabe Ibn-Aoûn, que je ne connaissais pas encore, était un honnête et brave Assyrien qui avait l'ambition de conserver indéfiniment l'autorité dont le hasard l'avait revêtu.

Le poste élevé qu'il occupait accidentellement lui convenait beaucoup, et il en rêvait l'hérédité dans sa famille et pour son fils aîné, jeune homme très-capable et connaissant parfaitement les usages européens, qu'il préférait à ceux de son pays.

Ibn-Aoûn avait une cour à lui, et des agents qui souvent le mettaient presque en hostilité avec Osman-Pacha; car les Arabes et les Turcs ne se rapprochent pas et ne se rapprocheront jamais. Toutefois, les deux dignitaires apportaient une grande réserve dans leurs relations mutuelles, et gardaient, l'un vis-à-vis de l'autre, une politique de défensive et d'observation.

Le véritable chef des Arabes de l'Hedjaz, Abd-el-Moutaleb, fait prisonnier à Taïffa par les troupes de Méhémet-Ali, était à Constantinople, où il avait été exilé par le vice-roi d'Égypte, qui l'avait remplacé par Ibn-Aoûn.

Le chérif Abd-el-Moutaleb, quoique n'ayant

jamais abdiqué le droit de gouverner la Mecque et l'Hedjaz, qui, depuis plusieurs siècles avaient toujours été administrés par sa famille, fut illégalement privé de son gouvernement. Mais il était propriétaire de toutes les maisons des principales villes, et les Turcs, ne pouvant lui enlever sa propriété, ni l'indemniser suffisamment, lui laissèrent ses immenses revenus, et se contentèrent de le garder en otage, en lui allouant une solde équivalente à celle des deux gouverneurs actuels de cette ville.

Ibn-Aoûn, créature du pacha d'Égypte, fut confirmé dans le chérifat par le Grand Seigneur, mais il ne le fut que conditionnellement. L'empereur turc n'aurait pu ni voulu violer les droits légitimes d'Abd-el-Moutaleb, et, pour ne pas compromettre sa souveraineté dans l'Hedjaz, il se contenta de conserver ce dernier otage, et de profiter de la grande influence que cette captivité pourrait exercer sur les musulmans.

Puis il subordonna le chérif Ibn-Aoûn à l'autorité d'Osman-Pacha, en lui laissant toutefois presque les mêmes revenus et les mêmes prérogatives.

Le pouvoir d'Ibn-Aoûn ne s'étend que sur les Arabes, qui sont en majorité, et sa dépendance à l'égard des Turcs est si légère, que, si les Arabes lui étaient dévoués comme à son prédécesseur, chaque jour il pourrait refuser de se soumettre à une souveraineté qui le froisse.

L'existence du chérif Abd-el-Moutaleb lui portait ombrage et contrariait ses projets.

Ce prince, jeune encore et vivement désiré de tous les Arabes, pouvait reparaître et reprendre ses droits légitimes. Par une administration modérée et indulgente, Ibn-Aoûn ne songeait qu'à se faire des amis et des partisans pour empêcher ce retour, forcer le gouvernement turc à reconnaître l'hérédité dans sa famille, et se défendre en cas d'attaque.

Mais il se berçait d'un faux espoir; car, je le répète, il n'était, au fond, considéré par la plupart de ses administrés que comme un gouverneur provisoire, et les quelques Arabes qui lui paraissaient le plus dévoués étaient tous disposés à l'abandonner si leur chef légitime se représentait. Ibn-Aoûn n'était toléré par les Arabes qu'en haine des Turcs.

Osman-Pacha, de son côté, épiait avec ruse, et dans le silence, tous ces hommes ennemis des Turcs, et prêts à se donner la main pour se délivrer de son administration tyrannique, sauf à s'entendre un peu plus tard pour se choisir un gouvernement plus conforme à leurs mœurs.

La soumission des Mecquaouïs au gouvernement turc n'était que le résultat du désaccord que celui-ci entretenait parmi eux, de la jalousie et de la haine qu'il savait semer à propos entre les chefs, de la crainte qu'il inspirait, et des sommes plus ou moins importantes qui, chaque mois, rétribuaient plus de deux mille chérifs ou émirs, selon leur degré d'influence et leurs bonnes ou mauvaises dispositions.

Cette libéralité, bien calculée, mais trop onéreuse pour les finances de la Turquie, s'étendait même à beaucoup d'anciens employés de l'administration précédente, à tous ces hommes que leur fanatisme et leur influence pouvaient rendre redoutables.

Les trésors de Constantinople se vidaient pour maintenir la prépondérance turque sur un pays fait pour s'administrer lui-même, sur un peuple conquérant qui a conservé la tradition militaire, et qui, avec les mêmes armes qu'autrefois, le glaive et le Coran, n'attend que l'occasion pour se lever en masse et se rendre indépendant.

Une paix, acquise ainsi à prix d'argent, et parfaitement appréciée des Arabes, chez lequels, depuis qu'ils se civilisent, l'argent passe souvent avant Dieu, ne peut durer toujours; car les Arabes ne se soumettent qu'en apparence et calculent bien le côté faible de l'État qui les gouverne.

Leur indépendance trouve un asile au milieu

de leurs montagnes inaccessibles, où peu à peu ils entassent les capitaux de la Turquie. Du jour au lendemain, ils peuvent tout détruire et se donner un roi.

L'émir qui est à leur tête, dans l'espoir de se maintenir à son poste, les entretient de probabilités d'une rupture, tout en les engageant à prendre patience.

La possession de l'Hedjaz et des villes saintes de la Mecque, de Médine, n'est donc pour l'empire ottoman qu'une charge accablante qui épuise ses coffres, sans qu'il lui soit possible de s'en assurer définitivement la propriété, et les probabilités de la reconstitution d'une monarchie arabe, c'est-à-dire la réunion des provinces de l'Hedjaz, de l'Yémen, de l'Hadramaut et de l'Oman, placées sous l'autorité temporelle et spirituelle d'un calife, et ayant la Mecque pour capitale, deviennent chaque jour plus sérieuses *.

Nous voici arrivés à l'histoire de Mahomet et de l'islamisme.

---

* Il est utile de rappeler que ces faits remontent à 1842.

IV

— Mahomet. —

L'an 569 du Christ, la garde de la Kaâba était donnée à Abd-el-Moutaleb, fils d'Hachem.

C'était un noble guerrier, un riche et puissant chef, au bonheur duquel rien n'eût manqué, si Dieu lui eût accordé des enfants, cette richesse des patriarches.

A l'âge de quarante ans, il fit vœu, si Dieu lui accordait des fils pour hériter de ses dignités et maintenir son ascendant, de sacrifier, comme Abraham, un de ces enfants à Dieu.

Douze fils et six filles lui naquirent après ce vœu.

A l'âge de soixante ans, craignant de mourir sans avoir accompli son vœu, il rassembla ses dix premiers fils, et, en pleurant, leur raconta l'engagement qu'il avait pris.

Ses fils courbèrent la tête et dirent :

— Qu'il soit fait selon ce que vous avez promis, père ; choisissez !

Mais, chaque fois qu'Abd-el-Moutaleb allait

désigner un de ses enfants, il se trouvait que c'était celui-là même qu'en son cœur il croyait le plus aimer.

Il résolut de s'en rapporter au sort.

Le sort désigna Abd-Allah.

Mais Abd-Allah était le bien-aimé de la tribu, et ce fut un si grand deuil chez les Koreïschites, qu'ils envoyèrent une députation consulter une sibylle fort en crédit, laquelle déclara que l'idole, en échange du sang du jeune homme, se contenterait d'un sacrifice de cent chameaux.

Les cent chameaux furent égorgés devant la pierre sainte.

Ce qui surtout rendait la vie d'Abd-Allah précieuse aux Koreïschites, c'est qu'une prédiction existait depuis sa naissance, qu'un grand prophète arabe naîtrait de lui.

Aussi le ramenaient-ils du temple chez son père avec de grands cris de joie, quand une jeune fille noble et belle, de la tribu de Harrith, frappée de la flamme qui s'échappait des yeux du jeune homme et de l'auréole divine qui entourait son visage, s'approchant de lui, lui dit tout bas :

— Abd-Allah, je te donnerai autant de chameaux qu'on vient d'en immoler pour toi, si, cette nuit, tu consens à être mon époux

Mais Abd-Allah, secouant la tête :

— Il faut que j'aille où mon père me mène, dit-il.

La jeune fille, blessée dans son orgueil, fit un pas en arrière, et le laissa passer.

Le père d'Abd-Allah conduisait son fils chez sa fiancée Amina, fille de Wahb.

Les deux jeunes gens furent unis le jour même, et le mariage fut consommé pendant la nuit.

Le lendemain, Abd-Allah, sortant de la maison conjugale, retrouva, sur la place du Temple, cette jeune fille qu'il avait rencontrée la veille, et qui lui avait offert cent chameaux, s'il la voulait prendre pour femme.

A son tour, ce fut lui qui l'arrêta.

— Veux-tu encore aujourd'hui ce que tu voulais hier? lui demanda-t-il.

La jeune fille le regarda, et secouant la tête:

— Non, dit-elle; je t'aimais à cause de la lumière qui jaillissait de ton visage, et cette lumière a disparu.

Cette lumière était passée dans le sein d'Amina: Mahomet était conçu.

Abd-Allah ne devait pas voir son fils; peu de mois après son mariage, il partit pour aller chercher des dattes à Yathreb, tomba malade chez un de ses oncles qui demeurait dans le pays de Nedjed, et fut enseveli au pied d'un palmier.

Pendant ce temps, Amina, que le voyageur

avait laissée enceinte, rêvait qu'un fleuve de lumière sortait de son sein, et se répandait comme une brillante inondation sur la surface de la terre.

Elle mit l'enfant au monde le 1er septembre de l'année 570 après le Christ.

Nous avons dit que la tribu des Koréischites était à la fois sédentaire et nomade ; or, voici quelle était la coutume des Arabes des villes à l'endroit des enfants de distinction.

Ils les faisaient élever chez quelqu'un de leurs parents ou de leurs alliés nomades ; celui qui recevait le précieux dépôt devenait le second père de l'enfant. Tout enfant noble se trouvait donc avoir deux familles : à la ville, celle qui lui avait donné le jour ; sous la tente, celle dont il avait sucé le lait.

Le lendemain du jour de la naissance de l'enfant, son aïeul, Abd-el-Moutaleb donna, selon la coutume, un grand repas aux principaux habitants de la Mecque.

A la fin du repas, à l'occasion duquel on avait égorgé dix chameaux, les convives demandèrent quel serait le nom de l'enfant.

— *Mohammed*, répondit Abd-el-Moutaleb.

C'était un nom inusité.

— Mohammed, répétèrent les convives ; pourquoi cela ?

— Pour annoncer aux contemporains de mon

petit-fils que l'enfant qui vient de naître sera glorifié par Dieu au ciel, et par les hommes sur la terre.

En effet, Mohammed, dont nous avons fait *Mahomet*, signifie LE GLORIFIÉ.

Nous avons dit tout à l'heure cette coutume des riches habitants des villes, de faire allaiter et élever leurs enfants sous la tente. Dans ce but, il y avait à la Mecque un certain nombre de nourrices appartenant aux tribus nomades, lesquelles faisaient queue à la porte des maisons nobles où un accouchement devait avoir lieu. Mais Amina était veuve, et, comme on savait que les veuves sont ordinairement pauvres, aucune nourrice ne se présenta chez elle pendant les deux premiers jours.

Pendant ces deux premiers jours, on nourrit l'enfant avec du lait de chamelle.

Le troisième jour, une femme du désert, nommée Halima, laquelle avait inutilement cherché un nourrisson, se décida, malgré la pauvreté présumée d'Amina, à aller lui demander son fils.

La mère le lui confia en disant :

— Je te donne la prospérité de ta maison et la gloire de la nôtre.

Et, en effet, la fécondité et l'abondance entrèrent avec le jeune Mahomet dans la tente du mari d'Halima.

Lorsque l'enfant fut sevré, la mère le redemanda ; mais Halima supplia qu'on le lui laissât encore, ne demandant rien pour le lait qu'il avait bu, ni pour le pain qu'il mangerait tout le temps qu'il resterait au désert. Elle était trop payée, disait-elle, par la bénédiction du ciel qui accompagnait l'enfant.

La mère consentit à laisser son fils chez Halima. Elle comprenait très-bien que les habitudes de la vie nomade et l'air du désert feraient à l'enfant un corps plus sain et plus robuste que l'air et les coutumes de la ville.

Mais la pauvre Halima eut une grande terreur.

Un jour, son propre enfant, le frère de lait de Mahomet, de huit mois plus âgé que lui, et qui en sa compagnie gardait les troupeaux, revint tout épouvanté.

— Ma mère, cria-t-il du plus loin qu'il la vit, mon petit frère de la Mecque est étendu sur la terre et ne peut se relever.

— Que lui est-il donc arrivé ? demanda Halima avec anxiété.

— Il a vu deux hommes blancs qui lui ont ouvert les côtes après l'avoir jeté à terre.

Halima et son mari se regardèrent épouvantés. Ils ne savaient si ce que l'enfant leur rapportait était un rêve ou une réalité ; ils coururent vers l'endroit où leur fils avait laissé son frère de lait.

Mohammed était debout; mais il lui était resté de l'événement un grand tremblement et une grande pâleur.

— Que t'est-il donc arrivé? demandèrent les deux nourriciers.

— Deux esprits célestes, répondit l'enfant, m'ont endormi, et, pendant mon sommeil, ont ouvert ma poitrine, y ont pris mon cœur, et l'ont lavé des impuretés de la terre.

Ce fut la première vision de l'enfant prophète.

Après cet événement, Halima, craignant que l'enfant ne fût possédé du mauvais esprit, le reconduisit à la Mecque, et, le rendant à sa mère, lui expliqua les craintes qu'elle avait conçues et les causes qui les lui faisaient concevoir.

Mais Amina écouta ce récit en souriant, et, quand il fut terminé :

— Ne crains rien; la main de Dieu est étendue sur mon enfant, et le mauvais esprit n'a sur lui aucun pouvoir.

Mais, quelque temps après le retour de Mahomet à la Mecque, sa mère, étant partie à son tour pour aller chercher des dattes à Yathreb, tomba malade au même lieu où son mari était tombé malade, mourut où il était mort, et fut enterrée près de lui.

Elle ne laissait pour toute fortune à son fils, alors âgé d'à peu près six ans, qu'une vieille esclave et vingt chameaux.

Mais, à défaut de fortune, il avait hérité de son père une figure imposante et noble; de sa mère, une imagination poétique et surtout une éloquence naturelle, aussi capable de séduire que d'entraîner.

Recueilli d'abord chez son aïeul Abd-el-Moutaleb, puis chez son oncle Abou-Taleb, Mahomet annonça de bonne heure une âme ardente et un esprit réfléchi. Il était compatissant envers tous, charitable au delà de ses moyens, et sensible à l'amitié.

Il avait le visage pâle, les yeux noirs, le regard modeste, l'air noble, le corps libre et dégagé; enfin, un nez aquilin, une bouche bien formée, garnie de dents blanches et régulières; une constitution moitié frêle, moitié robuste, avec une taille moyenne; — tel était l'homme dont le nom a rempli l'univers de sa haute renommée.

Abou-Taleb avait hérité, à la mort de son père, survenue deux ans après celle d'Amina, de la dignité de chérif et de grand prêtre à la Mecque. C'était un homme d'un cœur sûr et d'un esprit droit. Il présidait les conseils de la ville et entretenait un commerce très-actif avec la Syrie. Accompagnant lui-même quelquefois ses caravanes dans ce pays, il y allait échanger les produits de l'Inde et de l'Arabie contre les armes et les étoffes de l'Occident.

Lors d'un voyage qu'il fit à Bosra, dans l'Idumée orientale, Abou-Taleb emmena avec lui son neveu, alors âgé de treize ans. Dans cette expédition, Mahomet fit connaissance d'un moine nestorien, appelé Bahira ou Djaber par les chrétiens orientaux, Sergius par ceux de l'Occident. Il se lia avec ce religieux, et l'on verra quelle influence devait avoir sur sa vie cette liaison fortuite.

Le neveu d'Abou-Taleb portait au-dessus du cou, entre les deux épaules, un signe que les Arabes considéraient à cette époque comme l'augure infaillible d'une haute destinée. — Ce signe, aperçu par Sergius, n'était autre chose qu'une excroissance charnue de la grosseur d'un œuf de pigeon.

Pressentant alors les grandes choses réservées par l'avenir au jeune homme qu'il venait de connaître, le moine aurait dit à son oncle au moment où celui-ci se remettait en marche pour retourner dans l'Hedjaz :

— Va ! ramène après ton voyage le fils d'Abd-Allah à la Mecque; veille avec sollicitude sur lui, et surtout prémunis-le contre les artifices des juifs.

Voilà la légende communément répandue, mais démentie, nous devons le dire, par tous les vrais musulmans.

Quoi qu'il en soit, Abou-Taleb avait conçu de ses entretiens avec Sergius, un secret respect pour le fils de son frère, et ce fut le point de départ des pensées comme de la mission future du prophète de l'Arabie.

Jeune encore, Mahomet avait été vivement frappé de la décadence où se précipitait sa nation. Retiré dans le désert, « il méditait seul, sur les collines et dans les vallées pierreuses des environs de la Mecque, ces pensées qu'on ne recueille que dans la solitude, et qui font trouver amer ce que la foule appelle doux [*]. »

Son imagination s'exalta sous les feux du soleil arabique; il sentit couler dans ses veines le sang d'Ismaël, et, soit illusion, soit révélation d'en haut, il se persuada qu'il était, comme son aïeul, destiné à l'entière destruction du paganisme et à la réunion en un seul culte des diverses religions qui divisaient alors l'Arabie.

Ces religions étaient : au nord, le *sabéisme*, déjà dégradé et rendant le dernier soupir; au sud, le *fétichisme* le plus abject; tout autour de ces cultes, le *judaïsme* et le *christianisme* en

---

[*] LAMARTINE. — *Histoire de la Turquie.*

rivalité incessante; enfin, sous les formes les plus variées, babyloniennes, syriaques, égyptiennes, grecques et arabes, l'*idolâtrie*, vieille comme le monde et empiétant continuellement sur le terrain sacré de Jéhovah.

Fondre toutes ces croyances en une seule, réunir tous les Arabes sous une loi commune, et donner à ce peuple un nouvel élan, telle fut la tâche immense qu'entreprit le génie de Mahomet.

Comment donc refuser un tribut d'éloges au créateur de tout ce que l'histoire musulmane offre de grand, de noble, de glorieux? Ce bras vigoureux qui la poussa à travers treize siècles, avec tant de retentissement et d'éclat, était sans doute mû par quelque chose de plus puissant, de plus vrai qu'un hasard, qu'une audace d'aventurier.

« On l'admire pour s'être fait, de marchand de chameaux, pontife, législateur et monarque; pour avoir soumis l'Arabie, qui n'avait jamais été soumise avant lui; pour avoir donné les premières secousses à l'empire romain d'Orient et à celui des Perses. Il a changé la face de l'Europe, de la moitié de l'Asie, de presque toute l'Afrique, et il s'en est bien peu fallu que sa religion n'ait subjugué l'univers [*]. »

---

[*] VOLTAIRE. — *Dictionnaire philosophique.*

En somme, Mahomet fit pour les Arabes ce que Socrate avait fait pour les Athéniens : l'un et l'autre ont spiritualisé les intelligences de leurs compatriotes.

Mais trêve à toutes ces digressions et reprenons le fil de notre récit.

Cependant, Mahomet touchait à sa vingt-quatrième année.

Sa beauté, sa modestie, son amour de la solitude, ses rêveries, son assiduité à fréquenter le temple, son affection filiale pour son père adoptif, sa déférence pour sa famille, son attention à recueillir les paroles des sages, toutes ces qualités réunies lui avaient attiré l'estime des Mecquaouïs.

Elles lui attirèrent surtout celle d'une femme opulente qui, ainsi qu'Abou-Taleb, entretenait, à l'aide de ses nombreuses caravanes, un commerce très-actif avec la Syrie et les pays limitrophes.

Cette femme, c'était Khadidja, sa cousine, veuve d'Abd-el-Menophi, et fille de Khouwalid, chef d'une des plus nobles maisons parmi les Koreïschites.

La jeunesse et les grâces extérieures du fils d'Abd-Allah, autant que ces vertus, l'avaient subjuguée.

Aussi, résolue de se l'attacher, elle n'attendait qu'une occasion favorable pour s'ouvrir avec lui à ce sujet.

Cette occasion se présenta bientôt.

Son intendant vint à mourir : il lui fallut le remplacer.

Elle députa alors quelqu'un vers Mahomet avec mission de lui proposer ce poste de confiance dans sa maison.

Il va sans dire que le jeune homme accepta cette offre avec gratitude : il y voyait la réalisation de ses plus chères espérances ; sa nouvelle position le mettrait à même de visiter à satiété les pays inconnus d'où les doctrines hébraïques et chrétiennes transpiraient avec tant d'attraits pour son âme jusque dans sa solitude.

Khadidja donna pour guide à Mahomet un de ses vieux et fidèles serviteurs nommé Meissara, et, pour s'assurer de son zèle, l'intéressa tout de suite au succès de ses affaires par une part dans les bénéfices.

La saison où les caravanes se mettent en route pour le trafic étant arrivée, on partit pour l'Yémen ; de là, on gagna successivement Damas, Alep, Jérusalem, Antioche, Balbek, Bairout, Palmyre et toutes les villes de la Syrie arabe ou romaine.

Cette fois encore, Mahomet eut l'occasion de s'aboucher avec le moine Sergius, dont les entretiens exercèrent de nouveau une grande influence sur son esprit.

Dans ce voyage, sa conduite fut telle, que Khadidja, à son retour, lui fit offrir sa main et sa fortune. — L'usage arabe lui défendait de lui parler elle-même de ses sentiments.

Voici les paroles qu'elle lui fit porter :

« Mon cousin, la parenté qui existe entre nous, la précoce considération qui t'entoure, ta sagesse et ta fidélité dans la conduite de mes caravanes, m'ont fait désirer de t'appartenir. »

Tout flatté qu'il était de ce message, Mahomet n'osa cependant rien répondre avant d'avoir consulté sa famille d'adoption.

Il alla donc trouver son oncle et ses cousins, et leur raconta ce qui lui arrivait. On comprend bien quelle fut leur réponse.

L'union une fois arrêtée, Mahomet, âgé de vingt-cinq ans alors, donna à son épouse, âgée de quarante ans, vingt jeunes chamelles à titre de don nuptial.

Tous deux vécurent dans une fidélité exemplaire.

« On trouve dans l'historien arabe Aboul-Féda, dit M. de Lamartine, un témoignage naïf et touchant des scrupules du mari pour l'autorité de sa femme.

» Sa nourrice Halima, ayant entendu parler

de son mariage et de ses richesses, vint lui faire le tableau de sa propre misère, et solliciter sa bienfaisance pour celle qui lui avait donné sa mamelle.

» Mahomet, attendri, n'osa pas secourir sa propre nourrice avec l'or de sa femme. Il sollicita lui-même humblement Khadidja pour en obtenir l'assistance demandée, et ce ne fut qu'avec la permission de Khadidja qu'il donna à la pauvre Halima un troupeau de quarante brebis. »

Khadidja eut trois fils et quatre filles.

Les trois fils moururent fort jeunes; quant aux filles, elles vécurent jusqu'à la prédication de leur père, adoptèrent sa doctrine, et furent bien mariées : le calife Othman en épousa deux; la troisième fut mariée à Aboul-As; enfin, Fatma ou Fatime, la plus jeune, épousa Aly, le dernier des fils d'Abou-Taleb et cousin de Mahomet.

C'est de Fatma que descendent tous les musulmans à turban vert appelés *chérifs*; chérifs bien descendus de nos jours, car quel est le voyageur en Orient à qui il n'est pas arrivé de donner l'aumône à des émirs au turban vert, descendants du prophète?

Aucune lueur éclatante ne signala la vie de Mahomet pendant les dix années qui suivirent son mariage, hormis le fait suivant.

Les Koréischites étaient occupés de reconstruire la Kaâba, dévorée par les flammes. — Nous avons déjà dit les causes qui amenèrent cet incendie. — Lorsqu'il fallut replacer dans le côté ouest du temple la *pierre noire*, toutes les divisions de la tribu briguèrent cet honneur.

La contestation allait dégénérer en querelle.

On résolut de s'en remettre à la décision de la première personne qui entrerait par la porte du temple.

Mahomet, qui travaillait, comme les autres, à la réédification de l'édifice, et qui était absent depuis quelques heures, reparaît.

Pris pour arbitre, il pose d'abord la *pierre noire* sur son manteau, qu'il a étendu à terre; puis, plaçant les quatre coins de ce manteau entre les mains des quatre principaux chefs des factions dont la rivalité pouvait ensanglanter la Mecque, il fait simultanément élever par eux la pierre, dont le poids se trouve, de la sorte, partagé, jusqu'à la hauteur qu'elle doit occuper dans le mur.

Le prophète se concilia ainsi l'approbation et l'estime générales; car, tout en mettant d'accord les prétentions de chaque membre de sa tribu, il sut, sans blesser personne, se ménager une part honorable dans cette circonstance si solennelle pour les Koréischites.

Aussi, de ce jour, ne l'appela-t-on plus que

Mohammed-el-Emmi; ce qui, traduit en notre langue, veut dire Mahomet le Loyal; et cette réputation d'homme de bien parcourut non-seulement toute l'Arabie, mais pénétra même jusqu'en Perse.

Le roi de ce pays, à qui l'on raconta le moyen que Mahomet avait employé pour mettre d'accord ses concitoyens, fut frappé de sa sagesse.

— De quoi se nourrissent-ils donc dans cette Arabie, pour avoir tant d'esprit? demanda-t-il.

— De froment, lui répondit-on.

— A la bonne heure, reprit Chosroès; car le lait et les dattes ne sauraient faire naître cet esprit-là!

Mahomet avait alors trente-cinq ans accomplis.

Abou-Taleb, par suite de revers de fortune, de riche qu'il était, était devenu pauvre et incapable dorénavant de nourrir seul sa nombreuse famille.

Par une reconnaissance qui lui acquit plus tard le premier et le plus cher de ses disciples, Mahomet rassembla les parents de son oncle et les engagea à prendre chacun un de ses quatre fils.

Sa prière fut exaucée.

Il se chargea, pour sa part, du plus jeune, appelé Aly, et l'adopta en même temps qu'un des esclaves de Khadidja, nommé Séid. Ce dernier s'attacha tendrement à lui : il fut le premier avec Khadidja, Ali et Abou-Bekr, à croire à la mission du prophète ; il se distingua par un dévouement aveugle à sa personne, et périt glorieusement en 629, en combattant à Moutah, près de Bosra, une armée de Grecs bien supérieure.

Son nom est devenu synonyme de *fanatique*.

A peine était-il entré chez Mahomet, que son père, à qui on l'avait dérobé en Syrie, vint à la Mecque pour le racheter.

Séid était encore enfant à cette époque.

On ne refusa pas de le rendre.

— Suis celui des deux que tu voudras, lui dit Mahomet.

L'enfant suivit son père adoptif.

Cependant, Mahomet touchait à sa quarante et unième année.

Une nuit qu'il était absorbé dans ses méditations sur le mont Hira, où il avait coutume de se retirer avec sa femme et sa famille pour éviter les regards indiscrets, il crut entendre une voix qui lui criait :

— Lis !

— Et que lirai-je ?

— Lis, au nom de Dieu, qui a créé l'homme du sang coagulé, qui a enseigné aux hommes l'écriture, qui leur a appris ce qu'ils ne connaissaient pas.

Il monta plus haut sur la montagne, et entendit de nouveau la voix :

— O Mohammed, tu es l'apôtre de Dieu, et, moi, je suis Gabriel.

Cette voix décide de sa mission apostolique.

Il raconte cette vision à sa femme, qui, redoutant d'abord qu'elle ne fût dans son mari les atteintes d'une maladie, ou les vertiges d'un mauvais esprit, va trouver Warka-ben-Naufel.

Warka-ben-Naufel admet la possibilité de la révélation, et voit dans Mahomet le futur apôtre des Arabes.

— Dieu saint, dit-il à Khadidja, c'est *Namoûs* (l'ange Gabriel), celui qui portait jadis à Moïse les messages célestes, qui est apparu à ton mari. Il sera le délégué de Dieu pour apporter un jour plus pur à nos enfants!

Khadidja retourne vers Mahomet.

— Courage, et réjouis-toi, lui dit-elle; par celui qui tient dans ses mains l'âme de Khadidja, j'espère que tu seras le prophète de notre nation!

« Ce ne fut qu'à partir de ce jour que Mahomet, renversé sur la montagne par de fréquents éblouissements, crut définitivement en lui, et accepta avec résolution les peines et les périls de la mission surnaturelle dont il se crut chargé. Les premières révélations qu'il rapporta aux siens de ses extases furent l'unité de Dieu, la conformité méritoire faite de la volonté de l'homme à la volonté sainte du Créateur; la prière cinq fois par jour, précédée d'ablutions corporelles, symbole de la purification de l'âme, et la foi en lui-même comme prophète inspiré de Dieu et organe de ses mystères *. »

Ses premiers fidèles, nous l'avons dit, furent Khadidja, sa femme; Aly, son cousin; Séid, son affranchi, et Abou-Bekr, plus tard calife.

Puis vinrent successivement Othman, de l'illustre maison des Ommiades; Warka-ben-Naufel, déjà cité; Abd-er-Rhaman, fils d'Auf; Sâd, fils d'Abou-Waccas; Zobéir, neveu de Khadidja; Talha, fils d'Obéid-Allah; ses filles, ses serviteurs.

Abou-Taleb refusa de suivre cet exemple.

— Fils d'Abd-Allah, dit-il à Mahomet, je ne puis renoncer à la religion de mes pères; mais, si tu es persécuté pour la tienne, je te protégerai !

Tant que Mahomet se contenta de professer le dogme de l'unité de Dieu, les Mecquaouïs ne dirent mot; mais, quand il en vint à proscrire les idoles, alors un cri général d'indignation s'éleva de toutes parts contre l'*Inspiré*, comme on l'appelait.

* LAMARTINE.

Le peuple demanda vengeance aux grands, qui se réunirent aussitôt en conseil pour lui donner satisfaction.

Cependant, n'osant sévir tout d'abord contre Mahomet, protégé par sa parenté avec la puissante famille des Beni-Hachem, à laquelle appartenait Abou-Taleb, ils députèrent à ce dernier les plus sages d'entre eux pour lui dire, ou de punir l'audace blasphématoire de son neveu, ou de permettre qu'ils la punissent eux-mêmes.

Abou-Taleb ayant refusé d'acquiescer à leur demande, ils s'engagèrent, par un pacte, à ne plus avoir aucun rapport avec les Beni-Hachem.

Ceux-ci avaient pour ennemis les Ommiades, branche puissante des Koréischites, qui, dans ce moment, se trouvaient avoir pour chef l'implacable Abou-Sofian, fils d'Ommiâh et père de Moawiàh.

Ce que ce parti mit en œuvre de piéges, de ruses, de séductions, de persécutions pour faire tomber le neveu d'Abou-Taleb est inouï.

Ici commence, à vrai dire, le martyre du prophète.

Il raconte lui-même que son cœur défaillait sous la pression d'une animadversion aussi universelle ; que, hormis sa famille, il n'existait pas à la Mecque, un seul être, homme ou femme, libre ou esclave, qui ne le traitât d'imposteur.

Des terrasses voisines de sa demeure, on lui jetait, quand il passait, des immondices sur la tête. On semait, toutes les nuits, le seuil de sa porte de chardons et autres plantes épineuses, afin qu'il se déchirât les pieds quand il sortait le matin pour aller prier au temple.

Des troupes apostées d'hommes et de femmes se relayaient ensuite pour le poursuivre de leurs huées dans les rues.

C'est alors qu'il engagea lui-même ses sectateurs à fuir la fureur de leurs concitoyens, et à chercher une terre plus propice.

Les uns se retirèrent à Yathreb; les autres en Abyssinie.

Enfin, forcé lui-même d'abandonner sa ville natale, il se retira dans une gorge de montagne avec sa famille. Les nomades du désert et quelques-uns de leurs alliés secrets dans la ville leur portaient des vivres.

Au bout de trois ans, les exilés rentrèrent à la Mecque.

Le vieux Abou-Taleb avait été chargé de négocier ce retour.

Un hasard favorisa la négociation.

« La feuille de palmier * sur laquelle les

---

* On écrivait en outre, à cette époque, sur de petites planchettes et sur des omoplates de mouton ou de chameau dessé-

ligueurs avaient écrit l'acte de la ligue était affichée depuis trois ans contre le mur de la Kaâba.

» Les vers en avaient rongé le texte et les signatures, en ne respectant que l'invocation du nom d'Allah, qui se trouvait au sommet de la feuille *; » ce que voyant, les signataires se crurent dégagés de leur serment.

Abou-Taleb mourut six mois après, sans avoir ni condamné ni embrassé la foi nouvelle.

Mahomet le pleura comme un père.

Mais il devait bientôt être éprouvé d'une manière plus cruelle encore : Khadidja, son épouse unique et chérie, suivit de près le patriarche.

Il perdait ainsi coup sur coup son appui terrestre dans Abou-Taleb ; son appui moral dans Khadidja.

Triste et découragé, il sortit seul de chez lui, et se transporta à Taïfa, espérant y trouver des cœurs mieux préparés à recevoir sa doctrine.

Mais il y fut accueilli par des railleries et des insultes. On le chassa à coups de pierres hors de la ville, le poursuivant ainsi jusque dans la campagne.

---

chées au soleil ; et cet usage s'est conservé même de nos jours, non-seulement en Arabie, mais encore dans tout l'Orient, chez les écoliers musulmans. Ce sont là leurs ardoises.

* LAMARTINE.

« Il était obligé, quand la fatigue l'arrêtait, de s'accroupir et d'envelopper sa tête et ses jambes de son manteau pour amortir le coup des pierres qui pleuvaient sur lui. A la fin, une famille compatissante lui ouvrit un enclos pour s'abriter derrière des vignes, et lui permit de manger des raisins pour se désaltérer jusqu'à l'heure des ténèbres, où il reprit sa route vers la Mecque*. »

Rentré chez lui, Mahomet renonça à convaincre ses compatriotes, et s'attacha à convertir furtivement les Bédouins campés sur les collines extérieures de la ville et les pèlerins éloignés que le culte de la Kaâba amenait tous les ans à la Mecque.

Mais ceux-ci, prévenus par l'incrédulité des Koréischites, lui prêtaient encore peu l'oreille.

Sur ces entrefaites, vint de Yathreb, — peuplée alors, en grande partie, de réfugiés juifs qui, imbus de l'antique croyance d'un messie devant affranchir leur race, semblaient voir dans le fils d'Abd-Allah ce libérateur tant désiré, et avaient fomenté la même idée parmi les Arabes qui se trouvaient avec eux; — sur ces entrefaites, disons-nous, vint de Yathreb une députation composée de douze vieillards qui demandèrent à Mahomet une conférence.

---

* LAMARTINE.

Il les reçut pendant la nuit dans sa retraite du mont Hira.

Ils étaient arrivés à la Mecque, juste à l'époque du pèlerinage. Aussi personne ne soupçonna-t-il le but de leur visite, qui était de prier le prophète de se rendre auprès d'eux pour leur enseigner les dogmes, les lois et les rites de la nouvelle religion.

Mais, bien qu'il eût perdu sa parole et ses peines, depuis dix ans qu'avait déjà duré sa prédication, et qu'il entrât dans la cinquantième année de son âge, il lui répugnait d'abandonner sa ville natale, parce que c'était le lieu le plus fréquenté et le plus retentissant de la péninsule arabique.

Il leur adjoignit donc, en son lieu et place, un de ses disciples appelé Mosad.

Celui-ci lui amena bientôt une soixantaine de néophytes choisis parmi les hommes les plus considérables du pays, qui prêtèrent serment de lui obéir comme à l'organe de Dieu sur la terre, et à mourir, au besoin, pour sa défense.

A cette annonce, les Ommiades, furieux, conjurèrent décidément la perte de Mahomet.

On le frappa d'un arrêt de mort, et des assassins reçurent ordre d'assaillir un soir sa retraite et de le tuer.

Mais ce projet infâme fut éventé.

Mahomet s'évada de la Mecque à la faveur des ténèbres, prit le chemin de Yathreb, et reçut un accueil enthousiaste des habitants de cette cité, qu'il appela dès lors *Medinet-an-Nebi* (la ville du prophète), ou simplement *Médine*, la ville par excellence.

Cette fuite, qui fut pour lui un signal de triomphe, eut lieu le 16 juillet 622 de Jésus-Christ, et c'est de ce jour que, d'après un ordre d'Omar (639), commence l'ère des mahométans, sous le nom d'hégire (*hidjred*, fuite).

Nos lecteurs qui voudront suivre la vie de Mahomet, à partir de cette époque jusqu'à sa mort, n'auront qu'à consulter l'*Histoire de la Turquie* par M. de Lamartine. Jamais écrivain ne fut plus impartial, et — ce sont les musulmans eux-mêmes qui lui rendent cette justice, ne prêta plus de pensée, d'éloquence et de poésie au récit de la vie d'un grand homme.

Mahomet mourut à Médine, le 13 *rebia-el-lol* de la onzième année de l'hégire — 8 juin 632 — entre les bras d'Aïscha, la bien-aimée de son cœur.

Il était âgé de soixante-trois ans, selon le calcul d'Aboul-Féda, qui place le commencement de son apostolat à la quarantième année de son âge, juste un an de plus que nous, qui avons daté sa naissance du 1er septembre de l'an 570. On n'est, à vrai dire, point d'accord sur l'année de sa naissance.

On l'inhuma à l'endroit même où il avait rendu l'âme.

Le peuple refusa d'abord de croire qu'il eût cessé de vivre. On s'écria qu'il s'était absenté pour se rendre vers Dieu, comme autrefois Moïse, ou qu'il était allé prier seul sur le mont Arafat.

Ses mânes reçurent les honneurs de l'apothéose, et son tombeau, au-dessus duquel la piété musulmane éleva depuis une superbe mosquée, est resté jusqu'à nos jours, pour ses sectateurs, un objet de vénération et le but de fréquents pèlerinages.

A propos de ce tombeau, relevons une erreur qui, encore aujourd'hui, a pleine créance en Europe.

On s'y figure généralement que le cercueil du prophète, étant de fer et sous une voûte de pierre d'aimant, se tient suspendu en l'air. Cela passe, ajoute-t-on, pour un grand miracle dans l'esprit des mahométans.

Tout au contraire, c'est une fable qui les fait bien rire, quand on leur dit qu'elle est racontée sérieusement.

Ce prétendu cercueil est tout simplement une urne de pierre.

Cette urne repose à terre dans une chapelle où personne ne peut pénétrer, car elle est entourée de barreaux de cuivre doré que les musulmans, sans exception d'âge ni de rang, viennent baiser religieusement à l'époque de leur pèlerinage à Médine.

Mahomet n'avait fait aucune disposition testamentaire, et avait négligé même de désigner son successeur, confiant, comme Alexandre 955 ans auparavant, le sort de sa nation *au plus digne*.

A ces détails sur la *vie politique* et *religieuse* du législateur arabe, ajoutons-en quelques-uns sur sa *vie privée*.

Mahomet a eu dix-sept femmes légitimes et onze concubines.

Tant que Khadidja vécut, il n'eut point d'autre femme.

A l'exception d'un fils, Ibrahim, qu'il eut de la Cophte Marie, et qui mourut avant lui, tous ses enfants étaient de Khadidja.

Le seul reproche qu'on pourrait donc faire à Mahomet, quant aux mœurs, serait d'avoir outre-passé les prescriptions du Coran dans ses relations avec les femmes, — légitimes bien entendu.

Cependant, quoi qu'il fît pour se les attacher toutes, il essuya la disgrâce commune à tant de maris.

Il n'y a personne après cela qui puisse se plaindre !

On connaît le nom de celui qui eut les faveurs de la belle Aïscha : il s'appelait Haçan.

Mahomet se comporta avec plus de hauteur que César, qui répudia sa femme, disant qu'il ne fallait pas que la femme de César fût soupçonnée; le prophète ne voulut pas même soupçonner la sienne.

Il fit descendre du ciel un chapitre du Coran (XXIVe) pour affirmer que sa femme était fidèle!

Ainsi, la qualité d'*impeccabilité*, indispensable à tout prophète, lui est acquise de plein droit.

Arrière donc ce reproche qu'on lui fait de n'avoir jamais songé qu'au matérialisme !

Mahomet ne faisait qu'un seul repas par jour, et tel qu'un pâtre arabe de nos temps.

Il cultivait son jardin de ses propres mains, raccommodait lui-même ses habits.

Enfin, toute sa vie, passée en peine, en action, en travail continuels, n'a rien de commun avec les habitudes oisives et apathiques de nos musulmans modernes.

Les généraux qu'il a formés, et qui lui succédèrent sous le nom de *califes*, furent autant de modèles de toutes les vertus du soldat.

Sans être trop riche, il avait de quoi subvenir à ses besoins et à ceux de sa maison.

A mesure que ses conquêtes s'étendaient, la cinquième partie du butin, revenant de droit au chef, servait à agrandir sa fortune.

D'une humeur égale avec les hommes de toute condition, Mahomet ne quittait jamais le premier celui qui l'abordait, ni ne retirait sa main en saluant, avant que son interlocuteur eût retiré la sienne. Il s'adresse, dans le chapitre quatre-vingtième du Coran, un sévère reproche pour un mouvement d'impatience qui lui échappa devant un homme pauvre.

Il était humain, et, oubliant aisément les injures reçues, il pardonnait volontiers à ses ennemis les plus acharnés, dès qu'ils témoignaient le désir d'embrasser sa foi.

On a prétendu que Mahomet était complétement illettré. Il serait difficile de dire aujourd'hui si l'art d'écrire et de lire était connu du législateur des Arabes. Le nom de *prophète ignorant*, qu'il se donne lui-même dans le Coran, signifiait peut-être qu'il n'avait pas étudié les Écritures ; il donne cette même qualification aux Arabes en général, en tant qu'ils n'avaient pas de livre révélé, de code sacré. Le soin avec lequel les Arabes cultivaient de son temps la poésie et la grammaire ne permet pas de leur refuser toute culture intellectuelle, et l'on peut hardiment conclure de certains passages du Coran que Mahomet lui-même avait quelque connaissance de l'art d'écrire.

Il n'est guère possible, en effet, qu'un homme qui avait été négociant, poëte, législateur et souverain, ne sût pas signer son nom !

Mahomet eut cependant des secrétaires qui écrivaient sous sa dictée : les plus connus sont Aly, Othman, Zeid-ben-Thabet, Moowia, Obaï et Ben-Salem.

Il est complétement faux qu'il ait fait massacrer ce dernier, comme l'ont rapporté un grand nombre d'historiens ; de même qu'il n'est pas vrai non plus qu'il ait enseveli dans un puits et sous une grêle de pierres un de ses serviteurs.

« Mahomet, dit Bayle, persuada au plus fidèle de ses domestiques de descendre au fond d'un puits qui estoit proche d'un grand chemin, afin de crier, lorsqu'il passeroit en compagnie d'une multitude de peuple qui le suivoit ordinairement; « Mahomet est le bien-aymé de Dieu ! »

» Et cela étant arrivé de la façon qu'il avoit proposé, il remercia soudain la divine bonté d'un témoignage si remarquable, et pria tout le peuple qui le suivoit de combler à l'heure même ce puits, et de bastir à côté une petite mosquée pour marque d'un tel miracle. »

Voici le fait :

Les pèlerins, à leur descente du djebel Arafat,

déposent, d'intervalle en intervalle de la montagne, des pierres qu'ils croient charger de leurs péchés, afin d'arriver à la Kaâba purs de toute souillure.

Ces amas de pierres forment souvent un cône de vingt et trente pieds de haut. C'est sans doute un de ces amas de pierres qui a donné naissance à cette fable, adoptée par Voltaire lui-même dans sa tragédie de *Mahomet*.

Sur ce, revenons à nos personnages, que nous avons quittés un instant, — nous en demandons pardon au lecteur — pour faire la description de la Mecque et donner l'histoire de Mahomet.

FIN DU PREMIER VOLUME.

TABLE DES MATIÈRES

CONTENUES DANS CE VOLUME.

	Pages.
AVANT-PROPOS.	5
I. — La mer Rouge	21
II. — Djeddah	64
III. — La Mecque	110
IV. — Mahomet.	168

FIN DE LA TABLE.

ABD-EL-HAMID-BEY.

JOURNAL D'UN VOYAGE EN ARABIE.

BRUXELLES,
ALPHONSE LEBÈGUE, IMPRIMEUR,
RUE DU JARDIN D'IDALIE, 1.

COLLECTION HETZEL.

ABD-EL-HAMID-BEY

JOURNAL

D'UN VOYAGE EN ARABIE,

RÉDIGÉ PAR

ALEXANDRE DUMAS.

II

Édition autorisée pour la Belgique et l'Étranger,
interdite pour la France.

BRUXELLES,
ALPHONSE LEBÈGUE, IMPRIMEUR-ÉDITEUR,
RUE DES JARDINS D'IDALIE, 1.

1856

I

— La plaine de Moùna. —

Lors de mon arrivée à la Mecque, le grand chérif * Ibn-Aâon se trouvait absent.

Il était allé châtier quelques tribus des montagnes qui refusaient de payer le *miri* (impôt), et avait profité de l'occasion pour avoir une entrevue avec l'émir d'Abou-Arich (dans l'Yémen), Hussein, fils d'Ali, ce vaillant auxiliaire du pacha d'Égypte dans sa lutte avec Constantinople.

* Il prend aussi quelquefois le titre d'*émir-el-moumenin*, commandeur des croyants.

Le but de cette entrevue était de rallier ce dernier à la cause des Turcs, dont, comme son père, il ne voulait pas reconnaître la suzeraineté.

J'ai déjà dit quelques mots d'Ibn-Aâon dans un précédent chapitre.

Faisons maintenant l'historique de ce personnage dans ses plus minutieux détails ; il sera, nous en sommes convaincu, plein d'attrait pour ceux qui aiment le gai et le pittoresque.

Par malheur, ici, nous sommes dans l'Hedjaz, c'est-à-dire en pleine Arabie Pétrée, et notre récit se ressent forcément de la stérilité et de la monotonie de la contrée.

Un peu de patience donc jusqu'à l'Yémen, autrement dit l'Arabie Heureuse *.

Revenons à Ibn-Aâon.

Il était allé, avons-nous dit, châtier quelques tribus des montagnes rebelles à payer l'impôt, et avait profité de l'occasion pour tenter de ramener Hussein, d'Abou-Arich, à la cause des Turcs.

Il réussit dans la première entreprise, il échoua dans la seconde : Hussein resta inébranlable. Ce fut le 12 châban 1259 de l'hégire (2 septembre

---

* L'Arabie, nommée dans la Bible *Aïraïtz-Kaïdaïm* ou pays de l'Orient, est connue par les trois divisions romaines *Arabie Déserte* ou Nedjed; *Arabie Pétrée* ou Hedjaz ; *Arabie Heureuse* ou Yémen.

1842) que son retour à la Mecque fut officiellement annoncé.

Pour se conformer à l'antique usage, on devait aller à sa rencontre.

On se prépara à partir au *magreb* (coucher du soleil).

En un clin d'œil tout fut disposé.

On vit aussitôt réunis *Hadési, Fellahs, Maédi* et *Nomades* * ; les uns à cheval, les autres à chameau ou dromadaire, ceux-ci à âne, ceux-là à pied.

L'astre-roi, dépouillé de ses rayons, flamboyait comme une fournaise, teignant de pourpre tout un côté du firmament.

Bientôt l'ardente lumière pâlit, et, par d'insensibles dégradations, tourna au ton orange, au vert sombre, au jaune vif, au bleu de saphir.

De larges bandes éclairées et pâles sillonnaient le couchant.

Les brillantes étoiles de la Grande Ourse semblaient planer dans la sérénité de l'espace, et la voie lactée ruisselait sur nos têtes comme une rivière de diamants.

---

* On distingue quatre sortes d'Arabes : les *Hadési*, habitants des villes; les *Fellahs*, agriculteurs; les *Maédi*, tantôt citadins, tantôt campagnards; enfin, les *Nomades*, qui s'appellent eux-mêmes, avec une sorte de fierté, *Bédaouis* (*Bédouins*), c'est-à-dire enfants du désert.

On devait attendre Ibn-Aâon à deux lieues et demie au delà du village de Moûna et dans la plaine du même nom qui lui succède.

Cette plaine forme un énorme vallon, au centre d'immenses montagnes qui présentent l'aspect le plus désolé. Aucune plante ne croît sur leurs flancs noirâtres, calcinés par le soleil, et elles ne reçoivent un peu de vie que des maisons pittoresques dont leurs cimes sont çà et là couronnées.

Le vent du nord-nord-ouest y règne ordinairement le matin, et celui du sud-ouest le soir.

Quand c'est le vent du sud qui souffle, celui-ci apporte toujours avec lui une immense quantité de sable qui, jointe à une chaleur étouffante, rend le séjour de ce lieu presque insupportable.

La plaine de Moûna est située à quatre lieues et demie de la ville sainte.

Depuis la saison des pluies jusqu'à celle où la chaleur devient très-forte, c'est-à-dire depuis le mois d'octobre jusqu'au mois d'avril, elle se couvre de hachiche, qui sert à couvrir les eschés et à nourrir les troupeaux.

Quelques Bédouins sèment des concombres et des pastèques dans les endroits arrosés par les torrents qui se précipitent des hauteurs pendant les orages.

Lorsque l'été arrive, les pâturages se dessèchent et laissent à découvert un terrain aride et sablonneux.

Alors, les chameaux et autres bestiaux ne trouvent plus à brouter que des plantes poudreuses, auxquelles leur nature vivace permet de résister à la chaleur et à la sécheresse.

Le mont Arafat domine toutes ces montagnes.

On arrive au sommet par un sentier en spirale. Il est surmonté d'une pyramide de granit, pour attester, disent les Arabes, le lieu du sacrifice d'Abraham.

Sa distance de la Mecque est de vingt-quatre milles.

Au bas de la montagne, dans une vallée, est une petite mosquée très-fréquentée à l'époque du pèlerinage.

De Monconis, dans ses voyages, écrits en style de son temps (première partie, pages 372 et 373, édition de Lyon), parle en ces termes du mont Arafat.

« Mon Arabe me dit, comme la caravane du Caire arrivoit la première à la Mecque, et qu'après y avoir fait sa prière, elle alloit au pied de la montagne attendre les deux autres caravanes de Damas et de Bagdet, qui arrivoient les jours suivants à la Mecque, et qu'étant toutes le neuvième de la douzième lune, qui est *diel heghe,* à la fin, dis-je, du neuvième jour entrant au dixième, qui est à l'*asser*, toutes les trois caravanes montent au-dessus de cette montagne, au sommet de laquelle ils croyent qu'Ève avoit la tête appuyée lorsque Adam la connut pour la première fois, et qu'elle avoit ses deux genoux bien loin, dans le bas de la plaine, sur deux autres, distants l'un de l'autre de deux portées de mousquet, à chaque endroit desquels on a fait mettre une colonne, entre lesquelles il faut, pour être bon *agi*, c'est-à-dire pèlerin, passer en allant et en revenant de la montagne, au sommet de laquelle est une mosquée, qui est faite comme une niche, où il ne peut entrer que sept ou huit personnes. »

Un autre croyance répandue chez les Mahométans est, comme je l'ai dit, qu'Adam et Ève, chassés du paradis terrestre, se rencontrèrent sur cette montagne, après avoir erré séparément pendant plusieurs années.

ARAFAT, en arabe, signifie *reconnaissance*; et ce nom lui a été donné pour rappeler cette rencontre.

La montagne est parsemée, dans la saison des pluies, de larges flaques d'eau, d'où s'échappent une infinité de rigoles qui vont alimenter les *saquies* (citernes) de la ville sainte. Elle est, de plus, entourée à sa base de quelques habitations d'été.

On y distingue celle d'Ibn-Aâon entre autres.

C'est un charmant pied-à-terre, offrant à l'œil tout ce que l'architecture arabe peut imaginer de plus coquet. Je me rappellerai toujours les douces heures que j'y ai passées, en compagnie d'Ibn-Aâon et de son entourage, qui m'avaient voué l'amitié la plus sincère.

La chevauchée d'Hadesi, de Fellahs, Maédi et Nomades s'étant mise en route au coucher du soleil, comme nous l'avons dit, je la suivis à cheval avec cinq ou six amis de mon hôte le moudir, et tous les principaux personnages de la Mecque.

Nous avions chacun, pour nous servir, deux saïs.

L'un des miens était d'abord celui que j'ai déjà fait connaître ; j'y tenais trop pour m'en être séparé. Il s'était formé, à mon service, une éducation au-dessus de sa condition, et, quoique peu communicatif et d'un caractère réservé, il avait de l'attachement pour moi, sans affecter de le faire paraître.

Je pouvais être bon envers lui sans qu'il devînt familier ; — qualité précieuse en voyage, où maintes fois des circonstances malheureuses effacent toute démarcation de classes, et mettent souvent le maître à la merci du serviteur.

Mon second saïs m'avait été prêté par mon ami le moudir, qui l'avait pris parmi les siens.

C'était un homme de trente à trente-cinq ans, grand de taille, aux muscles vigoureux, et doué de ces jambes fines, mais solides, qui constituent la qualité du bon marcheur.

Mohammed était son nom !

Il se glorifiait d'avoir servi de très-grands et très-illustres personnages, tels que : Ibrahim-Pacha, Solyman-Pacha, Osman-Pacha, le grand chérif et Turki-Bil-Mès lui-même.

C'était un homme complaisant, presque officieux et d'une loquacité effrayante. Il avait parcouru tout le bassin du Nil jusqu'au Faz-Ougloû, et avait fait partie des expéditions contre l'Assir et le Nedjed, sous Turki-Bil-Mès.

Il avait donc vu bien des choses, maître Mohammed.

Que disons-nous, bien des choses ! il avait tout vu.

Eh bien, il en racontait encore davantage. C'était un vrai dénicheur d'histoires.

De plus, il possédait à foison ce qu'on appelle aujourd'hui des *mots*, et il en émaillait toutes ses narrations, il en enjolivait tous ses contes, toutes ses fariboles.

Ce n'est pas tout encore : il était apte... à quoi que ce fût. Il devenait, suivant les circonstances, valet de chambre, saïs, médecin ou cuisinier; il donnait des ordonnances pour le mal de tête, le mal de gorge, le mal de dents, les douleurs de ventre, à l'instar des charlatans de nos places publiques : *Guariva ogni sorte di mali,* comme disent les Italiens.

A la Mecque, c'était lui qui faisait notre cuisine.

Mais il était possédé d'une détestable manie : de même que M. de Guéménée, le frère de madame de Chevreuse, avait l'habitude de sentir tout ce qu'il mangeait, de même notre cuisinier Mohammed s'assurait par l'odorat de la bonté de tous ses mets, aspirait à tout moment et de très-près leur parfum ; si bien qu'il y avait toujours à craindre qu'il n'eût trempé le bout de son nez dans les plats.

Cela lui avait fait donner par ses camarades le sobriquet de *Sidi-Halloûf.*

Halloûf, en arabe, est le nom de cet animal dont la chair est la base de la cuisine européenne, qui lui fournit le lard et les jambons, sans compter les saucisses, les boudins et autres mets succulents et apéritifs.

Ce sobriquet d'Halloûf causait de violentes colères à ce drôle de corps de Mohammed ; mais cela durait peu.

Le fond de son caractère était la belle humeur, et il ne gardait rancune à personne.

Son maître lui ressemblait sous bien des

rapports : c'étaient deux plaisants et, en définitive, assez amusants personnages, que ces deux hommes, et ils justifiaient on ne peut mieux le proverbe : « Tel maître, tel valet. »

Au nombre des illustrations que Mohammed était fier d'avoir servies, nous avons cité Solyman-Pacha, généralissime des troupes égyptiennes sous Méhémet-Ali.

Il nous prend envie de rappeler ici une conversation de ce brave colonel Selves.

Lors du siége de Saint-Jean-d'Acre par Ibrahim-Pacha, un de nos compatriotes, M. H. Corneille, l'auteur des *Souvenirs d'Orient*, vint à passer par là. Il demanda à voir le fils de Méhémet-Ali.

On l'adressa à un nommé Solyman-Bey *, son chef d'état-major, qui lui fit obtenir l'audience demandée.

L'entrevue terminée :

— Cela vous étonne, dit au visiteur Solyman-Bey, de voir en moi un renégat. Oh! si vous allez dire cela à Paris, on sera indigné, on jettera les hauts cris; je serai méprisé, bafoué, honni; on ne se demandera pas pourquoi j'ai changé de religion : on ne verra en moi qu'un chrétien qui s'est fait musulman, et un musulman, c'est, pour

---

* Solyman n'était encore que bey à cette époque.

les dames surtout, ce qu'il y a de plus hideux en France, dans ce pays où la femme est tout et où les musulmans sont des monstres parce que, chez eux, la femme n'est rien.

— Voulez-vous justifier cet état de choses ?

— Dieu m'en garde ! J'aimais fort vos petites grisettes; leur air mutin et récalcitrant me plaisait infiniment plus que l'insipide soumission de nos femmes. Je veux dire seulement que l'on met beaucoup trop de distance entre la religion catholique et la religion de Mahomet. Elles sont sœurs ou pour le moins cousines germaines : leur morale est presque la même partout. Si l'on retranchait du Coran trois ou quatre maximes, un musulman pourrait être un fort bon chrétien.

» Je commandais un corps de Turcs. Mes soldats, humiliés d'obéir à un chien, — qualification qu'ils donnent aux adorateurs du Christ, et que ceux-ci rendent aux juifs, — mes soldats, dis-je, voulurent se débarrasser de moi.

» Un jour, l'un d'eux me tira un coup de fusil presque à bout portant. La balle me siffla aux oreilles.

» Je n'avais qu'une chose à faire, je la fis.

» Pour intimider les autres, je fendis la tête du traître d'un coup de sabre.

» Je pensai ensuite que je pourrais bien ne pas

avoir toujours le même bonheur, et je me fis Turc pour éviter d'être assassiné.

» Depuis ce temps, ils me laissent tranquille. »

Pour en revenir à notre chevauchée, j'accompagnai donc quelques amis du moudir et les principaux personnages arabes, de la Mecque à la plaine de Moûna.

Nous marchions en arrière de la caravane, pêle-mêle confus d'hommes et d'animaux, tel qu'on en voit dans tous les départs d'une grande masse qui se met pour la première fois en route.

Le chemin, d'abord uni, ne devint bientôt plus, à mesure que nous avancions, qu'une succession non interrompue de mamelons plus ou moins élevés, et comme saupoudrés de petites pierres ou de gros silex, tantôt rouges, tantôt noirs.

Quelques-uns de ces mamelons étaient formés d'ardoises, de granit et de marbre rose ou couleur de chair.

D'autres, qui avaient conservé un peu d'humus, nous montraient çà et là des asclépias aux feuilles grasses, et deux ou trois citronniers sauvages.

Ces mamelons disparus à leur tour, nous nous trouvâmes engagés au milieu d'un horizon à perte de vue et d'une aridité affreuse.

Nonobstant, la caravane continuait d'avancer avec un flegme imperturbable.

On entendait au loin les conducteurs de chameaux ou de dromadaires entonnant quelque chant national pour troubler cette monotonie lugubre, qui attristait l'âme et semblait entraîner l'homme à des pensées de deuil et d'anéantissement.

Enfin, après trois heures d'une marche pénible, on atteignit la plaine de Moûna.

Des feux de broussailles ramassées çà et là furent aussitôt allumés dans toutes les directions, et chacun s'arrangea du mieux qu'il put, les hommes d'un côté, les bêtes de l'autre.

Bientôt une lune brillante se détacha d'un rideau de nuages, fit pâlir les lumières et confondit la caravane et le paysage en un même teinte argentée.

Douce image qui vous poussait comme malgré vous à la rêverie !

N'est-il pas vrai, en effet, qu'il y a dans la lune mystérieuse quelque chose de mélancolique qui enivre, quelque chose de triste qui séduit et qui captive? n'est-ce point durant le silence de la nature que toutes les passions tendres et profondes se font entendre à l'âme; d'autant plus redoutables qu'elles arrivent, pour ainsi dire, à la sourdine, lorsque, entraînés par cette volupté du soir, absorbés par le sentiment d'un bien-être inconnu, nous laissons s'envoler les heures sans défiance, comme si nous n'avions pas toujours notre cœur avec nous ?

Ces nuits de l'Orient ont un charme indéfinissable : c'est le laisser aller de l'âme dans toute sa mollesse.

Comme le tableau n'a qu'un aspect, il ne fait naître en nous qu'une pensée, pensée qui tombe sur notre cœur comme une goutte de rosée, pour y rester longtemps fraîche et assoupie ; cette goutte de rosée, que nous aspirons avec délices, c'est l'amour vaporisé qui nous pénètre par tous les pores.

On dirait que la nature partage notre abandon ; cette harmonie vient enivrer notre être comme une mélodie céleste, comme une douce voix de femme au milieu du bocage, comme le chant de la fauvette au bord du ruisseau ombragé et paisible.

Peu à peu, l'âme sent le besoin d'épancher au dehors les émotions dont elle est pleine ; il est bien rare alors qu'elle ne trouve pas de sympathies.

> Oh ! contemplez le ciel ! et, dès qu'a fui le jour,
> En tout temps, en tout lieu, d'un ineffable amour,
>   Regardez à travers ses voiles ;
> Un mystère est au fond de leur grave beauté,
> L'hiver, quand ils sont noirs comme un linceul ; l'été,
>   Quand la nuit les brode d'étoiles *.

* Victor Hugo, *Soleils couchants*.

Mais continuons.

Les riches, assis à terre sur des tapis, et, les jambes croisées, prenant le thé ou le café, et fumant la chibouque ou le narghilé, étaient servis par leurs saïs ou leurs esclaves.

La moyenne classe se tenait sur des paillassons et mangeait en se servant elle-même.

Quant aux tout à fait pauvres, il s'étaient disséminés de groupes en groupes, et recevaient de l'un et de l'autre.

Chacun avait emporté avec soi les vivres qui lui étaient nécessaires.

Les provisions d'un Arabe ne sont d'ordinaire pas embarrassantes : elles se bornent, chez le fellah, à un morceau de pain ou de galette et quelques dattes qu'il place dans le capuchon de son burnous.

Sa boisson, il la prend à la première citerne qu'il rencontre : hommes et bêtes viennent s'y désaltérer et présenter leur bouche au courant.

Cette dernière ressource lui manque-t-elle, il tâche de prendre son mal en patience. Allah est grand et miséricordieux !

De tentes, il n'en était point question ; on devait passer la nuit à la belle étoile.

A vrai dire, on ne s'en inquiétait guère.

Un Arabe pur sang ne peut respirer continuellement entre des murs et sous une toile; il lui faut de l'air et de l'espace.

Le jour, il n'a besoin que de l'abri d'un caroubier; la nuit, il aime à contempler les astres et à admirer la splendeur du firmament.

Le véritable type arabe se trouve surtout dans l'Hedjaz. C'est là que se sont le mieux conservés les instincts primitifs de ce peuple éminemment vagabond.

Les nomades de l'Arabie se livrent à leur aise à la vie pastorale, et jamais ils ne cultivent la terre: ils se croiraient déshonorés de descendre aux détails du labourage.

— Nos pères, disent-ils, n'ont jamais touché la terre; nous ferons comme eux.

Tout le monde était donc assis à terre, les jambes croisées.

Après le café, le thé, les pipes et la mangeaille, on causa affaires et politique.

Les moins sérieux s'étaient choisi un conteur; car une des plus grandes jouissances des Orientaux est de raconter ou d'entendre des histoires.

Après le travail du jour, ils s'invitent tour à tour à passer la soirée en commun.

L'hôte, le plus souvent, est pauvre et n'a pas même de café à offrir à ses invités; ceux-ci ne sont pas plus riches; ils ont chacun leur pipe, mais point de tabac.

Mais peu importe le dénûment de tous ces voisins : s'il se trouve parmi eux quelqu'un dont la mémoire soit riche ou fidèle, il fera bientôt les délices de tout le monde ; plus l'histoire sera entremêlée de féeries, plus elle sera intéressante.

L'un des groupes avait pris pour narrateur maître Mohammed, ou, si l'on aime mieux, Sidi-Halloûf, qui s'était mis aussitôt à lui débiter, d'un bout à l'autre, *la Lampe merveilleuse* des *Mille et une Nuits*, et cela avec une loquacité et un entrain vraiment étonnants.

Aussi, tout l'auditoire était-il là, respirant à peine, ébahi, abasourdi, au point que, si un habile comédien se fût présenté alors au milieu du cercle formé autour du conteur, en feignant de sortir de dessous terre, on l'eût bien certainement pris pour un de ces génies à ailes blanches qui venait de quitter sa demeure de cristal, à parquets et plafonds de topazes et d'émeraudes.

Nos feux avaient attiré une grande quantité d'hyènes, de chacals, de pigeons (*hamâm*) à plumes jaunes sous le ventre, vertes sur le dos et azurées vers le haut des ailes, et d'hirondelles blanches, à l'exception des ailes qui étaient d'un beau noir.

Carnassiers et oiseaux rôdaient et voltigeaient par bandes à l'entour des groupes et au-dessus de nos têtes, en décrivant des courbes comme pour nous défier.

Partout ailleurs, on eût pu les faire repentir de leur témérité ; mais nous étions en plein territoire sacré, où il n'est permis de faire usage de ses armes qu'à son corps défendant.

Ensuite, des papillons aux belles couleurs, séduits par la lumière que projetaient nos feux, venaient rôder à l'entour, et finissaient par s'y brûler les ailes.

Cependant, tout bruit ayant cessé, chacun s'enveloppa le mieux qu'il put dans son manteau (*abbaye*) ou dans sa couverture imperméable en poils de chameau, autant pour se mettre à l'abri de la piqûre des moustiques, du céraste et du scorpion que pour se préserver de la fraîcheur de la nuit.

La température de l'Hedjaz est très-élevée : à midi, le thermomètre centigrade marque ordinairement 40 et 46 degrés ; à minuit, il descend à 12 et 15.

Ces variations de chaleur, qui se succèdent presque régulièrement jour et nuit, occasionnent souvent des maladies dangereuses, particulièrement des fièvres et des céphalites.

Bientôt tout le monde s'endormit, à l'exception des sentinelles établies de vingt en vingt pas pour nous mettre à l'abri d'un coup de main de la part des nomades pillards, et annoncer l'arrivée d'Ibn-Aàon.

Je voulus faire comme mes compagnons ; mais, malgré tout mon bon vouloir, le sommeil ne vint pas. Mille idées diverses se heurtaient confuses dans mon imagination.

Je songeais au chef que j'allais voir et à la manière dont je serais accueilli par lui ; je songeais à toute l'importance que cette entrevue pouvait avoir sur mon avenir.

J'en étais là de mes réflexions, quand le jour parut.

Tout à coup, les cris de : « Ibn-Aàon ! Ibn-Aàon ! » se firent entendre de tous côtés.

C'étaient les sentinelles qui annonçaient l'approche du grand chérif.

En un clin d'œil tout le monde fut sur pied, et l'on se précipita en hâte à la rencontre de l'illustre personnage.

Je fis comme les autres et j'eus la bonne chance d'arriver un des premiers au-devant de lui.

Il parut à mes yeux, entouré d'une suite nombreuse et recherchée.

A ce moment, les fanfares sonnèrent ; *la poudre parla,* suivant l'expression arabe, et ce fut à qui irait saluer l'émir et lui baiser la main.

Ce dernier usage appartient au genre des *baise-mains* espagnols.

Le servilisme a son étiquette ; mais, pour s'y astreindre, il faut avoir été spécialement doué par la nature ou l'éducation ; ce qui revient à dire, en d'autres termes, que j'évitai de me soumettre à ce baisemain, et, en cela, je ne fis, du reste, que suivre l'exemple du plus grand nombre des Arabes notables du pays, trop fiers et trop indépendants pour s'y conformer eux-mêmes.

Du reste, à voir l'empressement que mettait la foule à accomplir cet acte, cela avait assez l'air de l'*invasion des Huns*, dont Raphaël nous a donné l'idée dans une fresque du Vatican.

C'était un brouhaha, une presse, un pêle-mêle d'hommes, d'animaux, de sons et de couleurs, et, dans ce chaos d'or, de velours, de cachemires et de soie, Ibn-Aâon s'agitant comme un simple particulier, sur un pied d'égalité parfaite avec ses courtisans et tout le monde.

On peut se figurer la scène étrange que cela devait faire.

Le grand chérif, nonchalamment couché sur un magnifique tapis de Perse, avait autour de lui les principaux membres de sa famille, ses aides de camp, son porte-parasol, nombre d'émirs, d'imans, d'ulémas, d'officiers subalternes, d'Arnautes, d'esclaves et d'eunuques, épiant ses moindres désirs ; enfin, tout son attirail de tentes, de chevaux, de chameaux, de dromadaires.

Il y avait des tentes rouges et rayées, et comme des cloisons de toile bigarrée, appelées *kanats*, qui les entouraient et les rendaient confortables.

La tente favorite, surtout, était remarquable : ce pouvait être, à peu de chose près, la répétition de celle qui fut conquise sur le fils de l'empereur Muley-Aabd-er-Rahman, à la bataille de l'Isly.

Maintenant, le lecteur veut-il être mieux renseigné sur ce que sont dans l'Hedjaz les tentes de campagne (*kemâa*)?

Nous lui dirons, en peu de mots, que ce sont de forts cylindres (*tousluc*) surmontés d'un cône (*koubbé*), soutenu au milieu par une colonne en bois de douze à quinze pieds de haut.

Ces tentes se divisent en deux, et on les charge sur les bêtes de somme sans difficulté.

Douze cordes, attachées au *tousluc*, sont fixées à des pieux enfoncés tout à l'entour dans le sol, comme les haubans des navires ; elles protègent la tente contre la fureur des vents, qui parfois sont terribles en Arabie.

Nous reviendrons plus tard sur la *vraie* tente arabe, telle qu'il en est fait mention dans la Bible.

Nous disons *telle qu'il en est fait mention dans la Bible;* car, en Arabie, rien ne change :

la tente qu'on y voit aujourd'hui est encore la tente d'Abraham.

Pour ce qui regarde le parasol (*el dalala*), signe du commandement, c'était un grand parapluie à dessus en soie amarante, avec broderies d'or, entremêlées de grenat d'un rouge foncé, et figurant des arabesques d'une légèreté de dessin remarquable.

L'intérieur était doublé en soie verte, à fleurs brochées en or.

Une crépine du même métal, haute d'environ trois pouces, et semée de torsades entre chaque rayon, en ornait le tour, comme nos dais d'église. Les branches étaient en bois argenté.

Enfin, le tout se trouvait supporté par une forte hampe en buis, et surmonté d'une boule de platine.

Tout cet entourage d'émirs, d'imans, d'ulémas, d'officiers, d'Arnautes, d'esclaves, d'eunuques, ceux-ci montés sur des dromadaires, ceux-là sur de fiers coursiers à siéges d'argent massif et à chabraques en drap d'or, semblait un fleuve d'or et de pierreries dont les flots, étincelant sous le soleil d'Asie, fatiguaient les yeux de leur éclat.

Tel était au moins l'effet général du tableau.

Mais, si l'on en venait aux détails, on y voyait des disparates étranges.

On y trouvait des selles dorées et des brides

de cordes ; une rossinante efflanquée, au milieu d'un escadron d'étalons nedjeds qui dévorent la terre ; des esclaves déguenillés dans un groupe d'officiers tout garnis d'or et de rubis : même, parmi eux, quelques-uns tout nus ou avec quelques torchons, sur des selles splendides et des montures superbes.

D'autres se cramponnant à la queue des chevaux de leurs maîtres, jeunes dandys mecquaouïs, se pavanant en vestes de drap richement passementé, armés de poignards, de sabres et de pistolets à manches et lames finement ciselés, les moustaches relevées et la barbe séparée au milieu du menton et peignée vers les oreilles avec une coquetterie féroce.

Il y avait quelque chose de mesquin dans ce mélange de richesse et de pauvreté, d'orgueil et d'insouciance : anomalies qui s'expliquent toutefois par ce mépris du musulman pour les choses de la terre, alors même qu'elles se déploient dans toute leur magnificence.

Puis, que l'on s'imagine encore, dans toute cette suite, des gens d'un costume particulier et étrange, avec de hauts turbans, tout en noir, quelques-uns même dans un état de nudité presque complète, des poignards fixés dans le turban ou dans la ceinture, nous accablant d'injures, hurlant de toutes leurs forces, et brandissant contre nous, les uns, leur sabre, — quelques-uns même, deux sabres, un dans chaque main ; — d'autres, un harpon en tout semblable à celui dont font usage les *Akalis*, dans le royaume de Lahore ; espèce de griffe de fer qui s'adapte à la main comme un gant, et avec laquelle on saisit sa victime en la lui enfonçant dans les chairs.

C'étaient des *Santons* ou Adamites, secte privilégiée, trop forte et trop nombreuse pour être réprimée par les autorités de l'Hedjaz. On n'ose guère les toucher, à moins qu'ils ne commettent quelque atrocité ; et toute cette masse de serviteurs et tous ces milliers de cavaliers élégants les laissaient nous insulter.

Les Santons pullulent en Turquie, en Arabie, dans l'Inde, en Perse, dans les États Barbaresques, enfin dans tous les pays régis par l'islam.

On en compte trois espèces : les *fous* ou *idiots*, réputés saints ; les *fanatiques* de bonne foi ; et, enfin, les *imposteurs*.

Mais, outre les Santons mâles, il y a encore les Santons femelles.

En justice, le témoignage d'une sainte compte comme celui d'un homme, tandis que, pour les autres femmes, il en faut six ou sept pour faire un témoin.

Ibn-Aâon, qui pouvait alors avoir de quarante-cinq à quarante-six ans, est un homme de haute taille. Il a de l'embonpoint, et un teint brun très-foncé.

Son menton et ses joues sont couverts de bouquets de poils assez rares; son œil est noir, plein d'expression, et annonce l'adresse, la ruse et la pénétration.

Il avait, en cette occasion, la tête enveloppée dans un immense châle de cachemire des Indes, en étoffe de soie et or, et entremêlée des plus vives couleurs. Il portait le simple costume de pèlerin, costume remarquable par son éblouissante blancheur.

Ses jambes étaient nues, et de charmantes sandales arabes (*nâal*) composaient sa chaussure.

Après avoir fait ses ablutions, il récita sa prière à haute voix et en plein air, et chacun l'imita d'un mouvement général et spontané.

En somme, tout ce tableau que j'avais sous les yeux était vraiment imposant et ne laissa pas que de m'inspirer l'admiration la plus profonde pour celui qui en paraissait être le principal personnage.

Ma figure l'ayant frappé dès le premier abord, il me fit approcher de lui. Mon arrivée dans l'Hedjaz ne lui était pas inconnue; on lui avait déjà parlé longuement de moi, et c'était chose toute naturelle, la présence d'un Français à la

Mecque ne s'étant pas encore rencontrée jusque-là.

Ibn-Aâon, en me félicitant sur ma bonne arrivée, me fit asseoir à sa droite; après quoi, il m'adressa différentes questions touchant les hommes et les choses de l'Europe, de la France et de l'Angleterre.

Quand ce sujet fut épuisé, il me demanda ce qui m'avait amené en Arabie.

Essentiellement rusés, les Orientaux sont en même temps méfiants; leur esprit recteur est le doute; avant de croire, ils ont besoin d'être convaincus... bien convaincus. Ils sont comme saint Thomas Didyme : ils veulent mettre le doigt dessus et dedans.

Cette conversion à l'islamisme de la part d'un Français, la présence à la Mecque de ce même Français surtout, intriguaient fort Ibn-Aâon.

Il lui semblait extraordinaire, en effet, que j'eusse quitté le plus beau pays du monde pour venir m'enterrer, moi, homme civilisé, dans un désert et vivre de la même vie que celle des Arabes.

Mais, comme j'avais prévu sa question, je tenais ma réponse toute prête.

Je lui répétai en conséquence, pour le moment, — me réservant, vu la foule qui l'entourait, de satisfaire plus tard sa curiosité, — je lui répétai ce que j'avais déjà dit à Osman-Pacha, en adoptant l'islamisme ; réponse *banale* si jamais il en fut, mais qui me justifiait pleinement auprès des indiscrets et des importuns.

Ibn-Aàon n'insista point dès lors davantage, et la conversation finit là.

Je voulus me retirer ; mais, me retenant, il me fit apporter une tasse de café, la vida à moitié, puis me la présenta en signe de fraternité.

A partir de ce moment, nous étions liés l'un à l'autre.

Ceci terminé, on donna le signal du départ.

Il pouvait être, à peu près, huit heures du matin.

Chacun de nous reprit donc sa monture de la veille, et, autant par déférence que pour n'exciter l'envie de personne, j'allai rejoindre mes compagnons de route.

Mais le chérif, s'en étant aperçu, donna l'ordre de me faire revenir, et, cela, à la grande joie de Sélim et de Mohammed, libres de se livrer, en mon absence, à de joyeux ébats.

Deux Arnautes vinrent me chercher dans la foule et m'ouvrirent un passage jusqu'à leur maître.

Quand j'arrivai près de lui, il me tendit affectueusement la main, et me dit, en me plaçant pour la seconde fois à sa droite :

— Voici ta place ; prends-en note pour l'avenir.

Cette nouvelle marque d'attention fut, comme la première, observée de tout le monde. Aussi, dès cet instant, ne vit-on plus en moi qu'un futur favori d'Ibn-Aâon.

Nous voici de retour au village de Moûna.

J'y remarque d'assez belles maisons, les unes en pierre, les autres en briques, et une jolie petite mosquée ; le tout à peu près vide pour le moment, tant on a mis d'empressement à venir au-devant d'Ibn-Aâon.

C'est un lieu de halte pour les chameliers et les pèlerins, qui viennent s'y réconforter et y passer la nuit.

Bientôt, nous nous rengageons dans les montagnes en suivant le chemin déjà parcouru, toujours aussi aride, toujours aussi triste, toujours aussi solitaire... mais plus affreux encore quand arrive le *simoûn*, ce tyran de l'Asie et de l'Afrique ; le simoûn, dont il faut avoir éprouvé la funeste influence pour pouvoir s'en faire une juste idée.

On ne saurait mieux en comparer l'impression qu'à celle qu'on reçoit d'un four au moment où l'on en tire le pain.

Lorsque survient la tempête occasionnée par lui, la nature se bouleverse, le ciel s'obscurcit ;

le soleil, perdant son éclat, ne donne plus qu'un jour terne et sans ombre ; l'eau ne réfléchit plus ses rayons : elle se trouble et se dessèche. Sans être nébuleux, l'air est gris et plein d'une poussière déliée qui pénètre partout; l'horizon est jaune et fait paraître les arbres décolorés.

Les oiseaux volent devant les nuages avec des cris perçants : les animaux, effrayés, s'en vont errants de tous côtés et la queue basse ; le chameau se couche à terre et enfonce son nez dans le sable.

Le fléau, qui n'est pas d'abord très-chaud, croît en intensité à mesure qu'il prend de la durée.

On le reconnaît tout de suite au changement subit qu'on éprouve dans tout son être : le poumon se contracte, la respiration devient courte et laborieuse, la peau sèche, et l'on se sent dévoré comme par un feu intérieur.

C'est en vain que l'on veut rétablir la respiration en buvant beaucoup d'eau.

Cherche-t-on de la fraîcheur, on est trompé par les corps qui ont coutume de la donner : le marbre, le cuivre et le fer, malgré le voile dont le soleil est couvert, sont brûlants.

Désertant les rues, les habitants des villes et des villages se renferment dans leurs maisons et ceux du désert sous leurs tentes, ou dans quelque puits ou crevasse de rocher.

Mais malheur à ceux que la tempête surprend en route, loin de tout asile! S'ils ne savent se précautionner, l'effet en est porté sur eux jusqu'à la mort.

« Décrire l'ouragan du désert, s'écrie M. John Davidson [*], c'est plus que je ne puis faire; je ne sache point de mot, de comparaison, de couleur pour le peindre. Ailé par le tourbillon, emporté par la foudre, le *simoûn* poursuit son effroyable course, flétrissant la nature entière d'une haleine mortelle. La lueur vibrante qui l'accompagne, comme le reflet d'un vaste incendie dont la fumée remplit l'espace immense, raye l'horizon de clartés rougeâtres. Elle rend visible et plus effrayant encore le bouleversement du désert. Les regards effarés des hommes, les mugissements, les cris des animaux sont en vain lancés vers le ciel; ils retombent, repoussés par la tempête de sable, contre laquelle l'énergie, le courage, la science de l'homme ne peuvent rien. Le tourbillon nous renversa, passa sur nos têtes, enterrant un de nos chameaux : et, quand nous nous levâmes du sol embrasé, ce fut pour découvrir un autre désastre. La langue de feu du fléau avait bu jusqu'à la dernière goutte du liquide conservé au fond de nos outres; à peine

---

[*] *African Journal.*

échappés à ses atteintes brûlantes, nous étions menacés d'être consumés par la soif. »

Tel est pourtant l'aspect de presque tout l'Hedjaz et du Nedjed.

Mais, par contre aussi, comme on l'a vu, les belles nuits étoilées et calmes, les jours inondés de lumière et de chaleur!

Et c'est là, à notre avis, pour l'Arabe proprement dit, le Bédouin, si l'on veut, qui a conservé toutes ses mœurs primitives, quelque chose qui vaut bien de l'or et de l'argent.

En effet, que l'on entre dans une tribu arabe, on se croit reculé, non pas seulement de plusieurs siècles, mais bien de plusieurs milliers d'années.

Il semble que l'on soit encore au temps d'Abraham et de Jacob.

Ces braves nomades, qui n'ont pas de propriété particulière, qui se confinent dans certains cantons et les parcourent selon leur caprice, nous représentent exactement ces saints patriarches qui, selon la description de la Bible, parcouraient paisiblement les riches plaines de la Mésopotamie.

Sans contredit, il y a plus de poésie dans l'âme de ce chamelier ou de ce pâtre qui ne possède que ses armes et quelque maigre troupeau, que dans celle de tous nos gens affairés, de tous nos gros boursiers, pour lesquels seuls semble rouler le moderne Pactole, l'or, cette divinité de quelques-uns.

Il y a des hommes qui doutent de Dieu; il n'y en a point qui doutent de l'or!

Solitaire dans la foule, l'Arabe laisse couler le temps sans y songer, et ne connaît de sa journée que les heures de la prière.

Tout le reste n'est, à ses yeux, que la fumée de sa pipe, qui s'échappe capricieuse et disparaît au souffle du vent.

Est-il heureux, Allah est grand!

Est-il malheureux, Allah le veut!

Toutes ses émotions, tous ses sentiments, toute son existence se renferment dans ces deux idées : Dieu le veut! Dieu est grand!

Sous notre ciel grisâtre, où le soleil se montre plus souvent comme une tache que dans l'appareil du dieu de la lumière, nos sens refroidis et languissants se suffisent à peine.

Sans émotions pour les simples jouissances de la vie, nous cherchons des plaisirs plus vifs, plus *épicés*; inventés à grand'peine, ils éveillent pour un moment notre sensualité; mais la nature n'est plus là, et ce bonheur artificiel ne nous éblouit d'abord que pour nous laisser tomber bientôt à plat, comme un ballon crevé, et nous livrer de nouveau à nos ennuis ordinaires.

L'Arabe n'a que faire de tout cela.

Il n'a pas besoin de tant remuer la vie et le cœur pour en faire jaillir des jouissances.

Son bonheur est uniforme, il le respire.

L'heure présente est semblable à l'heure passée ; l'heure future sera semblable à toutes deux.

Il croirait léser sa dignité d'homme s'il mêlait des jours d'agitation à ces jours de silence et de paix ; il est stationnaire par nature, lent et grave par principe, esclave par conviction ; il tient aux coutumes de ses pères, il ne se croit pas le droit de les altérer.

En un mot, l'Arabe est le *philosophe*, le *sage* du monde civilisé.

On a écrit quelque part que le Français en était *l'enfant;* l'Anglais, *l'homme fait;* l'Allemand, *le vieillard.*

Est-ce vrai ? n'est-ce pas vrai ?

Nous laissons à d'autres que nous le soin d'éclaircir ce fait...

Sur ce, continuons de nous acheminer vers la Mecque.

II

— Bêtes et gens. —

A mesure que le chérif approche, des salves d'artillerie et de mousqueterie, longuement répétées par les échos des montagnes, se font entendre presque coup sur coup.

Puis, d'instant en instant, la foule s'amasse plus serrée sur le chemin par où il doit arriver.

Turcs, Arabes citadins, fellahs, Bédouins, tout accourt à cheval ou clopin-clopant, ceux-ci pour saluer le noble voyageur, baiser sa main ou le pan de sa robe; le féliciter sur son heureux retour, et se joindre au cortége déjà si nombreux qui l'accompagne, et ne cesse d'accroître toujours à mesure qu'on avance.

Les autres, pour lui faire honneur, du plus loin qu'ils l'apercevaient, fondaient sur lui ventre à terre; arrivés à quelques pas, ils exécutaient à ses pieds une décharge de leurs armes; au même instant s'arrêtaient court, puis, lançant en l'air leurs longs fusils, faisaient volte-face et s'éloignaient pour recommencer deux ou trois minutes après.

C'est ce manége, plusieurs fois répété, qui, en Orient, s'appelle faire la *fantasia*.

Encore quelques pas, et nous touchons au terme de notre course; car nous venons de sortir du défilé où nous sommes engagés depuis notre départ de Moûna.

De ce moment, nous approchons rapidement de la ville sainte, qui, de son côté, semble venir au-devant de nous et s'incliner sur nos têtes.

Au bas de la chaîne du djebel Kobez, nu et stérile, à travers les vapeurs sablonneuses qui épaississent l'atmosphère, nous commençons à apercevoir les tours et les dômes de la Kaâba et des mosquées, surmontés de leurs croissants de cuivre doré.

Plus loin, dans une brume, nous entrevoyons la cime blanchâtre du djebel Noûr et ses ramifications.

Peu à peu, ce rideau, chassé devant nous par le vent du nord-est, s'élève en fuyant au-dessus de la Mecque, et nous découvre les hautes dentelures de la ville, dont la base est encore cachée par les collines de sable.

Mais, à mesure que nous avançons, nous distinguons les teintes alternées des édifices et les dessins élégants des coupoles; puis, au-dessus des dents colorées qui couronnent les terrasses, s'élançant, pareils aux pièces d'un jeu d'échecs, les sept minarets de la Kaâba.

Enfin, nous arrivons à l'entrée de la ville, où nous trouvons le moudir Haçan, et tous les hauts dignitaires turcs et arabes, venus au devant d'Ibn-Aâon pour le complimenter.

Il était midi quand nous entrâmes dans la ville, suivis d'un immense concours de peuple et des vivats des femmes cachées derrière les moucharabies ou montées sur les terrasses des maisons.

Il y en avait, parmi ces femmes, qui couraient d'une terrasse à l'autre, enjambant les intervalles avec une merveilleuse légèreté.

D'autres qui, contre toutes les lois du Prophète, ouvraient, de temps à autre, leur mellaya pour mieux voir, et montraient, par suite, une tête charmante, qu'elles cachaient aussitôt avec un rire d'une coquetterie extrême, rire assez semblable au glapissement de la dinde et au houhoulement de l'orfraie mêlés ensemble.

Il en fut ainsi jusqu'à la demeure d'Ibn-Aâon.

Arrivé là, je sautai prestement à terre pour aider le chérif à descendre de cheval et l'accompagner dans ses appartements.

Ma démarche parut l'embarrasser ; cependant se ravisant aussitôt, il me remercia poliment, fit signe à tout le monde d'attendre un peu et entra chez lui suivi de ses seuls serviteurs, qui le débarrassèrent aussitôt de la poussière dont il était couvert, lui servirent des rafraîchissements et lui apportèrent de l'eau pour faire ses ablutions.

Puis il reparut.

Un cheval tout frais l'attendait à la porte.

C'était un barbe assez grand, avec un *ramskopf* * très-prononcé, tel qu'on en représente sous les guerriers du moyen âge.

Son harnais était parsemé de perles magnifiques ; la selle était d'or et le pommeau garni d'une émeraude grosse comme une petite pomme, le tout rehaussé de châles resplendissants. C'était au moins la dixième fois qu'Ibn-Aâon changeait de cheval depuis son départ de Moûna ; ce qui, en Orient, n'est guère octroyé qu'aux personnages revêtus de quelque commandement suprême, comme en Europe, il est d'usage d'atteler quatre, six et huit chevaux chez les ducs, les princes et les souverains. Toutes ces montures étaient, les unes bardées de fer, les autres sellées seulement, et tenues en laisse par des écuyers armés de lances et de piques, comme nos anciens chevaliers.

Ibn-Aâon sauta en selle dans le même costume

---

* Nez busqué.

(*haram*) † que nous avons déjà décrit, et, suivi de l'immense foule, se dirigea droit vers la Kaâba, où il fit sa prière, qui se prolongea une demi-heure environ.

Après quoi, toujours accompagné de la même foule, il remonta à cheval et retourna à son palais, où il trouva réunis dans la salle de réception tous les principaux personnages qui venaient de nouveau le complimenter.

Cette salle n'était pas beaucoup différente de celles que j'avais vues jusque-là chez les autres habitants riches de l'endroit; ce qui ne m'étonna pas du tout, au reste, attendu qu'il est d'usage dans toute l'Arabie de meubler avec toute la simplicité possible les appartements où l'on reçoit, et de réserver tout le luxe pour l'intérieur du harem, où les hommes ne pénètrent jamais.

Le parquet était couvert de nattes en lige sparte (*lygeum spartum*), plante assez répandue en Arabie et dans le nord de l'Afrique, où elle

---

* Tout musulman, à l'approche du pèlerinage, quitte ses habits ordinaires et revêt le haram, qui doit être sans couture, et se compose de deux pièces de coton d'environ deux mètres de long sur quatre-vingt-dix centimètres de large, le côté extérieur peluché, et l'intérieur uni, avec franges aux extrémités. Ce vêtement, aussi simple que pittoresque, est à peu près ce qu'était la toge romaine avant César.

est d'une grande ressource pour la nourriture des chevaux en temps de disette.

Tout le long du mur, où étaient adossés des coussins, régnaient des tapis qui formaient divan, et, sur les étagères des armoires, on remarquait les vases nécessaires pour présenter le café ou le thé, et quelques flacons renfermant des parfums.

Par-ci par-là, on voyait encore deux ou trois canapés indiens ou des fauteuils en bois odoriférant, reliques précieuses qui se transmettent par héritage, chez quelques-uns, de père en fils.

Ce lieu sert aussi de salle à manger.

L'heure des repas varie d'ordinaire selon l'appétit des convives, et les femmes n'y sont jamais admises, même en l'absence de tout étranger.

Lorsque leurs maris veulent manger avec elles, ils se font servir dans le harem.

Les heures d'étiquette sont à midi ou après la première prière de nuit, c'est-à-dire au *maghreb*.

Enfin, tout le monde se retira ; mais, lorsque je le quittai, Ibn-Aâon exigea de moi la promesse que je vinsse le voir souvent.

Je m'en retournai donc chez mon ami le moudir, le cœur plein de respect et de reconnaissance pour cet homme éminent, qui venait de m'accueillir et de me traiter à l'égal d'un fils.

Une fois retiré chez moi, je n'eus que le temps

de changer de vêtements et de me laver la tête, le visage, les pieds et les mains, tout couverts de sueur et de poussière, résultat inévitable de la route que je venais de faire, quand on m'annonça des visites de la ville.

Tout le monde venait me féliciter de l'accueil flatteur dont j'avais été l'objet de la part du chérif, et me prédire toutes sortes de prospérités.

C'était un assaut de compliments.

Parmi tous ces prophètes, le moudir et les employés turcs étaient ceux qui me débitaient le plus de louanges et de congratulations.

Tout autre, à les entendre, se fût cru déjà vizir ou calife.

Mais, pour mon compte, je savais à quoi m'en tenir sur tous ces éloges et ces assiduités de la part d'hommes venus chez moi bien plutôt afin de m'étourdir par leur emphase et dans l'espoir de me voir faiblir pour aller ensuite me perdre dans l'esprit d'Ibn-Aâon.

Aussi, les laissai-je débiter tout ce qu'ils voulurent, me contentant de leur rendre, comme on dit, la monnaie de leur pièce.

Enfin, je les quittai pour me rendre à la prière du soir : j'en avais par-dessus les oreilles d'eux et de toutes leurs fadaises...

De retour dans mon appartement, je me déshabillai bien vite pour ne pas les voir revenir, et je me couchai.

Bientôt, je m'assoupis profondément, et ne fis qu'un somme jusqu'au lendemain matin.

Tant de secousses, arrivées presque coup sur coup, m'avaient obsédé depuis vingt-quatre heures; j'étais si fatigué de mon excursion pour aller à la rencontre du chérif, qu'il n'en pouvait guère être autrement.

Je restai deux jours sans sortir; je passai ce temps à rédiger mes notes et à mettre un peu d'ordre dans mes affaires.

Enfin, le 4 septembre (14 *châban*), à midi, je me déterminai à reparaître au grand jour et à faire une visite à Ibn-Aâon.

Dès qu'il me vit, il me reprocha doucement de n'être pas venu le voir plus tôt, et m'entraîna au fond d'une cour où nous nous assîmes sur un moelleux tapis, à l'ombre d'un kiosque.

Là, tout en fumant la chibouque et buvant le café, nous reparlâmes de l'Europe, mais surtout de la France, qui, en dépit des autres nations, a toujours et de tout temps le plus excité en sa faveur la sympathie arabe.

Et c'est justice; car, dès que la France se montre, dès qu'elle parle, dès qu'elle agit, le monde s'écrie : « C'est le grand peuple! »

En toutes choses, à la bataille, dans les arts,

dans les sciences, dans les lettres, en révolution, elle donne un coup si violent, qu'elle fait jaillir la lumière !

« C'est une nation qui marche toute seule! » s'écriait Pierre le Grand.

Elle couvre ses fautes de la générosité de ses sentiments ; elle a toujours, pour se faire absoudre, les extrêmes du génie et de la vertu.

En la combattant même, ses ennemis ne peuvent s'empêcher de l'estimer, parce que ses actions sont inspirées par l'honneur...

Après ce préambule, j'en arrivai de moi-même à expliquer tout au long pourquoi, après m'être fait musulman, j'étais venu habiter la Mecque.

Je dis *tout au long*, car, cette fois, je pouvais m'ouvrir en toute sécurité à Ibn-Aâon.

C'était, contrairement à ce que j'en ai pu dire d'abord, un homme d'un cœur sûr et d'un sens droit, et peu d'instants m'avaient suffi, d'après la manière dont il m'avait traité dans tout le trajet de Moûna à la Mecque, pour revenir complétement de mon erreur à son égard, et l'estimer, par conséquent, à sa juste valeur.

D'ailleurs, cette différence eût-elle encore subsisté, que j'eusse toujours dû tenir la promesse que je lui avais faite.

Entre musulmans, « chose promise, chose

due, » comme dit le proverbe, et c'eût été manquer à toutes les règles de cette bienséance orientale, si raffinée, que de remettre la chose à un autre jour.

Je m'ouvris donc franchement à Ibn-Aâon, lui donnant tous les éclaircissements nécessaires sur ma vie passée et mes projets futurs.

Tout cela, raconté sans ostentation aucune et de manière à être compris d'un Oriental, parut vivement intéresser le chérif.

Il était si content de ma franchise, ma bonne foi l'avait tellement enthousiasmé, que, l'heure du maghreb arrivée, quand je voulus me retirer, il me retint et m'invita à partager, après la prière, avec lui et quelques convives privilégiés, son repas du soir.

Il va sans dire que j'acceptai l'offre avec reconnaissance.

Des esclaves nous apportèrent alors de quoi faire nos ablutions (*el-oudou*), la loi musulmane ne permettant l'exercice d'aucun acte religieux avant qu'on ait rempli cette obligation. Elle est si rigoureuse, qu'à défaut d'eau, il est permis d'employer de la poussière, du sable et même de la boue.

Voici ce que dit le Coran (sourate de la *Table*) relativement à l'ablution :

« O croyants, avant de commencer la prière,

lavez-vous le visage et les mains jusqu'au coude; essuyez-vous la tête et les pieds jusqu'au talon. Lorsque vous serez malades ou en voyage, frottez-vous le visage et les mains. »

Il y a trois sortes de purifications : le *ghals*, l'*abd'est* et le *ghouls*.

Le *ghals* se pratique avec de l'eau pour enlever toutes les souillures du corps et des vêtements.

L'*abd'est* est l'ablution ordinaire et consiste à se laver la figure, les mains, les avant-bras et les pieds, et, chez quelques sectes, d'autres parties du corps. L'*abd'est* doit toujours précéder les prières : il purifie jusqu'aux souillures spirituelles.

Le *ghouls* est le bain complet, que tout musulman doit prendre au moins trois fois par semaine, et chaque fois qu'il a eu des rapports avec ses femmes ou ses esclaves.

Les prières seraient nulles sans cette formalité.

Nos ablutions finies, Ibn-Aâon se plaça à ma droite; les convives se rangèrent à nos côtés sur la même ligne, et les employés subalternes, les serviteurs et les esclaves, derrière nous, dans le même ordre.

Cela fait, le *katib* ou l'iman chargé, chez les grands, de réciter la prière à haute-voix, se mit au *kibla* *, tournant le dos à tout le monde, prononça la convocation que le *muezzin* entonne du haut des minarets, et la prière canonique commença.

Voici à peu près sa forme et sa teneur :

INVOCATION. — Le corps droit, les deux mains élevées à la hauteur des oreilles, on dit : *Allah ou akbar* (Dieu très-grand !), paroles qu'on peut comparer au *Gloria Patri* des catholiques romains.

PREMIER RÉK'AT OU PREMIÈRE POSITION. — Les bras et les mains pendants pour les *maéki*, ou les bras croisés pour les *hanéfi*, on récite le premier chapitre du Coran appelé la *prière essentielle*, c'est-à-dire l'*ouverture*.

DEUXIÈME POSITION. — On fléchit toute la moitié supérieure du corps, appuyant les mains sur les genoux, et on s'écrie à haute voix : *Dieu très-grand!*

TROISIÈME POSITION. — On se redresse en disant : *Dieu entend quand on lui adresse des louanges!*

QUATRIÈME POSITION. — Prosterné, les

---

* Point de l'horizon qui se trouve dans la direction de la Mecque, et qu'il faut toujours connaître pour savoir de quel côté se tourner quand on fait la prière. Dans les mosquées, sa direction est marquée par le *mihrab*, niche pratiquée dans l'intérieur du mur.

genoux, les mains, le nez et le front à terre, on dit : *Dieu très-grand !*

Cinquième position. — Assis sur les talons et les mains sur les cuisses, on répète : *Dieu très-grand !*

Sixième position. — On se prosterne comme auparavant en prononçant *Dieu : très-grand !*

Septième position. — On se redresse sans porter les mains à terre, s'il est possible, et on fait toujours entendre l'exclamation : *Dieu très-grand !*

Puis on recommence ; seulement, après avoir exécuté les sept positions ou prosternations, on ajoute une prière de plus que la première fois (*l'addition*), et l'on termine par la *salutation*.

Salutation. — Assis, le visage tourné à droite, puis à gauche, on répète de chaque côté la salutation : *Que la paix soit avec vous !*

Voilà ce qui constitue la prière canonique des musulmans.

Lorsqu'elle fut terminée, Ibn-Aâon, me prenant la main, descendit, suivi de tout son monde, imans, ulémas, officiers et autres visiteurs, dans une cour qu'il nous fit traverser.

Dans cette cour se trouvaient les écuries.

On y voyait, d'un côté, les chameliers enduisant leurs bêtes de goudron, leur préparant la pitance de noyaux de dattes, ou triturant les grosses boulettes de grains dont on les nourrit, et qu'on introduit jusque dans leur gosier; plus loin, les bergers allant traire les chamelles et les femelles des *bak'er-el-oubasch,* les bubales ou buffles des anciens; ici, des autruches à l'estomac proverbial, picotant tout ce qu'elles trouvaient à leur portée, avec une effronterie qui n'a pas d'égale; ailleurs, les esclaves promenant à pas lents les fiers coursiers nedjeds, hygiène réparatrice substituée aux soins des frictions usitées en Europe; sous un hangar, enfin, des saïs pansant les chevaux au repos, et rien d'amusant comme les tendres discours que ces hommes, d'ordinaires si taciturnes, tenaient à leur encontre.

Leur affection semblait supposer qu'ils avaient un raisonnement, presque une âme; et, si par hasard ils les frappaient, ce n'était pas sans les avoir conjurés de ne pas se mettre dans leur tort.

Voici à peu près les paroles que j'entendis adresser par l'un des saïs à la monture qu'il soignait :

— Tes aïeux ont été de tout temps les serviteurs des aïeux d'Ibn-Aâon. Tu dois savoir que l'un d'eux les transporta souvent d'un pays dans un autre sans se plaindre; je vois que tu es digne d'eux et capable de continuer leur vieille réputation, et, pour te prouver l'amour que je te porte, je te jure que nous serons toujours amis.

Entrons ici, à ce sujet, dans quelques détails, ou plutôt, puisque l'occasion s'en présente, parlons un peu du chameau et du bak'er-el-oubasch.

On connaît quatre espèces distinctes de chameau.

La première est le chameau proprement dit (*djemel*), porteur de fardeaux, n'ayant qu'une bosse, et très-peu de poil sur le corps.

La seconde est le chameau coureur, aussi à une bosse, appelé *hedjin* ou *djemâz* en Arabie et dans le reste de l'Asie, *mehêri* en Afrique, et qui peut parcourir, disent les Arabes, jusqu'à cinq lieues à l'heure : ils citent, en effet, des dromadaires qui en ont fait jusqu'à *cent vingt* en vingt-quatre heures.

Le mehêri est moins grand que le chameau ordinaire, mais plus svelte dans toutes ses formes, plus vigoureux et encore plus habitué aux privations : c'est le véritable *dromadaire* des Grecs, le *camelus Arabix* de Pline. Son poil est doux, laineux et médiocrement long sur la plus grande partie du corps, mais il est plus fourni et plus grand sur la bosse, la gorge et les membres; sa couleur commune est d'un gris roussâtre plus ou moins foncé.

La troisième espèce est le chameau *turcoman*, répandu d'Alep à Constantinople et au nord de la Perse. Il n'a non plus qu'une seule bosse, et possède des jambes plus courtes, plus grosses, un corps plus trapu et infiniment mieux couvert de poil que le chameau arabe : celui du cou pend parfois jusqu'à terre, et est généralement brun.

La quatrième, enfin, est le chameau *bactrien* ou *tartare*. Celui-là à *deux* bosses, et ne se trouve guère qu'à Pékin ; il est peu d'exemples, ou plutôt pas d'exemple qu'on l'ait jamais vu dans la basse Asie.

Les chameaux, pour nous servir de l'expression arabe, sont les vaisseaux de la terre, *gouareub-el-beurr*. Ils font communément de vingt-cinq à trente lieues du lever au coucher du soleil, et peuvent passer plusieurs jours sans boire.

D'autres fois, ils marchent sans s'arrêter jusqu'à leur destination ; quand il leur manque la pitance de noyaux de dattes pilés, s'ils sont assez heureux pour trouver sur leur route quelques tiges de ronce ou d'absinthe, ils tâchent de les saisir en passant, et les mangent chemin faisant.

En Turquie, en Arabie, en Perse, en Égypte, etc., le transport des marchandises ne se fait que par eux.

Commerçants et voyageurs, pour éviter les insultes et les pirateries des Arabes nomades, se réunissent par troupes nombreuses connues sous le nom de *caravanes*.

Ces troupes sont exclusivement servies par les chameaux et les dromadaires, qui y sont toujours en plus grand nombre que les hommes.

Au moindre coup de baguette donné aux premiers sur les jambes, ils s'accroupissent. On leur place ainsi leur charge (de trois à quatre quintaux) ; ils se relèvent alors, et les voilà attendant tranquillement le signal du départ.

Quant aux dromadaires, ils sont réservés aux voyageurs.

Lorsque tout est préparé, les *djellabs* (conducteurs) se placent en tête de la caravane ; ils sont suivis par les chameaux, qui portent les marchandises, les bagages et les vivres, et les dromadaires ferment la marche.

Au moment de partir, les djellabs entonnent, comme nos Morvandiaux, en guise de chanson, une espèce de râlement des plus singuliers, et aussitôt les animaux se mettent en route, accélérant le pas ou le ralentissant, selon que le chant est *allegro* ou *largo*.

Aussi, lorsqu'une caravane veut aller à grandes journées, les conducteurs ne cessent-ils un seul instant leur musique, et, lorsqu'ils s sentent fatigués, d'autres hommes les remplacent.

Rarement ils frappent leurs bêtes. Le chameau est pour eux non un animal esclave, dont ils peuvent user ou abuser à volonté, mais un ami, un frère, le *moyen d'habitation* de la terre la plus ingrate.

Et c'est justice, car, par son infatigable activité, il est le soutien d'une infinité de familles qu'il entretient dans l'abondance, et qui le regardent comme un second père, puisque c'est à son travail et à sa sobriété qu'elles doivent leur bien-être. Son lait et sa chair les nourrissent; sa peau leur fournit des chaussures, des outres et des harnais; son poil * entre pour beaucoup dans la fabrication des vêtements, soit pour les tentes, soit pour les cordes employées à fixer à terre les *kaïks*.

Enfin, telle est l'importance du chameau pour le désert, que, si on l'en retirait, on en détournerait toute la population, dont il est l'unique moyen de transport.

Le chameau est donc l'animal le plus utile de l'Asie et de l'Afrique. Il y remplace avantageu-

---

* Les Arabes ont soin de ramasser ce poil le plus minutieusement possible. Quand ils voyagent, ils le serrent dans un petit sac suspendu à la selle.

sement à la fois les chevaux, les bœufs et les moutons.

Aussi, les Arabes en élèvent le plus qu'ils peuvent, et les vendent toujours fort cher : de huit à neuf cents francs, quelquefois même mille francs.

La chair des jeunes chameaux est aussi bonne que celle du veau.

Le lait, que les femelles produisent en abondance, est également fort estimé ; on en fait du beurre et des fromages.

La chair des individus adultes se mange aussi ; quoique plus dure que celle des jeunes, elle n'est cependant pas désagréable.

Moïse mit le chameau au nombre des viandes impures, et il en défendit la chair aux Hébreux.

Mais il n'en était pas de même chez les Perses, qui le servaient sur les meilleures tables.

Cyrus les employa dans sa guerre contre Crésus.

Hérodote dit des Arabes de la grande armée de Xercès, « qu'ils montaient des chameaux d'une vitesse égale à celle des chevaux. »

A Rome, on connut aussi ces animaux : Tite-Live fait mention d'archers montés sur des chameaux et armés d'épées longues de six pieds, afin de pouvoir atteindre leurs adversaires du haut de leurs montures ; quelquefois deux archers se plaçaient sur le même animal, adossés l'un contre l'autre, pour faire face à l'attaque et à la défense.

Héliogabale, l'empereur insensé, faisait servir la chair des chameaux dans ses nombreux festins, en même temps que celle des autruche . Il estimait surtout leurs pieds, et se réjouissait en pensant qu'il avait inventé un nouveau plat.

Le bak'er-el-oubasch a une ressemblance assez grande avec le bœuf et la vache pour qu'il en ait pris le nom ; mais ses larmiers, ses jambes de cerf, le placent dans une autre catégorie.

Il n'a point de bosses aux genoux ; sa taille est à peu près celle d'un veau d'un an à dix-huit mois ; son pelage est d'un fauve presque uniforme, excepté le flocon de poils noirs qui termine sa queue. Il a la tête excessivement allongée, les cornes puissantes, aiguës, annelées, à double courbure, en sens inverse de celles des gazelles, la pointe en arrière.

C'est un animal naturellement farouche et méchant, comme presque tous les ruminants bien armés.

Cependant, pris jeune, il s'apprivoise et vit tranquillement en compagnie des chameaux, des chevaux, des autruches et de tous les animaux domestiques en général.

Une particularité anatomique distingue le

bubale de toutes les autres espèces d'antilopes : c'est l'existence d'un bourrelet saillant du pariétal dirigé dans le prolongement du chanfrein, et au haut duquel s'élèvent les cornes.

Les Arabes racontent, touchant l'origine de ce bourrelet, la légende suivante :

Un jour, Mahomet, proscrit de la Mecque, s'achemina seul vers Médine.

Arrivé à l'ouadi Safra, il était exténué de fatigue, ses jambes ne pouvaient plus le porter. Il s'assit sous un arbre, invoquant la miséricorde de Dieu. Alors, un bubale, qui paissait dans les environs, vint à passer par là.

Le Prophète, s'adressant à lui, le conjura de l'aider à continuer sa route; mais l'animal lui répondit :

— Le service que tu me demandes est impossible; tu sais bien que mon dos n'est pas bâti de manière à pouvoir porter quelqu'un.

— Que t'importe ! répliqua Mahomet; acquiesce à ma demande, et je me charge du reste.

— Alors, qu'il soit fait selon ton désir.

Et l'envoyé de Dieu enjambe sa nouvelle monture.

Aussitôt une bosse s'élève sur les épaules du bubale et forme une espèce de selle dont le Prophète se sert jusqu'au terme de son voyage.

La patrie du bak'er-el-oubasch est immense. Elle comprend l'Afrique tout entière et la moitié méridionale et occidentale de l'Asie. On le rencontre en Arabie, au Sénégal, au Maroc, en Égypte, etc., par troupes nombreuses comme les gazelles, quoiqu'elles soient poursuivies par les lions et les panthères du désert, et par l'homme, qui leur fait souvent la chasse, surtout pour avoir sa chair, laquelle, comme celle du chameau, est très-recherchée, et que l'on mange après avoir fait mourir l'animal d'après l'une des quatre formalités prescrites par les livres de la loi musulmane.

Ces quatre formalités sont :

El-aqueur; — *el-nehar;* — *el-debehh;* — *el-rami*. La première (*el-aqueur*) est celle qui est employée par les chrétiens, et qui consiste à abattre les animaux avec la massue, ou bien à les égorger en se bornant à enfoncer le couteau dans la gorge de l'animal.

La deuxième (*el-nehar*) consiste à couper seulement la gorge; c'est la méthode en usage chez les Israélites. Comme, d'après la loi de Moïse, l'animal doit être abattu au nom de Dieu, les mahométans ne se font aucun scrupule d'user de la viande achetée chez les bouchers juifs.

La troisième manière (*el-debehh*) est la manière

orthodoxe : elle consiste à couper le gosier et la trachée-artère et à séparer la tête du cou jusqu'à la hauteur des oreilles. Il faut, en faisant cette opération, dire trois fois de suite : *Bismillah, Allah akbar!* (Au nom de Dieu, Dieu est grand!)

Si l'exécuteur omet volontairement cette prescription, l'animal demeure impur.

Il est encore permis de manger de la chair des animaux tués de la quatrième manière (*el-rami*), manière qui s'applique à tous les animaux tués à la chasse ou pris par les chiens dans le temps où la chasse n'est pas défendue, — pourvu qu'à l'instant où on lâche son coup de fusil, ou qu'on lance son chien, on ait dans la pensée la formule sacramentelle.

Ensuite, ce qui sert à la nourriture chez les musulmans se divise en trois catégories : ce qui est *permis*; ce qui est *toléré*; ce qui est *défendu*.

Ce qui est permis, ce sont tous les légumes en général, les œufs, la volaille, les poissons, tous les animaux, tels que mouton, bœuf, chèvre, chameau, etc.

Ce qui est toléré, c'est le lion, le chacal, le loup, le lièvre, le lapin, — le tabac *, etc.

---

* A la Mecque, il n'y a, pour ainsi dire, que les Turcs et les classes infimes de la population qui prisent et fument, ou du moins, si les grands le font, cela n'a-t-il lieu que dans leur intérieur, mais jamais ostensiblement.

Enfin, ce qui est défendu, ce sont les animaux morts, le sang, la chair de porc, de chat et de rat, les animaux suffoqués, assommés, tués par quelque chute ou d'un coup de corne, ceux qui sont devenus la proie d'une bête féroce, à moins qu'on n'ait eu le temps de les saigner, etc.

A propos du *porc*, du *chat* et du *rat*, les animaux immondes par excellence, chez tous les mahométans, mais surtout chez les Persans, racontons ici la source de cette *immondicité*, telle que nous la transmet la tradition musulmane, par la bouche de Montesquieu :

..... « Le juif Abdias Ibesalon ayant demandé à Mahomet pourquoi Dieu avait défendu de manger de la chair de pourceau :

» — Ce n'est pas sans raison, dit-il ; c'est un animal immonde, et je vais vous en convaincre.

» Il traça alors sur sa main, avec de la boue, la figure d'un homme ; puis la jeta à terre en criant :

» — Lève-toi !

» Et sur-le-champ un homme se leva et dit :

» — Je suis Japhet, fils de Noé.

» — Avais-tu les cheveux aussi blancs quand tu es mort ? lui dit le saint Prophète.

» — Non, répondit Japhet ; mais, quand tu m'as réveillé, j'ai cru que le jour du jugement était venu, et j'ai eu une si grande frayeur, que mes cheveux ont blanchi tout à coup.

» — Or çà, raconte-moi, reprit l'envoyé de Dieu, toute l'histoire de l'arche de Noé.

» Japhet obéit et détailla exactement tout ce qui s'était passé les premiers mois ; après quoi, il parla ainsi :

» — Nous mîmes toutes les ordures des animaux dans un côté de l'arche ; ce qui la fit si fort pencher, que nous en eûmes une peur mortelle, surtout nos femmes, qui se lamentaient de la belle manière.

» Notre père Noé, ayant été au conseil de Dieu, il lui conseilla de prendre l'éléphant et de lui faire tourner la tête vers le côté qui penchait. Ce grand animal fit tant d'ordures, qu'il en naquit un cochon...

» Mais, comme le cochon remuait tous les jours ces ordures, il s'éleva une telle puanteur dans l'arche, qu'il ne put s'empêcher d'éternuer, et il sortit de son nez un rat, qui allait rongeant tout ce qui se trouvait devant lui ; ce qui devint si insupportable à Noé, qu'il crut qu'il était à propos de consulter Dieu encore.

» Dieu lui ordonna de donner au lion un grand coup sur le front, qui éternua aussi et fit sortir de son nez un chat... »

Du reste, on ne tue pas seulement le bak'er-el

oubasch pour manger sa chair, on le tue aussi pour avoir ses cornes et sa peau.

Les premières, amincies et montées en argent, servent d'épingles pour appliquer le *kohol* aux yeux.

La peau, soigneusement tannée, est convertie en sachets dans lesquels les musulmanes renferment leurs objets les plus précieux.

Avant que le papier fût devenu si commun, cette peau, préparée convenablement, servait à faire les beaux manuscrits arabes.

Les antilopes pullulent principalement dans l'Inde, où elles sont sacrées et où leur urine est regardée comme ce qu'il y a de plus pur et de plus purifiant.

Dans certains cas, les brahmines, qui ont enfreint les lois de leur caste au point d'encourir la peine d'en être exclus, peuvent se réhabiliter en se soumettant à ce genre de purification, tant à l'intérieur qu'à l'extérieur, comme on fait des eaux minérales.

Cela dit, revenons à Ibn-Aâon et à notre repas chez lui.

III

— Un repas musulman. —

Une fois la cour traversée, une porte s'ouvrit devant nous comme par enchantement, et nous nous trouvâmes aussitôt engagés dans un frais sentier qui nous conduisit droit à un kiosque aux murs et au toit de pierres plus minces que du bois, aux fenêtres voilées d'une dentelle de lattes, aux balcons de marbre, si découpés, si hardiment suspendus en l'air, qu'il semblait, au premier abord, que les péris seules osassent poser le pied sur ce frêle et léger appui.

Le kiosque était entouré d'un petit jardin, véritable oasis apportée là à grands frais, à dos d'ânes et de chameaux, et rendue productive seulement à force d'art et de travail, et par la rosée, cette neige transparente des chaudes nuits d'Orient.

Perdrix et cailles nichant dans les herbes; lézards glissant à travers les buissons; grenouilles et salamandres effleurant les bords d'un ou deux minces filets d'eau et s'y rejetant au moindre bruit ; tortues mignonnes poursuivant leur marche infatigable et lente d'une allée à une autre : tout cela se partageait cet heureux séjour, — *heureux* autant que cela peut être au milieu d'un océan de sable, — où, tous les soirs, Ibn-Aâon venait respirer le frais et se délasser des ennuis de la journée.

Notre hôte nous introduisit alors dans une vaste salle basse, où l'on voyait réuni tout ce que le *confort* oriental a imaginé de plus riche et de plus voluptueux.

De nombreux tapis de Perse et de Damas étaient là étendus à terre, et au pied d'immenses divans tout recouverts des étoffes les plus rares.

Quatre magnifiques flambeaux éclairaient ce lieu vraiment délicieux, et à chaque visiteur avaient été attachés deux ou trois nègres abyssins, presque tous encore adolescents, qui, placés à une distance respectueuse, écartaient au loin les moustiques avec leurs éventails en plumes d'autruches, — *puer abige muscas !* — tandis que, dans tous les coins, s'agitaient, comme dans l'Inde, suspendus au plafond et mus au dehors par des ficelles, d'autres éventails gigantesques en feuilles de palmier.

Il semblait même que les vêtements de tous ces esclaves, draperies longues et légères, blanches comme la neige, contribuassent, en flottant, à rafraîchir ce lieu silencieux, où régnaient partout l'ordre et le calme.

A peine étions-nous entrés, que des eunuques en turbans, cafetans, pantalons larges et babouches, soulevèrent les portières et nous apportèrent le café, le thé, les pipes, les confitures (pâtes de dattes) et l'eau glacée, préludes ordinaires de l'hospitalité orientale; le café et le thé offerts dans de petites tasses du Japon, soutenues par des supports en vermeil de la forme de nos coquetiers, et recouvertes chacune d'un surtout tressé de fils d'or et de soie.

Après quoi, la conversation devint générale, mais une conversation telle qu'en savent imaginer les Arabes dans leur intérieur.

C'était un brouhaha de sons et de voix sur toutes les gammes, et s'en faire une idée serait peine inutile pour quiconque n'a pas entendu une langue orientale. Toutes les langues de nos femmes de la halle ne sont que des langues bien dégénérées à côté de celles des enfants de Cham et de Sem.

J'étais forcé de me mêler à tout ce bavardage! Grand Dieu! que de questions, que de réponses je fus obligé de recevoir et de rendre! c'était à en perdre la tête.

Et pourtant rien d'extraordinaire dans tout cela.

J'étais un être nouveau pour tout ce monde, une bête curieuse pour quelques-uns.

On me demandait, comme toujours, des nouvelles de la France; on me questionnait sur son histoire passée et présente, sur ses grands hommes d'autrefois et sur ses illustrations contemporaines.

Cette étude historique achevée, on parla pluie et beau temps, vapeur, chemins de fer, électricité, sortiléges; en somme, tout ce qu'il est possible d'imaginer dans un cercle de vingt à vingt-cinq *hâbleurs*.

Tout cela dura une grande heure environ, et, malgré cette volubilité de paroles de part et d'autre, j'étais aussi frappé de la dignité et du bon sens naturel de mes interlocuteurs, que du mélange de fierté, de finesse et de réserve habile dont ils couvraient, sans affectation ni gaucherie, le défaut de leurs connaissances et les lacunes de leur esprit.

Enfin, tous ces visiteurs se retirèrent, courbant le dos et se penchant vers la terre, allongeant la main jusque vers les pieds d'Ibn-Aâon, et semblant ramasser, dans le creux de cette main, quelque chose qu'ils se versaient sur la tête; puis, après s'être redressés, ramenaient la main sur leur bouche et sur leur cœur.

Ce qui voulait dire :

« Je m'humilie devant toi ; je ramasse la poussière de tes pas, et je te considère comme bien plus grand que moi, puisque je me range au-dessous de toi en laissant tomber cette poussière sur ma tête ; et je te suis attaché corps et âme, car je t'offre et ma parole et mon cœur. »

C'est là ce qu'en Orient on appelle saluer quelqu'un.

Les visiteurs partis, il ne resta donc plus que les invités qui devaient partager le souper du chérif.

Ces invités étaient Ratif-Effendi, que le lecteur connaît déjà ; le bâtonnier des ulémas, Hussein-Effendi, astronome distingué, dont il sera question plus tard ; le cadi Ali-Effendi, et l'iman-el-haram, Mohammed-Effendi.

Puis un vieux bonhomme de quatre-vingts ans, Taïr-Effendi, très-riche, très-dévot, mais ayant une singulière manie : celle de remplir, à la fin de tous les repas qu'il faisait au dehors, ses poches de toutes sortes de choses, pain, bonbons, voire même viandes saucées ; ce qui faisait que ses robes étaient maculées de taches de graisse à tous endroits, et, par suite, brillaient tellement au soleil, qu'elles en réfléchissaient les rayons.

Enfin, une foule d'officiers, de fonctionnaires et de drogmans turcs et arabes, de la suite d'Osman-Pacha : Rustan-Aga entre autres, celui-là même qui, on se le rappelle, m'avait initié, à Djeddah, aux premiers dogmes de l'islamisme.

Alors, des nègres apportèrent une table toute servie, et chacun, après s'être dûment lavé les mains et aspergé d'essence de rose, s'installa à l'entour, tout cela avec la seule différence de ce que j'avais vu à Yambo, que presque toute la vaisselle était en or ou en vermeil.

C'était magnifique à voir.

Les *pechtimal* (serviettes) dont nous nous servîmes, l'émir et moi, étaient couvertes de broderies en or, celles des autres convives de broderies en argent.

Comme de juste, Ibn-Aâon m'avait placé à sa droite : c'était dorénavant ma place, il me l'avait dit.

Le festin fut grandiose dans le sens le plus empathique de ce mot.

Nous vîmes défiler devant nous au moins trente ou quarante plats, qui ne sortaient, il est vrai, ni de chez Véry, ni de chez Chevet, ni des Frères-Provençaux, mais qui n'en étaient pas moins succulents.

Je savais déjà que, plus grand serait le nombre de ceux que j'attaquerais, — si peu que je mangeasse de chacun — plus je me montrerais convive poli.

Voilà certes un peuple bien autrement hospitalier qu'on ne l'est d'ordinaire chez nous, où quand on reçoit quelqu'un, on lui offre une chaise ou un fauteuil, croyant avoir satisfait ainsi aux lois de la plus parfaite politesse. Les rapports qui s'établissent entre les visités et les visiteurs sont purement intellectuels : le bavardage, les lieux communs en composent tous les frais.

En Europe, et notamment en France, on ne connaît pas le fruit de ces communions matérielles.

Si l'on vous offre quelque chose, l'urbanité vous dit qu'il faut le refuser.

En Orient, si l'on agissait ainsi, vos hôtes s'en trouveraient vivement offusqués, sinon offensés.

Je fis donc de mon mieux pour contenter mon hôte, d'autant plus que j'étais ravi de toutes les bontés dont il m'avait comblé depuis notre rencontre.

Je n'étais déjà plus embarrassé par l'absence d'assiettes, de fourchettes, de couteaux, en un mot de tout l'appareil gastronomique employé chez nous; ce qui veut dire que j'espérais m'en tirer à merveille, tout aussi bien que les autres convives, Arabes de naissance.

On eût bien voulu peut-être — chacun n'a-t-il pas son petit grain de vanité blessée à la vue d'un voisin aussi adroit que lui? — on eût bien voulu peut-être m'appliquer la fable du *Loup et la Cigogne* de notre bon la Fontaine; mais il n'y avait pas moyen.

Comme les autres, je mangeai avec mes doigts les viandes que j'avais disséquées avec mes ongles; comme les autres, je pêchai les légumes parmi les flots de sauce, et les amenai au bord des plats à l'aide de tranches de pain.

Tout cela le mieux du monde.

Aussi, à me voir à la besogne, ne m'eût-on guère pris pour un Européen, et Ibn-Aâon ne tarit-il pas d'éloges sur ma dextérité; cela, bien entendu, quand on eut fini de manger.

Nous disons *quand on eut fini de manger*, car un repas musulman est toujours silencieux.

A l'angle du divan où nous étions tous assis avait été déposée une seconde table, charmant petit bijou à huit pans, incrusté de nacre et d'écaille, haut d'un demi-mètre à peine et de moitié moins large.

Sur cette espèce de guéridon se voyait un pliant de marqueterie persane, et, sur ce pliant, un vaste plateau or et vermeil, contenant le pain, des gobelets de même métal à anse, et des cuillers d'ébène à manche garni d'ivoire et de corail.

A terre, dans une jarre à demi remplie de

glace, de jolies gargoulettes d'argile rouge, rafraîchissaient l'eau et les limonades, qu'un jeune et beau garçon versait aux échansons portant les aiguières et les distribuant aux convives.

Devant nous, et attentifs à nos signes, se tenaient six beaux nègres.

Le *hiaya* (maître d'hôtel) surveillait le service, et, outre les gens emportant et rapportant les plats, qu'on ne mettait qu'un à un sur la table, cinq ou six gardes armés, Arnautes au brillant costume et à la mine rébarbative, groupés vers la porte, nous regardaient manger.

Mais, dans tout cela, pas l'ombre d'une bouteille de vin.

Je savais cependant bien que, chez Ibn-Aâon, il en paraissait quelquefois (disons-le tout bas), car l'horreur de la liqueur du divin Bacchus a sensiblement diminué, surtout depuis qu'un musulman, plus dégourdi et plus éveillé que les autres, s'est avisé d'expliquer le Coran par les seules lumières de sa raison, sans plus écouter les décisions des ulémas, ces académiciens de l'Orient.

Le Luther musulman avait fait ce raisonnement :

« Il est écrit dans le livre sacré :

« Tu ne boiras point *une seule goutte de vin*;
» gloire à Dieu clément et miséricordieux ! *une*

» *seule goutte de vin,* avalée de travers, serait
» capable d'étrangler le plus sincère des
» croyants! »

» Mais il n'est pas écrit :

« Tu ne boiras pas *une bouteille* de vin. » Mahomet, le souffle de Dieu, nous a permis le riz et le café, parce que cela est bon; les pipes et le tabac, parce que cela est bon; les femmes, parce que cela est bon; pourquoi nous empêcherait-il de boire du vin, lorsque le vin est plus que bon? »

Et, là-dessus, voilà mon Escobar qui vide son tonneau de peur d'étouffer.

Des *immortels* qui n'ont pas de vignobles anathématisèrent l'impie.

L'anathème tomba au beau milieu du chemin, sans toucher personne, *imbelle sine ictu,* comme les carreaux refroidis de Jupiter Tonnant et les foudres du Vatican.

Le premier service se composait de deux plats de *basine*, sorte de polenta, dont l'un était en farine d'orge, l'autre en *kesab*, petite graine assez semblable au millet, d'un goût agréable; de deux plats de *doïda*, espèce de vermicelle en farine de blé roulée dans les mains, et cuite dans du beurre; et de deux plats d'œufs d'autruche apprêtés également avec du beurre.

Le second service était composé de gazelle cuite à l'eau et au jus, avec force épices et safran;

d'un ragoût de chameau au piment; de poisson frit; enfin, de mouton braisé excellent.

Voici la manière dont les Arabes apprêtent ce dernier mets :

Après avoir tué, dépouillé et vidé un mouton, ils le coupent par morceaux, et, en y ajoutant une quantité suffisante de sel et de poivre, ils en remplissent la panse de l'animal, qu'ils enveloppent dans la peau.

Le tout est enterré dans un grand brasier de charbon et de sable brûlant, sur lequel ils font encore du feu.

Après une heure et demie ou deux heures de cuisson, la peau est entièrement carbonisée, et la viande contenue dans la panse se trouve cuite à point, tendre et très-succulente.

Pas plus d'apprêt que cela; la chose est simple comme bonjour, ainsi qu'on voit.

Puis vinrent les légumes.

Les légumes épuisés, on servit des oiseaux sauvages, hachés menu, et noyés dans des confitures de dattes ou de bananes; ensuite, sur des *bamié* (haricots verts), des perdrix escortées d'un poulet au piment sur une oseille amère ou plutôt *saline*, comme cela a lieu dans tout le désert d'Arabie et d'Afrique. Cette qualité saline est inhérente au sol, qu'elle passe jusque dans les plantes: toutes celles du désert abondent soude et en sel de Glauber. Il est remarquable que la dose de ces sels diminue en se rapprochant des montagnes, où elle finit par être presque nulle; et, tout considéré, cette qualité saline doit être la vraie cause de la stérilité du désert.

A l'entremets, ce fut comme une avalanche de sucreries de mille sortes, sorbets, tourtes et miel, fruits confits, abricots glacés, conserves de roses, de pistaches, de jasmins.

Enfin, au dessert, et pour clore cette liste pantagruélique, apparurent une énorme pastèque, des boissons parfumées, un pilau aux cailles et quelques noix de *gourou*.

Le pilau, chose excellente, mais laborieuse à manger sans fourchette, est presque toujours le dernier mets servi, comme suprême pièce de résistance offerte aux estomacs insatiables.

Les noix de gourou, qui sont astringentes et très-toniques, facilitent la digestion, et laissent dans la bouche un petit goût amer qui fait trouver la boisson, surtout l'eau, très-agréable.

Ces noix sont le produit d'un arbre qui a reçu le nom de *sterculia acuminata*, et qui croît principalement à Gondja, en Nigritie. Le prix en est très-élevé: les nègres et les Arabes de l'Afrique centrale les reçoivent comme monnaie courante. Leur grosseur est celle des marrons; elles sont tendres sous la dent; leur couleur est verdâtre.

Exposées à l'air, elles se dessèchent promptement, durcissent, et alors leur couleur passe au rouge brun. Pour les transporter et les conserver fraîches, on les place dans un panier dont l'intérieur est tapissé de grandes feuilles appelées *fita*. La charpente de ce panier se compose de quatre baguettes flexibles, recourbées en forme de fer à cheval, posées les unes contre les autres, la courbe en haut, formant ainsi quatre faces que recouvre une peau de bak'er-el-oubasch ou de gazelle tannée. On jette de l'eau sur les feuilles pour entretenir leur fraîcheur.

Les noix de gourou étant placées dans le panier, on les recouvre avec des fitas; on met par-dessus une toile pliée en quatre, qu'on assujettit au moyen d'une corde passée dans les baguettes du panier.

En été, on les humecte, elles et les feuilles, une fois par semaine. En hiver, c'est-à-dire dans la saison des pluies, on ne renouvelle cette opération que tous les mois.

Le repas terminé, on se leva, on se relava les mains, on se rinça la bouche, on se réaspergea d'essence de rose, et chacun s'en alla retrouver sa chibouque ou son narghilé et attendre le café ou le thé.

Les mêmes esclaves qui avaient apporté les

tables les remportèrent et les allèrent dresser dans une salle voisine. La suite du chérif, Sélim et les autres saïs, venus avec nos convives, s'y assirent aussitôt. En Orient, quand on reçoit le maître, on est habitué à traiter les serviteurs. On doit aussi nourrir et loger les chevaux, les dromadaires et les chameaux qui portent les hommes et les bagages.

Pour égayer la soirée, Ibn-Aâon avait réuni un orchestre composé de *tarbouka*, espèce de vase allongé en cuivre, recouvert d'une peau de boue, sur laquelle on frappe avec les doigts; de tambourins (*tebels*); de guitares à trois cordes (*guzla*); d'un hautbois (*arghel*), et d'un instrument fait avec les deux os des ailes d'un vautour liés ensemble, percés chacun de quatre trous, et terminés par deux becs en roseau qui s'embouchent à la fois : cet instrument rend un son double, assez semblable à celui de la musette.

Le tout formait une musique tantôt triste et monotone, tantôt vive et animée, mais toujours discordante, qui accompagnait les chants improvisés de quelques virtuoses arabes.

Après la musique et les chants, nous eûmes des scènes et des danses grotesques et voluptueuses, exécutées par des nègres et... des *almées*.

On ne trouvera rien d'étonnant à cela, si, laissant de côté le préjugé européen, on considère l'almée au point de vue musulman.

En Europe, le plus grand malheur des métiers infâmes est qu'ils laissent une tache indélébile; on ne gagne rien à les quitter. Celle qui renonce au droit sur sa personne ne le recouvre pas comme il lui plaît.

Mais, en Orient, et notamment en Arabie, rien de tout cela.

Les almées errent en toute liberté, et sans être inquiétées le moins du monde : ce sont de pauvres folles, de pauvres idiotes que l'on respecte et que l'on plaint.

Chaque Mecquaouï vous dira que, tandis que leurs corps errent ici-bas, Dieu retient là-haut leur raison prisonnière.

Et cette croyance n'est-elle pas plus charitable que l'anathème jeté sans cesse parmi nous à la prostituée ?

« La danse des almées, dit M. H. Cornille dans ses *Souvenirs d'Orient*, est un rêve d'amour. Il semble qu'une voix secrète les anime et qu'un génie des cieux révèle à leur esprit les joies du paradis de Mahomet.

« Simples filles de la solitude, elles n'ont point appris à voiler leurs émotions. Ce qu'elles éprouvent, elles l'expriment, elles le jettent au dehors. Il y a, dans ces poses délirantes, dans ces acc imaginaires d'une passion idéale, un entraînement irrésistible, une brûlante sympathie d'enthousiasme et de liberté.

« Tout à coup, l'inspiration les gagne; elles entonnent une chanson du désert. Leur voix, tour à tour éloquente et plaintive, tantôt mystérieuse, tantôt désespérée, toujours d'accord avec les battements de leur sein, avec leurs regards et leurs attitudes, déroule en un moment tout le drame enivrant d'une existence de femme.

« Sylphides de l'Orient, on dirait qu'elles n'ont qu'un souffle de la terre et qu'elles vont s'envoler. »

Voici maintenant cette danse d'une signification inconnue, et qui remonte probablement à l'antiquité la plus reculée.

Mais un mot tout d'abord sur le costume et la toilette des danseuses.

Quatre almées étaient en présence.

Djemila, la plus belle, portait un costume élégant et voluptueux: le sommet de sa tête était couvert d'un *tarbouch* richement brodé et orné de cornalines d'où s'échappaient des cheveux parfumés et noirs comme l'ébène, tressés en une multitude de nattes longues et fines, les unes tombant par devant, mais la plus grande partie ruisselant par derrière.

Un riche collier ornait son cou lisse et poli;

ses beaux seins, demi-nus, soulevaient la gaze de sa chemise légère ; un triple rang de sequins de Venise, percés au bord et placés si près l'un de l'autre, qu'ils se recouvraient comme des écailles, ceignait son front comme d'un diadème.

Son corps était pris dans une robe taillée en forme de redingote, échancrée par devant, et qui se rejoignait à la taille par une courbe gracieuse. De la taille aux pieds, cette robe était lâche et flottante, les manches de même.

Ses jambes étaient enfermées dans un pantalon turc, plein de caprice dans ses plis et dans sa forme, qui laissait le pied nu.

Un châle de cachemire, noué négligemment en ceinture, retombait en deux bouts inégaux sur le devant.

Enfin, les ongles de ses pieds et de ses mains peints avec des feuilles de *henné*, et ses yeux bordés de *kohol*, — ce qui leur donnait un éclat extraordinaire, — complétaient sa toilette.

Ses trois compagnes portaient le même costume, mais moins riche et moins éclatant.

C'étaient, en somme, quatre filles charmantes, de vraies bacchantes des temps antiques.

Après le thé et le café, les danses commencèrent.

Placées toutes quatre sur une ligne, les almées s'avancèrent régulièrement, en se balançant avec mollesse et en faisant entendre un chant doux et voluptueux que les musiciens accompagnaient en sourdine, avançant et reculant derrière elles en frappant des pieds.

Plus souples que le roseau, plus frémissantes que la feuille caressée par la brise, elles tournoyèrent avec vivacité et en cadence, se complaisant dans les attitudes les plus voluptueuses et les plus irritantes.

Elles se rapprochèrent, se croisèrent et s'éloignèrent pour se rapprocher encore, feignant de se provoquer à des combats amoureux.

Tout se mouvait dans leurs personnes; leurs traits étaient animés et leurs regards attrayants et pleins d'expression.

Qu'elle était ravissante et voluptueuse, Djemila, la reine des almées de la Mecque! Tout ce que le corps le plus ondoyant et le plus souple a de contorsions lascives et provoquantes, tout ce que la passion la plus fougueuse et la plus brûlante a de convulsions amoureuses désordonnées, tout ce que le délire le plus insensé a de tressaillements frénétiques, tout cela était en elle. « Ah! si vous l'aviez vue, rejetant l'une de ses jambes en arrière d'un mouvement facile et assuré, si vous aviez entendu son cri d'amour qui vous pénétrait jusqu'à la moelle des os, vous auriez cru voir une prêtresse de Bacchus, vous auriez cru entendre le hennissement d'une cavale amoureuse! Puis elle tombait à genoux comme pour achever de vous séduire, et son regard était plaintif, son chant était passionné, et sa danse, car elle dansait dans tout son corps, égarait sa raison: ses bras étendus et suppliants vous attiraient victorieusement, et son sourire plein de concupiscence vous promettait de folles voluptés *. »

Cependant, excitées de plus en plus par les chants et la musique, nos quatre danseuses en viennent bientôt au paroxysme de la passion la plus véhémente et la plus déréglée. Elles dénouent leurs cheveux, arrachent leurs robes, leurs chemises, leurs pantalons flottants, et restent nues.

Alors, elles tournent sur elles-mêmes, s'élancent par bonds, puis se roulent sur le parquet avec des cris, une rapidité, une frénésie qui vous éblouissent.

Enfin, haletantes, elles viennent se jeter sur nous, nous entourant de leurs bras convulsifs, et se glissant, comme des serpents, sous nos *djebbas*.

* Nous guillemetons ces deux ou trois dernières phrases avec intention, d'abord, parce qu'elles ont déjà été dites par rapport aux almées du Caire, ensuite parce que ce sont les propres paroles d'un ami malheureux, pour qui nous avons toujours professé et professerons toujours la vénération la plus profonde. Nous voulons parler de Combes, l'auteur du *Voyage en Égypte et en Nubie,* et la regrettée victime, on le sait, du fanatisme populaire à Damas...

C'est le moment où on les paye. Ces caresses impures, c'est leur quête; le privilégié s'en tire avec des sequins ou des douros.

On retint les almées et leur suite jusqu'à une heure après minuit.

Tout le monde en était émerveillé, et, lorsqu'elles se retirèrent, on eût voulu les retenir encore.

J'avais déjà vu bien souvent, soit à Constantinople, soit au Caire, ces sortes de danses; mais, à vrai dire, ce n'était rien à côté de ce que je venais de voir chez Ibn-Aâon.

Enfin, après avoir savouré jusqu'à deux heures le latakié et le moka, nous prîmes, à notre tour, congé de notre hôte et chacun s'en retourna chez soi.

Rentré dans mon appartement, je me laissai un instant bercer par le murmure doux et monotone d'un derviche qui faisait sa prière au haut d'une terrasse voisine, et m'invitait à prolonger les voluptés du *kiéf*.

Mais bientôt ma volonté l'emporta, et, m'asseyant sur le bord de ma couchette, muni d'une plume de roseau, d'encre de Chine et de long papier turc, je me mis à noter rapidement, à la terne lueur d'une bougie, les souvenirs encore présents d'une si délicieuse soirée.

IV

— Mœurs publiques et privées. —

Tout le monde, à la Mecque, sut le lendemain matin ce qui s'était passé la veille entre Ibn-Aâon et moi.

— Allons! le voilà décidément en faveur, se disait-on de toutes parts; utilisons-le donc le mieux possible; ce sera facile : il est bon, a toutes les qualités qui peuvent en faire notre dupe.

Et l'on se mit à assiéger ma porte du matin au soir.

Ah! que d'adorateurs, que de complimenteurs, que de serviteurs, que d'esclaves! C'était à qui saisirait le bas de ma robe, le baiserait et le porterait ensuite sur sa tête en signe de respect, d'obéissance, de soumission complète.

Mais je me rappelais le distique d'Ovide :

Donec eris felix, multos numerabis amicos,
Tempora si fuerint nubila, solus eris.

Aussi en fis-je mon profit le mieux que je pus

et me suis-je toujours tenu sur la plus grande réserve vis-à-vis de tous les importuns.

Je n'eus qu'à me louer de la ligne de conduite que je m'étais tracée.

D'un côté, mes amis me trouvèrent convenable et digne, et furent on ne peut plus satisfaits de ma retenue, de ma prudence, de ma sagesse dans la prospérité ; de l'autre, nul envieux n'osa jamais me taxer d'orgueil, de morgue ou d'insolence ; tant s'en faut même ! car je m'interposai entre le chérif et ses subordonnés toutes les fois que je le jugeai nécessaire, et tel vit encore aujourd'hui, qui, sans moi, eût passé un bien vilain quart d'heure... peut-être.

Chaque jour, j'étais appelé chez Ibn-Aâon, et, d'heure en heure, je voyais croître mon ascendant sur son esprit.

J'assistais à ses conférences à huis clos, et agitais avec ses conseillers les plus intimes toutes les questions gouvernementales les plus importantes, les plus ardues, les plus élevées.

Bientôt, je devins conseiller moi-même, comme je l'avais été auprès d'Osman-Pacha.

Enfin, un beau matin, on vint m'annoncer que j'étais nommé lieutenant de l'émir, autrement dit son *bras droit*.

— Diable ! fit Ratib-Effendi en me voyant descendre, te voilà donc réellement en faveur,

Abd-el-Hamid? Allons ! j'en suis bien aise, car nul ne le méritait autant que toi ; et puis je suis sûr qu'à ton tour tu me protégeras... Puisque te voilà conseiller intime, il ne me reste plus, à moi, qu'à devenir ambassadeur en France, et, pour cela, tu continueras à m'apprendre le français, que je parle déjà si bien ! et, au besoin, tu me donneras un petit coup d'épaule pour me faire envoyer à Paris...

Pauvre moudir ! que de fois nous a-t-il fait rire avec sa prétention, Ibn-Aâon et moi ! C'était à se tenir les côtes que de l'entendre baragouiner notre langue avec ce sérieux inné chez tous les Orientaux...

L'habitation d'Ibn-Aâon est considérable et mérite le nom de palais.

Il se compose d'abord d'un bâtiment principal en pierres, et parallèle à la route de Taïfa au mont Arafat, route qui a été largement creusée par les inondations, si désastreuses dans l'Hedjaz dans la saison des pluies, ce qui fait qu'en plusieurs endroits les maisons se trouvent à dix, douze, voire même quelquefois vingt pieds au-dessus du sol.

Puis viennent deux ailes latérales entourant une vaste cour, que ferme par derrière un autre bâtiment servant de magasins et d'ateliers et ayant à peu près la forme d'un carré long.

Tout cela est à deux étages et d'une beauté remarquable.

Le corps de logis occupé par le chérif et sa suite, et qui est celui de devant, a ses moucharabies et ses portes sculptées dans le goût le plus délicat, et avec une élégance et une grâce que je n'ai rencontrées nulle autre part en Arabie.

Au rez-de-chaussée se trouvent les salles des gardes et les bureaux ; au premier étage, se tient Ibn-Aôon avec sa famille ; le deuxième étage, enfin, est habité par les esclaves des deux sexes et les eunuques.

Les officiers, les serviteurs et les employés supérieurs occupent les deux ailes latérales.

D'autres habitent cependant la ville, où des maisons spéciales leur ont été affectées.

Il règne dans toutes ces demeures une fraîcheur vraiment étrange. Les Mecquaouïs, comme du reste tous les peuples orientaux, se sont attachés surtout à empêcher la chaleur de pénétrer dans l'intérieur, et ils y ont complétement réussi. Les murs sont garnis d'une foule d'armoires et d'étagères en bois peint et sculpté ; les plafonds sont dans le même genre, et cet ensemble a une physionomie qui ressemble assez à celle des meublements du moyen âge.

Une vaste terrasse entoure tout le palais et le domine.

C'est là que, presque tous les jours, un peu avant la prière du maghreb, et assis sur un moelleux divan, Ibn-Aâon venait respirer l'air frais du soir, et dicter ses ordres pour le lendemain.

En général, toutes les maisons tant soit peu aisées à la Mecque ont leurs terrasses couvertes, les unes d'un treillage de branches de palmier, les autres — les riches — d'un treillage en fil d'archal, au-dessus duquel on étend des draperies de mousseline ou de soie, pour éloigner les moustiques, toujours si nombreux et si acharnés dans toutes les contrées torrides.

Le parquet de ces terrasses est formé, pour la plupart, d'une espèce de ciment appelé *temchemt*, et que l'on tire de la mer Rouge.

Le temchemt n'a besoin d'aucune espèce de préparation pour être employé. Il sert aussi à revêtir l'intérieur des citernes.

Ce ciment a l'avantage de se durcir à la chaleur, contrairement à celui de la plupart de nos trottoirs, sur lesquels nous courrions souvent risque de laisser nos chaussures, si, au lieu de bottes ou de bottines, nous étions simplement chaussés de babouches.

En Orient, on passe la nuit sur les terrasses pendant l'été. Les uns y couchent sur des nattes, des tapis, le corps et la figure enveloppés dans des *mellayas*; les autres — l'aristocratie — dan de larges lits garnis de doux matelas recouverts de draps et entourés de moustiquaires; pour rien au monde, ils ne coucheraient par terre comme les gens du commun et les nègres : ils tiennent trop à leur peau, à cette peau que MM. les scorpions recherchent tant et tailladent si effrontément toutes les fois que l'occasion s'en présente.

Ils ont, de plus, une toilette du soir et dorment tout habillés.

Les nègres, eux, ne prennent pas tant de précautions : ils couchent tout nus, et, cela, sur la pierre dure, sans s'inquiéter le moins du monde des ennemis du sommeil humain.

Quant à leurs confrères en esclavage qui sont blancs, les *fruits verts*, comme ils les appellent, — pour être *mûrs*, il faudrait que nous fussions noirs comme eux; — quant à leurs confrères en esclavage qui sont blancs, disons-nous, ils ont soin, en se couchant, de s'entortiller dans une couverture de laine, s'ils en ont une; de leur burnous, s'ils n'ont pas autre chose.

La laine est aux scorpions ce qu'est la valériane aux chats : elle les fait tomber en syncope.

Nous avons déjà dit, je crois, que les scorpions abondent en Arabie.

Ces dangereux arachnides y atteignent parfois de sept à huit pouces de longueur.

On les trouve dans chaque crevasse de mur, sous chaque pierre qu'on lève.

L'espèce la plus généralement connue est le scorpion *proprement dit*, qui est jaune ou roux. On rencontre quelquefois aussi le *buthus*.

Le corps de ce dernier est d'un brun marron luisant, avec les articulations des pattes et des palpes blanches.

L'une ou l'autre de ces deux espèces peut occasionner la mort en moins de deux heures.

Quand un Arabe est piqué par un scorpion, il se fait appliquer sur la partie blessée les entrailles fumantes d'un agneau. On isole, par des compresses, le membre malade, afin que le venin ne s'inocule pas dans le sang, et on y pratique de nombreuses scarifications.

Ce traitement réussit presque toujours quand on est piqué au bras ou à la jambe; sur toute autre partie du corps, il est impuissant, et le malade est condamné à mourir.

Les Persans emploient la scarification et un peu de chaux vive; les Indiens, la racine de *peripocla sylvestris* réduite en poudre; quelques personnes se servent d'huile où l'on a fait infuser plusieurs de ces arachnides; d'autres, enfin, préfèrent écraser l'animal sur la plaie.

Mais les remèdes les plus sûrs, nous l'avons déjà dit, sont ceux dont usent d'ordinaire nos soldats en Algérie contre le *lefâa* et d'autres serpents venimeux : l'alcali volatil, employé soit extérieurement, soit à l'intérieur; des cataplasmes de bouillon blanc et des sudorifiques; puis, par-dessus tout cela, la cautérisation au nitrate d'argent, ou avec un fer rougi au feu.

Le *lefâa*, nous croyons l'avoir dit aussi, est la vipère céraste, le *coluber cerastes*. Son nom de *céraste* lui vient de deux petites éminences qu'elle présente au-dessus des yeux (du mot *kéras*, corne).

Ce reptile pullule en Asie et en Afrique. Il se plaît généralement dans les lieux les plus arides, et au milieu des sables brûlants, avec lesquels sa couleur terreuse le confond tellement, qu'on marche, pour ainsi dire, dessus sans s'en apercevoir.

Il faut une grande habitude des localités, et des yeux bien exercés, pour se mettre à l'abri de sa *frappure* *, toujours suivie, quand elle n'a pas été traitée à temps, d'accidents très-graves et quelquefois de la mort.

Les moyens le plus communément employés par les Arabes, pour arrêter l'action du venin, sont la ligature et les incisions, les bains de sable et les tiges de genêt pilées.

* Le serpent *frappe* de la mâchoire supérieure et ne mord pas.

Les anciens avaient recours au fruit du citronnier, dont Virgile parle comme d'un contre-poison très-efficace. Athénée, qui lui attribue aussi le même effet, en cite un exemple remarquable.

Un gouverneur d'Égypte avait condamné deux malfaiteurs à mourir de la frappure des serpents. Comme on les conduisait au lieu du supplice, une personne, touchée de leur sort, leur donna à manger un citron, qui les préserva du venin.

Le gouverneur, surpris, demanda ce qu'ils avaient mangé ce jour-là.

On lui répondit qu'ils n'avaient mangé que du citron.

Il ordonna que, le jour suivant, on en donnerait à l'un des deux seulement.

Celui-là fut sauvé une seconde fois, et l'autre périt sur-le-champ.

Mais poursuivons notre récit.

L'administration d'Ibn-Aâon, à peu près comme celle d'Osman-Pacha, comprenait, lors de mon arrivée à la Mecque : deux ministres, l'un des affaires extérieures et de la guerre, et l'autre des finances ; quatre aides de camp ; une dizaine d'officiers d'état-major ; quelques érudits et hommes influents lui servant de conseillers, et plusieurs secrétaires.

Sa maison se composait : d'un iman faisant fonctions d'aumônier ; de subalternes préposés aux pipes, au café, à la cuisine et aux chevaux ; d'une centaine d'eunuques et d'esclaves attachés au harem et aux appartements, et de trois cents Arnautes chargés de la police et des exécutions secrètes.

Ibn-Aâon avait deux harems, et des plus beaux. Il a consacré à leur embellissement des sommes considérables, et les a ornés de tout ce que le goût oriental peut imaginer de plus voluptueux.

Ces deux harems se composaient, quand je les vis *, chacun d'au moins cinquante ou soixante Circassiennes, Abyssiniennes, Sommaliennes et autres, toutes d'une rare beauté, et étaient de niveau avec les appartements du premier étage.

En Orient, plus on a de femmes, plus on passe pour important.

Un musulman met de l'orgueil à avoir plusieurs femmes, comme il en met à posséder plusieurs chevaux.

Vous avez peine à concevoir, n'est-pas, cher lecteur, que les Orientales puissent exister ainsi, et vivre sans souffrance sous la garde vigilante des eunuques ?

---

* Pendant l'absence des femmes, bien entendu.

Détrompez-vous!

Les femmes des musulmans trouvent, au contraire, du charme dans cette solitude, et, si une loi leur en ouvrait les portes, je suis persuadé qu'un très-petit nombre d'entre elles seraient disposées à user de leur liberté.

Quelle douce existence, en effet, que celle qu'elles mènent!

Les cheveux épars et tout chargés de diamants, elles fument, dans des pipes à bouquins d'ambre, un tabac qui exhale la myrrhe et l'aloès; elles savourent le moka dans des finganes de porcelaine et d'émail; elles se promènent le soir dans de vastes et beaux jardins, à la clarté de la lune et des étoiles; une harmonie calme et mélancolique les fait passer avec douceur au sommeil d'une nuit paisible; ou bien encore, absorbées par la tendresse de leurs maris — qui ne sont pas tous des monstres, tant s'en faut! — ou le soin que réclame l'éducation de leurs enfants, leur vie participe à toutes les joies de l'épouse et de la mère.

Le culte de la famille est leur religion, et le harem leur sanctuaire.

Indifférentes à tout ce qui se passe hors de la portée de leur vue, le monde finit pour elles aux lieux où elles ne découvrent plus rien à travers leurs jalousies.

Si c'est dans le désert, l'une trait les vaches,

les brebis et les chamelles ; l'autre va faire du bois et chercher de l'eau, pourvoit à tous les soins de la tente.

La dernière épousée, et, par conséquent, la plus chérie, jouit de la vie avec moins de fatigue que les autres, tant que l'amour de son mari fait une exception en sa faveur.

Enfin, la plus âgée a l'inspection générale du ménage.

A vrai dire, cependant, le bonheur dont elles jouissent n'est pas entier; car, si la femme éprouve mieux que l'homme ce besoin de vie intérieure, elle a soif aussi d'émotions qui se ne produisent que dans le monde, et son existence, pour être heureuse, doit avoir en même temps ces deux faces.

Mais je reviendrai plus tard sur cette question des harems, et je serai aidé dans mes recherches par la belle Hadji-Fatma, qui va bientôt reparaître, cette fois à découvert, heureusement pour vous, cher lecteur, et pour moi surtout.

Disons maintenant un mot sur la manière de rendre la justice d'Ibn-Aâon et de son administration; justice qui est celle que prescrit le Coran... mais qui souvent s'en écarte d'une manière étrange pour faire place à une justice cauteleuse, implacable, sans merci !

En Turquie, comme au Maroc, en Égypte et à

Tunis, le prince régnant, chef du temporel et du spirituel, est à la fois juge et législateur suprême. Son code est le Coran, qu'il *interprète* souverainement dans les cas litigieux. A certains jours de l'année, il reçoit lui-même les plaintes de ses sujets et prononce sur-le-champ des sentences irrévocables.

Dans les provinces, ce sont les gouverneurs qui ont entre leurs mains le pouvoir judiciaire. Ils sont en même temps administrateurs civils et militaires, et chargés de la perception des impôts. Cependant, ils ne peuvent faire exécuter aucune sentence capitale sans en avoir auparavant référé à qui de droit.

Pour Constantinople, la Mecque et son territoire seuls font exception à cette règle et relèvent directement du grand chérif.

Aussi, lui et son entourage usent-ils largement de la permission qui leur est donnée.

Les peines le plus en usage sont encore aujourd'hui : la prison, la bastonnade, la section des oreilles, du nez et du poignet, la confiscation, la fermeture des boutiques, l'exposition, les noyades, la déportation, la strangulation ou la décollation, et la loi du talion.

Tout cela est bien loin, sans doute, du temps où l'on jetait le condamné en l'air, de manière qu'en tombant il se cassât un bras, une jambe ou la tête, suivant la sentence; où on lui crevait les yeux; où on l'enterrait jusqu'au cou, livrant son chef à tous les outrages des passants; où on l'enfermait vivant dans un bœuf mort; où on l'attachait à la queue d'une mule lancée au galop; où on le pilait dans un mortier, comme naguère encore les ulémas à Stamboul; où on lui remplissait de poudre le nez, la bouche et les oreilles, pour y mettre ensuite le feu; enfin, où l'on employait le pal, l'auge et le croc.

Mais ce qui reste est toujours *quelque chose*...

La *prison* regarde les condamnés pour dettes.

La *bastonnade* s'applique principalement à ceux qui ont insulté les chefs du pouvoir et la religion.

L'instrument du supplice est d'habitude un nerf de bœuf appelé *osfil*.

Dans aucun cas, on ne peut infliger au patient plus de neuf cent quatre-vingt-dix-neuf coups.

Ces coups, on les compte sur un rosaire.

Dans un certain pays — en Perse, par exemple — au lieu de s'adresser aux *Pays-Bas*, comme dit Gresset dans son *Lutrin vivant*, on s'en prend à la *plante des pieds*, et la chose, on peut le croire, n'en est pas moins bien sentie.

Quant à moi, j'en puis parler avec connaissance de cause, car j'ai tant soit peu eu maille à partir avec cette sorte de gentillesse lors de mon séjour à Ispahan...

La *section des oreilles, du nez et du poignet* s'applique aux voleurs, ou aux bouchers, boulangers et épiciers vendant avec faux poids ou fausses mesures.

Quand un vol a été commis et que le voleur ou le délinquant est pris, on l'amène au cadi, qui l'interroge et dresse sa procédure. Puis, quand la culpabilité est bien établie, le juge prend d'une main l'oreille du pauvre hère, de l'autre un scalpel bien affilé, passe adroitement l'instrument entre sa main et l'oreille du prévenu, et fait tomber l'oreille.

S'il y a récidive, — auquel cas toute dénégation est impossible, à moins que l'oreille n'ait repoussé, ce qui arrive rarement, — on fait la même chose de l'autre oreille, en vertu de cet axiome qui dit : *Non bis in idem.*

Si le voleur est incorrigible, on s'en prend alors au milieu du visage, et on coupe le nez comme on a coupé les oreilles.

D'autres fois, on se contente de lui enlever le poignet ; — contentement *bien doux* en effet.

Quant aux marchands, on ne peut guère, malgré l'analogie du délit, les traiter de la même manière : cela nuirait au commerce en général.

Aussi, les condamnations sont-elles d'ordinaire, les plus douces, la *confiscation des marchandises;* les modérées, la *fermeture des boutiques;* les sévères, l'*exposition*, qui consiste à adosser le patient contre sa porte, à lui faire lever les talons de manière à ce que tout le poids de son corps porte sur la pointe des pieds, puis à lui clouer l'oreille contre cette porte; ce qui lui donne assez l'air de faire des pointes à la façon de nos danseuses d'opéra.

C'est un gentil petit supplice, qui dure deux, quatre ou six heures !

Il est vrai qu'on peut l'abréger en pratiquant une déchirure.

Cependant, le cas est rare.

Les marchands... orientaux tiennent à leur honneur, et, pour rien au monde, ils ne voudraient ressembler à un épicier ou à un boucher, par l'absence du plus menu quartier d'oreille.

Inutile de dire, toutefois, que les riches, qui sont partout les mêmes, s'en tirent communément à prix d'argent.

Ce sont donc les pauvres seuls qui, ne pouvant payer de leur bourse, payent de leur personne.

Les *noyades* regardent les femmes adultères, qui sont cousues dans un sac avec un coq, un chat et un lefâa, puis jetées à la mer.

Si c'est dans le désert, à la Mecque, par

exemple, on les lie sur un âne, la figure tournée vers la queue de l'animal ; on leur attache sur les cuisses le coq et le chat, les exemptant du lefâa, dont la morsure pourrait être mortelle; on leur barbouille le corps avec de la poix et des cendres, et on les force à répéter d'instant en instant :

— Voilà le châtiment réservé aux femmes qui feront comme moi.

Puis on les chasse au loin.

D'autres fois, si on veut que la chose reste cachée, on les fait disparaître par un moyen quelconque.

On a presque toujours recours alors à une sorte d'exécutrice des hautes-œuvres, laquelle se nomme par euphémisme *ahrifa* (la tolérante). — C'est ainsi que les Grecs appelaient les Furies : BIENVEILLANTES, *euménidès*.

Aujourd'hui, à Tunis, la simple déportation est substituée au supplice de la noyade.

Les pauvres pécheresses sont reléguées dans l'île Kerkeni (*Cercinetorum insulæ*), en face et à cinq lieues à l'est de Sfax.

Ah ! ce sont de fiers gaillards que ces Orientaux, et qui ne plaisantent pas !

La *strangulation* et la *décollation* ne s'appliquent guère qu'aux crimes d'État, aux voleurs de grand chemin et aux contrebandiers.

C'est en Orient qu'on retrouve encore ces fameuses bandes de brigands ou de contrebandiers armées, organisées, ayant capitaine et lieutenants, dont on ne parle plus en Europe que dans les romans.

Le banditisme est si commun et si répandu en Turquie, qu'il a toute son histoire, et, si nous en avions le temps, ou plutôt si ce n'était pas trop nous éloigner du but de notre *pèlerinage*, nous citerions d'immenses contrées de l'Anatolie et du Kourdistan où il continue toujours à être organisé sur la plus vaste échelle, et où tous les villages et quelques villes ne sont habités que par des familles de bandits qui ont leurs lois, leurs institutions spéciales, leur hérédité même de commandement.

Ces brigands ont de vastes ramifications dans toutes les provinces, et comptent ordinairement pour complices les nomades, les bergers et quelquefois même les autorités locales.

Ils sont d'un courage et d'une adresse à toute épreuve, dont n'approchent et n'approcheront jamais tous les bandits italiens, espagnols et autres, qui ne semblent que des enfants à côté d'eux.

Ils sèment la terreur dans tout un pays, et, lorsqu'on se décide à les réduire, il faut envoyer contre eux de véritables armées.

C'est ainsi qu'à chaque instant nous apprenons que les chrétiens d'Alep ont été pillés, que le consul de Damas a failli perdre la vie, que les habitants du Liban ont été spoliés de mille manières, que les campagnes de Smyrne ou d'Andrinople sont infestées de leurs déprédations.

D'autres fois, ils ne se contentent pas de voler ou de tuer, ils font encore des prisonniers.

Ils épient alors les riches particuliers à la promenade, et les entraînent dans leurs repaires, où ils les forcent, eux ou leur famille, à verser, dans un endroit donné, telle ou telle somme qu'ils désignent pour la rançon de leur vie.

Lorsque la strangulation ou la décollation a été prononcée contre un coupable, on remet celui-ci aux mains du justicier, qui aussitôt le fait placer sur un âne, la tête tournée du côté de la queue.

Devant l'âne marche le bourreau, criant :

— Voici un tel condamné pour tel crime : que le châtiment qu'il a mérité et qu'il va subir serve d'exemple !

Puis, lorsqu'on a promené ainsi le patient par toutes les rues, on le conduit au lieu du supplice.

Arrivé là — s'il doit être étranglé — on lui passe au cou une corde savonnée, on le fait monter sur une porte ou sur un échafaudage, on attache l'autre extrémité de la corde à un créneau ou à un anneau, puis on le lance dans l'espace, et tout est dit ; s'il doit être décapité, on lui bande les yeux, on le fait mettre à genoux et on l'invite à dire sa prière.

Dans ce dernier cas, deux bourreaux sont nécessaires pour l'exécution.

A un signe de l'un d'eux, l'autre pique de son poignard le condamné au côté droit. Par un mouvement tout naturel, celui-ci penche aussitôt la tête sur l'épaule du même côté; l'exécuteur saisit le moment, et, d'un coup de cimeterre, sépare la tête du corps.

Alors, la foule se précipite sur le cadavre et tâche d'attraper qui un morceau de son burnous ou de sa chemise, qui un lambeau de son cafetan ou de son pantalon, chaque relique de ce genre équivalant, dans les idées du pays, à un bout de corde de pendu, c'est-à-dire devant porter bonheur à celui qui la conserve religieusement.

Il en résulte que le corps entre au cimetière à peu près nu, je dis *entre au cimetière*, car, en Orient, il n'y a pas de flétrissure indélébile : la peine lave l'offense.

Un homme est condamné à être bâtonné ou est envoyé en prison; il subit courageusement sa peine, et celle-ci le rachète de sa faute. Il rentre dans la société, pur et net comme auparavant; personne ne le repousse, personne ne le méprise.

Méhémet-Ali lui-même, qui avait cependant bien plus que ses coreligionnaires l'intelligence de la civilisation, envoyait aux galères ses généraux pendant plusieurs mois ou plusieurs années, et les renvoyait ensuite directement du bagne à la tête de leur corps.

Si le sultan frappe lui-même un de ses serviteurs, c'est un honneur dans la peine, et rien autre chose.

On ne se montre pas plus sévère à l'égard des morts.

Le supplice, à son tour, lave le crime; c'est le Dieu vengeur qui juge et punit, comme chez les juifs, des prescriptions de la loi.

Aussi voit-on les mahométans, fils, frères ou parents des gens exécutés, n'y pas plus songer qu'au moindre accident de ce monde.

Tout cela, parce que des mœurs inexorables ne les poursuivent pas sans relâche, et qu'on met tout sur le compte de la fatalité.

Ce qui, au premier abord, frappe le plus vivement le voyageur arrivant dans les contrées orientales, c'est l'aspect digne, simple, grave, la démarche réservée, la tenue hiérarchique des musulmans.

Nous disons *la tenue hiérarchique*, car chaque homme a la dignité de son rang ; et son abaissement, même dans la misère, son obéissance humble et paisible dans sa condition d'infériorité ou d'esclavage, ont quelque chose de digne et d'imposant qui tient à un profond respect des ordres établis en vertu de la volonté de Dieu.

Il y a quelque chose de religieux même dans les moindres actes des musulmans, et la hiérarchie temporelle est empreinte pour eux d'un cachet de fatalité divine.

« ..... Le sire de Joinville, dit Montaigne [*], tesmoing croyable autant que tout aultre, nous raconte des Bédoins, nation meslée aux Sarrasins, auxquels le roi Sainct Louys eut affaire en la Terre-Saincte, qu'ils croyoient si fermement, en leur religion, les jours d'un chascun estre de toute éternité prefix et comptés, d'une preordonnance inévitable, qu'ils alloient à la guerre nuds, sauf un glaive à la turquesque, et le corps seulement couvert d'un linge blanc : et pour leur plus extrême mauldisson, quand ils se courrouceoient aux leurs, ils avoient toujours en la bouche : « Mauldict sois-tu comme celuy qui » s'arme de peur de la mort ! »

Cet esprit calme et résigné à tout serait admi-

---

[*] *Essais*, liv. Ier chap. XXIX.

rable s'il n'avait pas sa source dans quelque chose d'inintelligent, de passif et même d'insensible; ce serait la perfection, de supporter héroïquement le mal, s'il n'était mieux de le prévenir et de s'en préserver par l'emploi bien entendu des facultés que nous a accordées le Créateur pour résister et triompher dans les épreuves d'ici-bas.

Néanmoins, le spectacle du calme dans la souffrance et dans l'affliction, même en vertu de la croyance à la fatalité, a quelque chose de grand et de noble que la pensée religieuse peut seule inspirer.

En Orient, les criminels eux-mêmes meurent généralement avec calme et avec force; et l'on sait que, dans notre Europe, ces derniers donnent presque tous les signes de la plus grande faiblesse.

Ce contraste apparent, si avantageux en faveur des musulmans, repose sur des causes spirituelles qu'il est curieux d'examiner, et pour l'étude desquelles nous renvoyons les lecteurs au bel ouvrage de M. Fortin d'Ivry, intitulé *Orient et Occident*.

Nous avons énuméré les principales peines édictées aujourd'hui par le code musulman; mais la peine par excellence, la peine de prédilection, est toujours la loi du talion (*tár*), qui veut que le sang de tout homme tué soit vengé par celui de son meurtrier.

« Ame pour âme, œil pour œil, nez pour nez, oreille pour oreille, dent pour dent, » dit le Coran.

Aussi ne manque-t-on jamais d'appliquer cette peine toutes les fois qu'elle est applicable.

Le droit en est dévolu au plus proche parent du mort. Son honneur devant tous y est tellement compromis, que, s'il néglige de prendre son *talion*, il est à jamais déshonoré.

En conséquence, il épie l'occasion de se venger.

Si son ennemi périt par des causes étrangères, il ne se tient point pour satisfait, et sa vengeance passe sur le plus proche parent.

Ces haines se transmettent comme un héritage, du père aux enfants, des amis aux amis, et ne cessent que par l'extinction de l'une des races, à moins que les familles ne s'accordent en sacrifiant le coupable, ou en *rachetant le sang* pour un prix convenu en argent ou en troupeaux.

C'est ce qu'on appelle faire la *dia* (l'échange).

Hors cette satisfaction, il ne saurait y avoir ni paix, ni trêve, ni alliance entre les familles, quelquefois même entre les tribus.

Il y a du sang entre nous, se dit-on en toute affaire, et ce mot est une barrière insurmontable.

Durant mon séjour en Orient, je fus témoin de deux exemples frappants de ce genre de justice : le premier en Syrie, l'autre à la Mecque.

A la Mecque, deux esclaves de familles ennemies, l'un appartenant au grand chérif Abd-el-Moutaleb, l'autre à Ibn-Aâon, se querellaient dans la rue.

L'un des deux disputeurs, l'esclave d'Abd-el-Moutaleb, tire un pistolet de sa ceinture, ajuste son adversaire, et l'étend roide mort sur la place.

On l'arrête, on l'emmène chez le cadi, on ouvre le Coran, et on lit ces mots.

« O croyants! la peine du talion vous est prescrite pour le meurtre, l'homme libre pour l'homme libre, l'esclave pour l'esclave, la femme pour la femme. »

En conséquence, le cadi condamna l'assassin à recevoir le coup de feu au même endroit où il l'avait donné, et, pour qu'il n'y eût pas de fraude, il marqua cet endroit.

Puis il dit, à défaut de parenté, au meilleur ami reconnu de la victime :

— La loi te donne cet homme; va le tuer sur la place.

L'ami emmena le meurtrier, conduit par quatre Arnautes, et, arrivé sur la place, lâcha la détente à l'endroit indiqué.

La seconde fois, en Syrie — c'était à Damas — je vis le supplice d'un charcutier convaincu d'avoir vendu de la chair humaine; le cadi avait ordonné que la propre chair du coupable serait frite à l'huile, coupée par petits quartiers; et, en effet, ces affreux lambeaux, jetés un à un dans une chaudière bouillante, furent donnés aux chiens à la vue de l'agonisant...

V

— La mort chez les mahométans.

Sur ces entrefaites, arriva le jeûne du ramadan, *el-siam-el-ramadan*, qu'en bon musulman, je devais me tenir prêt à observer à la lettre.

Et il va sans dire que j'y étais tout disposé; car, après le grand acte que j'avais accompli à Djeddah, il n'y avait plus à reculer.

Agir autrement eût été inconséquent de ma part... cela à deux points de vue très-clairs et très-catégoriques, selon moi.

D'abord, je risquais fort, en jouant la comédie,

qu'il m'en arrivât — nonobstant l'amitié que paraissaient me témoigner Ibn-Aâon et Osman-Pacha — comme à ce juif du Maroc dont voici en deux mots l'histoire.

C'était vers 1820.

Ce pauvre diable, pris de vin, étant entré dans une mosquée, il lui suffit de proférer la prière consacrée pour devenir musulman.

Le lendemain, revenu de son ivresse, il court chez le gouverneur et témoigne le désir de renoncer à la religion qu'il regrette d'avoir embrassée.

Le gouverneur écrit sur-le-champ à Muley-Soliman, qui régnait alors, et lui demande ses ordres.

— Qu'à l'arrivée du courrier, répond le sultan, la tête du juif tombe et me soit envoyée !

Une demi-heure après l'arrivée de ce message, la tête du juif était coupée, salée, mise dans un sac de cuir et envoyée à Méquinez.

Ce précédent était bien fait pour me donner à réfléchir.

Ensuite, je passais pour un *sauteur* aux yeux de tous les Européens qui m'avaient vu quitter Djeddah.

Or, je ne tenais pas plus à conserver cette réputation que je n'avais envie de perdre ma tête, et voilà pourquoi je m'apprêtais à suivre religieusement toutes les pratiques du ramadan.

Le jeûne est aussi fidèlement observé par tous les mahométans que les autres prescriptions de leur culte : la purification, la prière, l'aumône, le pèlerinage et la profession de foi.

« Le jeûne, disent-ils, c'est la porte et l'entrée de la religion ; *tout homme qui meurt dans le temps du jeûne, surtout le dernier vendredi, est bien heureux, et va sûrement en paradis.* »

Et ils affirment à la lettre qu'au commencement du jeûne, qui dure tout le mois de ramadan, les portes du paradis s'ouvrent et celles de l'enfer se ferment sur tous les vrais croyants.

Puisque nous y sommes, laissons un instant de côté le ramadan, pour parler de la *mort*, de la *sépulture*, et du *deuil* chez les musulmans... *d'autres choses encore peut-être.*

Dès qu'un malade donne des signes de mort, on allume, en divers endroits de la terrasse du logis, de petites lampes, afin d'avertir les passants et les voisins de prier Dieu pour l'agonisant.

Des cheiks sont appelés, qui tournent son esprit au repentir, et lui font prononcer la *chéhada* (la profession de foi).

S'il a perdu la parole, il doit lever un doigt vers le ciel en témoignage de l'unité de Dieu ; s'il ne lui reste pas assez de force pour faire de lui-même ce signe symbolique de la croyance dans laquelle il a vécu et dans laquelle il meurt, une des personnes présentes lui prend la main droite, en soulève l'index, et l'aide ainsi dans l'acte du dernier devoir.

Le malade a-t-il rendu l'âme, on entend aussitôt des cris et des gémissements si furieux dans la maison mortuaire, que tout le voisinage est bientôt informé de ce qui est arrivé.

Tous les intéressés dans la perte, les parents, les proches, les amis, se déchirent les vêtements du cou à la ceinture, s'arrachent les cheveux, s'égratignent le visage, se frappent la poitrine et se livrent à une foule d'autres actes de désespoir.

Les femmes surtout s'emportent aux accès de fureur et de désolation les plus outrés, et elles les entremêlent de longues complaintes, de récits tendres et touchants, et de douloureuses apostrophes au cadavre insensible.

Si c'est un amant :

« Rouh! rouh! âme, esprit, où es-tu allé? pourquoi n'animes-tu plus ce corps? Et toi, corps, qu'avais-tu à mourir? Te manquait-il de l'or, de l'argent, des vêtements, des plaisirs, des tendresses? »

Si c'est un guerrier :

« C'était mon père, c'était mon frère, c'était un aga, c'était un bey; il était généreux, il était vaillant; c'était un excellent cavalier; il était la terreur de l'ennemi; combien il a fait de razzias! »

Et tels autres discours pareils.

Pendant ces scènes lamentables, on envoie chez le cadi pour l'informer du décès et pour qu'il donne au *mordichoûr* l'ordre de venir prendre le corps, de le laver et de l'ensevelir.

Mordichour veut dire *laveur de corps morts*.

C'est un office, et il n'y a que le titulaire ou ses subdélégués qui puissent le remplir.

Il y a des mordichoûrs dans toutes les villes de l'Orient.

En Perse, ils sont établis par la justice, afin qu'on sache le nombre des morts et les maladies dont ils meurent.

On dit au cadi :

— Un tel est mort.

Il vous répond :

— Que votre tête soit saine!

Et, en même temps, il vous remet un *teskérêt*, qui est une permission de laver le corps.

Cette permission se délivre gratis aux pauvres.

Quant aux autres, ils sont soumis à un droit.

Avec ce teskérêt, on va trouver le mordichoûr, qui aussitôt envoie son monde à la maison du défunt.

Les hommes lavent les hommes, les femmes lavent les femmes.

Le laveur prend le cadavre et l'emporte au lavoir.

Là, il le déshabille de ses vêtements, dont il s'empare, et qui lui appartiennent de droit; car, du moment qu'une personne est morte, on n'ose plus y toucher; on se croirait souillé.

Les gens riches peuvent se faire laver chez eux.

On couvre d'une toile le bassin où l'on lave le corps, pour le dérober aux regards indiscrets.

C'est presque toujours de l'eau tiède, savonneuse et parfumée, que l'on emploie.

Quand le corps est suffisamment nettoyé, on lui met du camphre et du coton dans toutes les ouvertures naturelles, et on l'enveloppe dans un linceul blanc de percale ou de flanelle, parfumé de benjoin, et trempé dans l'eau du Zem-Zem. — Cette dernière formalité ne peut s'accomplir que dans la ville sainte et aux environs, bien entendu.

Sur le linceul se trouvent retracés des passages du Coran.

Mais c'est là une fantaisie qui revient cher.

Nous avons vu des linceuls qui contenaient le Coran tout entier. On peut juger combien il fallait qu'il y eût d'étoffe.

A la Mecque, les femmes de la maison du chérif sont ensevelies dans des draps verts.

Quand le corps est enseveli, on le dépose dans un lieu retiré du logis.

S'il doit être embaumé, c'est-à-dire si c'est un sultan, un haut fonctionnaire ou un marabout, on le met dans un cercueil de bois non équarri en dedans, et qu'on emplit de sel, de chaux et de divers aromates mélangés ensemble pour le conserver.

On n'embaume point autrement les corps chez les musulmans. La loi, on le sait, leur défend de pratiquer l'autopsie sur les cadavres ; agir contre la loi serait d'une impiété inconcevable.

On enterre promptement dans toute l'Arabie, parce que, l'air y étant chaud, un corps mort s'y corrompt en peu d'heures.

Les enterrements se font communément avec peu ou point de cérémonie.

C'est tout le contraire de ce qui a lieu en Europe, où la pompe des convois funèbres regarde toujours plus la vanité des vivants que l'honneur des morts.

On étend le corps sur une civière, on le couvre d'un simple drap si c'est quelqu'un du peuple, d'un cachemire blanc ou vert si c'est un richard ou un chérif, et on l'emporte ainsi, en répétant tout le long du chemin, à mots lents et reposés.

— Allah! Allah!

Il n'y a point de gens attitrés pour porter un corps mort au tombeau; les parents ou les serviteurs du décédé ou de la décédée lui rendent ce dernier devoir.

A la Mecque, de même que cela se pratique encore aujourd'hui dans certaines communes de la Lorraine et de l'Alsace, sauf toutefois le nombre de tours à faire, on promène le corps à l'entour de la Kaâba, sept, quatorze ou vingt et une fois, en suivant les trois degrés de l'échelle sociale musulmane, peuple, nobles et chérifs.

Il est généralement d'usage que tout passant se dérange de sa route et prenne un coin de la civière, jusqu'à ce que quelque nouvel arrivant, à son tour, tende l'épaule.

La charité musulmane ordonne de le faire au moins pendant dix pas, et, dans ce cas, il nous est arrivé souvent de mettre pied à terre à l'approche d'un corps mort, de lui rendre cet office, et puis de remonter à cheval.

Quand c'est un enterrement de personnes de condition ou de gens riches, on porte devant le défunt les enseignes de la mosquée, qui sont de longues piques de toutes sortes, surmontées : les unes, du nom de Mahomet; les autres, de ceux des douze *grands imans*, — les douze premiers légitimes successeurs du Prophète, les douze

Césars de l'islamisme ; — celles-ci, du nom de Fatime ; celles-là, de croissants et d'une main de laiton ou de cuivre, *la main d'Ali.*

Il y a toujours quatorze de ces enseignes ensemble.

Ce sont *les quatorze purs* ou *saints* · ARBA-TOUCH MASSOUM.

Puis viennent des perches dont les fûts sont des lames de platine ou de fer, larges de deux ou trois doigts, et longues de quatre pieds ; si faibles, que la moindre agitation les fait plier.

Au haut sont attachées des banderoles de taffetas qui pendent tout du long.

Ces perches sont immédiatement suivies de cinq ou six chevaux de main, portant les armes et le turban du défunt, et d'une vingtaine ou trentaine de tolbas lisant à haute voix le Coran.

Si c'est une femme qu'on enterre, on élève au-dessus du corps *le tcherchadoùr,* mot à mot : *les quatre voiles.* Le tcherchadoùr est un poêle porté sur quatre longs bâtons.

C'est là toute la pompe funèbre orientale.

On n'enterre jamais dans les mosquées.

Quoique les corps aient été purifiés, on ne laisse pas de les regarder toujours comme rendant impur tout ce qui y touche et les lieux où on les met.

Dans les villages et les petites villes, les sépulcres sont toujours hors des portes et sur les grands chemins, comme dans l'ancienne Rome.

Mais les grandes villes sont pleines de cimetières, surtout là où l'air est sec.

Nous avons déjà dit qu'il y avait trois cimetières à la Mecque, dont un remarquable : celui qu'on rencontre en allant à Médine.

Les fosses y ont deux ou trois pieds de large sur dix de long et quatre de profondeur.

Ces fosses sont à peu près les mêmes partout.

A un des côtés du sépulcre, celui qui regarde la *kibla* *, on creuse au fond une voûte un peu inclinée, de la longueur et de la largeur de la fosse, dans laquelle on fourre le corps enseveli dans ses linges, sans cercueil, le visage tourné du côté de la ville sainte ; et, pour empêcher qu'il ne tombe de la terre dessus en remplissant la fosse, on met deux tuiles en équerre sur la tête.

Quand c'est une fosse pauvre, on ne pratique cette voûte qu'à un bout, seulement, pour y passer la tête, que l'on préserve aussi avec deux tuiles.

S'il s'agit, au contraire, d'un homme de condition, d'un guerrier, par exemple, on dépose à

---

* La *Kibla*, on le sait, est le point de l'horizon qui se trouve dans la direction de la Mecque.

son côté son turban et ses armes, puis on mure la voûte.

Pour ce qui regarde les chérifs ou descendants du Prophète, ils sont inhumés dans leur linceul simplement, avec la différence qu'on ne jette point de terre sur eux et que leur fosse est recouverte d'une dalle de pierre ou de marbre.

Des colonnettes, placées aux extrémités de ces fosses, font connaître le sexe du corps enterré : à la tête, une colonnette chargée d'un turban, quand c'est un homme; aux deux bouts, deux colonnettes droites en tables, quand c'est une femme.

La fosse ne doit être élevée que de quatre pieds au plus, et, communément, elle ne l'est que de deux ou deux et demi.

La tombe qui la couvre porte toujours quelque inscription, non pas tirée de la vie du défunt, mais du Coran.

D'ordinaire, les musulmans à leur aise se font enterrer auprès de quelque grand saint ou marabout célèbre.

Alors, il faut les transporter au loin, quelquefois même au delà de deux ou trois cents lieues.

Dans ce cas, un cercueil est nécessaire.

Si l'on rencontre sur son chemin une ville ou un village, on les contourne. Y entrer serait tenu de mauvais augure.

« Il faut que les morts sortent, mais il ne faut point qu'ils entrent, » dit-on communément à la Mecque.

Au moment même où j'écris ces lignes, les journaux anglais m'apportent le récit suivant, que l'on me permettra de reproduire, parce qu'il complète avantageusement les détails que je viens de donner sur la sépulture chez les musulmans.

« Il y a quelques jours, un matelot turc, le nommé Sadi, mourut à Bristol, asphyxié par accident, à bord du *Duncan*. Cet homme a été inhumé dimanche dernier à Arno's vale, près de Bristol, en présence d'une foule immense, attirée par la singularité de la cérémonie.

» Il avait été d'abord question d'embaumer le corps et de le transporter aux Indes ; mais l'Angleterre étant l'alliée des musulmans et défendant même la cause de l'indépendance turque, et, de plus, les lois anglaises exigeant l'inhumation, le serang, ou prêtre turc, a fini par autoriser les funérailles. Il voulait qu'il n'y eût pas de cercueil, ou du moins qu'il ne fût pas cloué ou vissé. Enfin, tous ces détails de la cérémonie ont été accomplis par des mahométans. Le cercueil a été porté à dos d'hommes.

» Un musulman a mis dans un bassin une quantité de pennys mêlés avec du riz, et un autre a ouvert un parapluie qu'il a tenu constamment au-dessus du cercueil jusqu'à ce que le corps eût été enterré. L'homme au bassin a pris alors une poignée de pennys et de riz qu'il a jetée dans la direction de l'Orient (vers la Mecque); il a lancé une deuxième poignée vers le ciel, en la faisant passer au-dessus du cercueil, et il a lancé la troisième poignée derrière lui. On a laissé ramasser les pennys par la foule, et le mahométan qui avait officié comme prêtre, a dit qu'il était d'usage, dans son pays, lorsque quelqu'un de riche mourait, de jeter ainsi des sommes considérables de pièces d'or et d'argent.

» En se rendant au cimetière, on a, à diverses reprises, accompli cette même cérémonie, consistant à jeter des pennys et du riz.

» Au cimetière, le couvercle du cercueil a été levé; les mahométans l'ont entouré; ils ont retourné le cadavre sur le côté, et ils ont défait le linge qui entourait le corps.

» On a mis un morceau de terre dans la bouche du défunt et trois grosses pierres derrière lui; puis, quand le cercueil a été descendu, chaque assistant a jeté un morceau de terre dessus. Tous se sont alors inclinés autour de la fosse à la manière orientale, et le prêtre a psalmodié un chant monotone, auquel, par intervalles, les autres chants se mêlaient en chœur. La fosse a été couverte, et tout le monde est parti. »

Voilà pour la mort et la sépulture chez les musulmans.

Passons maintenant à leur deuil.

Au bout de huit ou dix jours, hommes et femmes commencent à aller visiter le sépulcre, ces dernières en particulier, attendu que c'est le seul cas où il leur soit permis de sortir de la ville et de prendre l'air de la campagne.

A certains jours de fête, on les voit, réunies en groupes autour des tombeaux de leurs familles, parler entre elles, prier, pendant qu'un cheik, ordinairement aveugle, récite quelques versets du Coran à l'intention du défunt.

En partant, elles laissent derrière elles des offrandes de gâteaux ou des pâtes de dattes, pour rendre, disent-elles, favorable au mort l'ange gardien du sépulcre, appelé aussi *l'ange de transport*.

L'ange de transport règle les places des défunts dans la terre, prenant garde que chacun soit digne du lieu où il est enterré ; c'est-à-dire que, si, par hasard, on a placé un méchant à côté d'un homme de bien, il prend le méchant et le jette à la voirie, ne souffrant pas qu'il repose près d'un croyant ; comme, au contraire, si un homme de bien a été enseveli en quelque endroit souillé, l'ange de transport le fait passer par-dessous terre et le ramène en lieu saint.

La même croyance était partagée autrefois par les juifs, à qui les rabbins faisaient accroire que les corps de tous ceux d'entre eux qui étaient enterrés hors de Judée, y seraient transportés par-dessous terre lors du jugement dernier, et qu'ils ne pourraient ressusciter et revivre que là.

Les mahométans assurent que l'ange de transport plaça ainsi Noé, et puis Ève, dans la sépulture d'Adam...

C'est pendant ces courses aux cimetières que les Orientales font quelquefois des rencontres qui ne sont pas toujours inopinées.

Si elles n'y trouvent point les personnes qu'elles désirent voir, ou qu'elles ne puissent pas leur parler, c'est par des bouquets emblématiques qu'elles leur font connaître leurs sentiments ou leurs pensées.

L'art de communiquer par des signes devait trouver un inventeur, puisqu'il était nécessaire à défaut de l'écriture. Il embrasse tous les objets qui peuvent se grouper ou se réunir sous un très-petit volume, comme le charbon, la soie, les coquilles d'œufs, les plumes, le coton, le papier, la laine, les parcelles de bois, etc.; mais les fleurs et les fruits en font la principale base.

Le deuil dure quarante jours au plus.

Il consiste non point à porter des habits noirs, mais à jeter des cris, comme nous l'avons rapporté, à être assis immobile, à demi vêtu d'une robe brune ou pâle, à refuser toute nourriture huit jours durant, comme pour dire qu'on ne veut plus vivre.

Les amis et voisins interviennent et vous consolent.

Le neuvième jour, on s'en va au bain, on se fait raser la tête et la barbe, on prend des habits neufs.

Après quoi, le deuil est passé pour le dehors; on vaque à ses affaires et les visites reprennent leur cours.

Mais les cris et les lamentations continuent au logis, non pas continuellement sans doute, deux ou trois fois seulement la semaine, surtout à l'heure où le défunt a rendu l'âme; et cela va sans cesse diminuant jusqu'au quarantième jour, après lequel il n'est plus question de rien.

Les femmes sont toujours les plus difficiles à consoler; toutefois, elles se consolent, tant il est vrai que tout s'oublie en ce bas monde...

VI

— La ramadan. —

Sur ce, passons au ramadan.

Il n'entre pas dans notre plan d'énumérer ici tous les préceptes du ramadan; rappelons-en seulement les principaux traits.

Les théologiens musulmans définissent le jeûne : l'abstinence de toutes sortes d'aliments et d'attouchements charnels, depuis le point du jour jusqu'à celui de la nuit, avec l'intention de plaire à Dieu.

Ils distinguent trois sortes de jeûnes, qu'il faut observer tous trois pour faire dignement le carême : l'un qui consiste, comme ci-dessus, dans l'abstinence des aliments et des attouchements charnels; l'autre qui consiste dans l'abstinence du péché; le troisième, qui est de fuir tous soins temporels et soucis de la vie.

Et c'est en ce sens-là qu'ils disent qu'un parfait derviche, c'est-à-dire un homme qui a renoncé au monde, est dans un ramadan ou carême continu.

La religion musulmane ne commande, à la rigueur, d'autre jeûne que celui du ramadan, quoique, en général, elle ordonne le jeûne pour pénitence ou pour peine en diverses occasions; mais elle conseille plusieurs jeûnes de dévotion, de même que des aumônes, des prières et des purifications, outre celles qui sont commandées.

Le 1,259e ramadan de l'hégire, qui venait d'éclore le 23 septembre de l'an de grâce 1842, fut annoncé, le soir de ce jour, aux bons Mecquaouis par un coup de canon tiré d'un des forts de la ville, et par le chant lugubre que les muezzins, alors en plus grand nombre que de coutume, entonnent du haut des minarets.

A ce signal, le peuple répond par des cris de joie.

En même temps, il se fait un son de trompettes extraordinaire à tous les bains de la ville, pour faire savoir qu'ils sont ouverts; car il faut commencer le jeûne, comme les autres dévotions, toujours par la purification.

Puis, ses ablutions faites, chacun se rend en hâte à la Kaâba, où se trouvent déjà réunies toutes les autorités turques et arabes, Osman-Pacha et Ibn-Aâon en tête.

Le ramadan commence dès l'instant où le premier quartier de la lune se dégage des rayons du soleil couchant.

A Constantinople, c'est l'apparition de la lune nouvelle sur le mont Olympe qui marque l'instant précis où s'ouvre le jeûne.

Un courrier tout sellé attend au pied de la montagne, et, quand il voit le pâle croissant en couronner le faîte, il s'élance au galop pour l'annoncer à la ville impériale.

Quant à la durée du jeûne, il la faut considérer en deux sens : d'après le nombre des jours, qui est de vingt-neuf ou trente, — les lunes ayant tantôt trente jours, et tantôt vingt-neuf ; — et d'après le nombre des heures qu'il faut jeûner chaque jour.

Dans ce second sens, le jeûne est un éternel sujet de dispute parmi les auteurs mahométans.

Chacun convient que le jeûne cesse chaque jour, lorsque le soleil a disparu de dessus l'horizon ; mais on ne convient pas du moment auquel il doit recommencer le lendemain : les uns le reprennent à minuit, les autres au lever du soleil.

La raison de la dispute vient de ce qu'il y a pour les Arabes deux sortes de nuits, si je puis parler ainsi : la nuit naturelle, qui va du coucher du soleil à son lever, et se trouve, comme on sait, plus ou moins retardée ou avancée suivant la saison ; et la nuit civile, qui est définie par la loi : le temps qui s'écoule depuis que les ombres s'étendent sur l'horizon oriental jusqu'à l'aube du jour.

Le Coran dit, en parlant du ramadan, qui prend son nom du mois pendant lequel il a lieu (le neuvième mois de l'année) : « Buvez et mangez jusqu'au moment où vous pourrez discerner à l'horizon un fil blanc d'avec un fil noir. »

La chose paraîtrait tout au plus praticable à un Européen ; mais ce n'est rien pour les Orientaux, qui ont une finesse de sens extraordinaire, l'Arabe surtout, dont l'œil perce à des distances immenses, dont l'oreille recueille les bruits les plus lointains, et à qui il suffit de flairer le sable pour reconnaître, sans jamais se tromper et quelle que soit l'obscurité de la nuit, le lieu où il se trouve ; la teinte plus ou moins foncée du terrain lui indique où gît un filet d'eau, et à quelle profondeur.

L'auteur du *Sahara algérien* raconte en ces termes la conversation d'un Arabe à cet égard :

« Je passe, disait-il, pour ne pas avoir une très-bonne vue ; mais je distingue une chèvre d'un mouton à un jour de marche. J'en connais qui, à trente lieues dans le désert, éventent la fumée d'une pipe ou de la viande grillée. Nous nous reconnaissons tous à la trace de nos pieds sur le sable, et, quand un étranger traverse notre territoire, nous le suivons à la piste ; car pas une tribu ne marche comme une autre ; une femme ne laisse pas la même empreinte qu'une vierge. Quand un lièvre nous part, nous savons à son pas si c'est un mâle ou une femelle, et, dans ce dernier cas, si elle est pleine ou non ; en voyant un noyau de datte, nous reconnaissons le dattier qui l'a produit. »

Quoi qu'il en soit, l'interprétation que l'on donne communément au texte du Coran, c'est qu'il faut jeûner de l'entier lever à l'entier coucher du soleil.

Quant à ce qui regarde la manière d'observer le ramadan, rien de plus austère et de plus rigoureux, surtout pour ceux qui, suivant la loi à la lettre, recommencent de jeûner à minuit, et ne mangent rien jusqu'au maghreb ; c'est quelque chose comme une abstinence de dix-huit ou vingt heures consécutives !

Tant que dure la période sainte, les affaires sont suspendues.

Il est défendu de manger ni de boire, de se laver la bouche, ni même les lèvres et le visage, de peur que ce rafraîchissement ne préjudicie à la mortification du jeûne ; il est défendu de fumer, de respirer l'odeur d'aucun aromate, de se baigner, d'avaler sa salive, d'ouvrir la bouche exprès pour attirer l'air.

Tout commerce amoureux est interdit, jusqu'à celui des paroles et des regards.

Aussi, pour ne point succomber aux tentations, les plus fervents appellent-ils, pendant le jour, le sommeil à leur aide.

Toute porte se clôt, toute fenêtre se ferme, tout être vivant disparaît.

Il faut, pour rompre le charme, pour révivifier cette léthargie, que le bruit du canon et le chant des muezzins attestent l'entier évanouissement de l'astre-roi.

Alors, la nuit vient autoriser des festins où la tempérance, il faut bien l'avouer, n'est pas toujours de rigueur.

Ces singulières coutumes ne sont, du reste, fidèlement observées qu'à la Mecque et dans les autres capitales de l'islamisme; car les nomades du désert suivent assez peu les pratiques religieuses, et surtout celle de jeûne.

Il y a cette différence remarquable entre les Arabes des villes et les Bédouins, que, pendant que les premiers portent le double joug du despotisme politique et du despotisme religieux, ceux-ci vivent dans une franchise absolue de l'un et de l'autre.

Il est vrai que, sur les frontières de Turquie, les nomades gardent, par politique, des apparences musulmanes.

Toutefois, elles sont si peu rigoureuses, et leur dévotion est si relâchée, qu'ils passent généralement pour des infidèles, sans loi et sans prophète.

Ils disent même assez volontiers que la religion de Mahomet n'a pas été faite pour eux; « car, ajoutent-ils, comment faire des ablutions, puisque nous n'avons point d'eau? comment faire des aumônes, puisque nous ne sommes pas riches? pourquoi jeûner le ramadan, puisque nous jeûnons toute l'année? et pourquoi aller à la Mecque, si Dieu est partout? »

Mais, nous le répétons, il règne beaucoup moins de tolérance dans la ville sainte.

Le jeûne y est obligatoire pour tous les hommes et toutes les femmes, à l'exception des malades, des voyageurs, des femmes enceintes ou dans le cas d'impureté légale, des nourrices, des mineurs, des vieillards faibles, des aliénés et des personnes dont l'abstinence pourrait compromettre la santé.

Si on interrompt le jeûne par mégarde ou par distraction, pour cause de maladie, de voyage, ou pour tout autre motif légitime, on est obligé de jeûner autant de jours dans un autre temps.

Si, au contraire, la transgression du jeûne d'un seul jour a été volontaire, sans cause légitime, alors on doit jeûner soixante et onze jours pour expier ce péché.

Heureux encore celui qui s'en voit quitte pour si peu!

Il peut être bâtonné, emprisonné, *mis à mort même*, suivant la volonté du cadi.

Il n'y avait donc pas moyen pour moi de tergiverser, comme on voit.

Aussi pris-je mon courage à deux mains, et, quelque pénible que dût paraître à un Européen une telle privation, la supportai-je cependant avec stoïcisme, et, cela, sous une latitude brûlante, précisément dans la saison la plus chaude de l'année, dans la saison où le terrible simoûn ou *kamsin* étend partout ses ravages, et où la soif joue toujours le rôle le plus intolérable et le plus accablant.

Je n'étais pas, du reste, le seul à souffrir : chacun en était réduit au même point que moi ; mais on se résignait sans murmurer, jusqu'à l'heure du maghreb, où un autre coup de canon annonçait la fin du jeûne quotidien, qui devait reprendre le lendemain au point du jour.

A cette époque, la Kaâba et les autres mosquées regorgeaient du matin au soir d'une masse de monde venue là de tous côtés pour accomplir les cinq prières prescrites, celles du matin et celles du soir surtout.

Les musulmans sont, à coup sûr, le peuple du monde qui prie Dieu le plus souvent, et qui le prie avec le plus d'attention, d'humilité et de zèle. Ils peuvent, sous ce rapport, faire honte à plus d'un chrétien.

Les règles de leurs prières se divisent en quatre parties : la première concerne la pureté extérieure dans laquelle il faut être pour faire licitement ces prières ; la seconde traite des habits, du lieu et des autres dispositions ou préparations extérieures, qui sont requises dans la prière ; la troisième explique tout ce qui concerne les prières ordinaires du jour et de la nuit, à l'égard de l'intention du cœur, des paroles de la bouche et du mouvement du corps ; enfin, la quatrième expose la formule des prières extraordinaires.

Inutile d'entrer ici dans le détail de chacune de ces parties.

Contentons-nous d'en rappeler les deux ou trois traits les plus saillants, et qui sont la *pureté extérieure*, l'*habit* et le *lieu*.

La pureté extérieure comprend trois chefs principaux :

1° Si un chien lèche quelque plat, ou boit dans une vase affecté aux usages domestiques, il faut écurer le vase ou le plat avec de la terre sèche, du sable, du son ou des cendres, et puis le passer deux fois dans de l'eau claire.

Si le vase souillé sert de bassin ou de réservoir à une eau courante, il suffit de le laver d'eau, le même nombre de fois, intérieurement et extérieurement.

Mais, si c'est un animal immonde, un pourceau, par exemple, qui fasse la souillure, alors on doit laver le vase avec de l'eau sept fois de suite.

2° Lorsqu'un habit est souillé d'urine, il faut considérer la nature du cas : si c'est l'urine d'un enfant qui tette, quelques gouttes d'eau jetées sur l'endroit taché suffisent, sans qu'il soit besoin de laver l'habit ; cela, néanmoins, sous les trois conditions suivantes : la première, que l'enfant soit un garçon et non pas une fille ; la seconde, que la plus grande partie de sa nourriture soit du lait ; la troisième, qu'il n'ait pas encore deux ans.

En dehors de ces conditions, il faut traiter la chose comme pour les adolescents et les personnes âgées, et mouiller l'habit, puis le frotter et le presser pour en extraire l'eau ; après quoi seulement, il sera rendu net.

Si la tache se trouve sur un coussin, sur du cuir, ou sur telle autre chose qui ne soit pas maniable, on la purifiera en jetant de l'eau dessus et en la frottant avec la main.

Si cette tache est du sang ou quelque autre matière dont la couleur reste ou ne soit pas aisée à enlever, pourvu qu'on l'ait lavée, l'habit sera purifié ; la trace qui en peut subsister n'est point une impureté.

3° Si une jarre, une pitarre * sont souillées, avec quelque peu d'eau qu'on les lave, on les purifiera, pourvu que l'eau les ait touchées partout.

Lorsque le vase tient en terre, comme ces grandes chaudières qui se voient chez tous les cuisiniers des caravansérails, et qui sont cimentées au milieu d'un fourneau, il suffit de les laver aussi de trois eaux, et ensuite de les essuyer avec des torchons nets.

Enfin, il est *baram*, c'est-à-dire illicite et défendu, tant aux hommes qu'aux femmes, de manger dans de la vaisselle d'or ou d'argent ; ce n'est pas que ce qui se trouve dans cette vaisselle soit par là rendu impur : on entend seulement qu'il est défendu d'y manger.

Il en est de même d'une aiguière et de tout autre vase à tenir de l'eau, des fioles à senteurs, des cornets à encre, des boîtes à parfums, à kohol, à henné, qui seraient de l'un ou de l'autre des métaux susdits.

---

* Grands vases qui, en Orient, tiennent lieu de barils.

Mais il n'est pas défendu de s'en servir comme ornement : il n'y a que le contenant qui soit illicite.

Tirez-en le contenu, servez-le sur des plats, des assiettes, dans des aiguières, des fioles, des cornets, des boîtes en cuivre étamé, en porcelaine, en étain ou de telle autre matière qu'on voudra, et ce contenu devient aussitôt pur et licite.

Il est *haram*, par conséquent, de boire et de manger dans une tasse ou un plat d'or ou d'argent, à moins qu'on ne boive ou ne mange de telle sorte que les mains ou les lèvres ne touchent point aux bords.

La vaisselle du sultan est toute d'or, et celle des grands seigneurs, osmanlis et arabes, toute d'argent ou de vermeil.

Quand on leur en fait la remarque, ils vous répondent :

— Cela ne porte point préjudice à la religion : tous les ans, nous faisons propitiation pour cette souillure, par de grandes aumônes, et en adressant des présents au temple de la Mecque et aux marabouts.

Tant il est vrai qu'avec de l'or on peut tout faire en ce bas monde... acheter même le paradis.

Il est de rigueur, lorsque l'on prie, d'être plus

ou moins couvert d'habits, selon le sexe et la condition de la personne : — un homme, seulement le milieu du corps; une femme, le corps tout entier, hors les pieds et les mains.

Une esclave peut avoir la tête découverte.

Quant à la qualité de l'habit, il faut y observer les six choses suivantes :

1° Qu'il soit net de toute souillure;

2° Que nulle pièce de l'habillement ne soit tirée de la peau d'un animal mort de lui-même;

3° Que l'habit ne soit point fait ou doublé de la peau d'un animal dont la chair est illicite;

4° Qu'il n'ait point été acquis par des voies illégitimes;

5° Qu'il ne soit pas fait de soie pure, ni d'or, ni d'argent, soit tissu, soit broché, soit cousu, excepté à la guerre, où cela est permis, ou dans un besoin pressant, comme dans un grand froid, quand on n'a pas autre chose à mettre : cela ne s'entend que des hommes; car, pour les femmes, il leur est permis en tous temps et en tout pays de prier avec des habits de soie, soit unie, soit mêlée d'or ou d'argent;

6° Enfin, que la chaussure vienne au moins jusqu'au-dessus de la cheville, soit pour un homme, soit pour une femme.

Quant au lieu où l'on prie, il faut d'abord qu'on ne s'y trouve qu'à bon et juste titre, qu'on n'en ait acquis la possession, ni par fraude ni par violence; ensuite, qu'il soit purifié; qu'il n'y ait du moins aucunes immondices humides, et à l'égard de celles qu'il pourrait y avoir de sèches, que l'habit n'y touche pas.

Encore deux autres préceptes :

Le premier est que, dans les prostrations, la tête et le front doivent se reposer ou sur la terre même, ou sur quelque chose qui vienne de la terre, mais qui ne serve ni au vêtement ni à la nourriture, qui ne soit ni de pierre ni de métal.

Ainsi, il est défendu d'incliner la tête sur des feuilles, sur du sel, du coton ou de la soie, de l'or ou de l'argent, ni sur rien qui soit orné de pierreries.

On a recours alors à un petit palet de terre.

Le second précepte, c'est que l'homme ne fasse pas ses prières dans un lieu d'où il puisse regarder les femmes. — Sur quoi, en certains pays, les casuistes ont décidé que, s'il arrive que, pendant qu'un homme fait sa prière, une femme vienne se poster devant lui ou à ses côtés, pour faire la sienne, la prière de tous les deux est vaine et nulle, hormis quand ils sont séparés par une cloison ou une tapisserie, qu'ils se trouvent à vingt ou vingt-cinq pas l'un de l'autre, ou que la femme se tient derrière l'homme.

Quand ils vont à la mosquée, les musulmans

emportent, ou bien un esclave leur porte un petit tapis de pied, qui leur sert uniquement pour faire la prière.

Il n'est fait que de nattes chez les pauvres, le commun des gens de loi et les dévots ; encore, les premiers s'en passent-ils souvent et se contentent-ils de nettoyer avec la main la place où ils prient.

Chez les gens aisés, ce tapis est de feutre ou de gros drap.

Enfin, chez les gens de qualité, c'est du camelot fin.

Ce petit tapis, qui varie entre quatre et six pieds de long, sur deux ou trois de large, figure presque toujours à l'un de ses bouts quelque mosquée ou zaouïa renommée ; pour l'Arabie, c'est ou la Kaâba ou le temple de Médine.

Les fidèles ouvrent ce petit tapis, qui contient plusieurs objets servant à leurs dévotions : le *Coran*, renfermé dans son étui ou sachet ; un *peigne*, un *miroir de poche*, un *chapelet*, leur *palet de terre* et quelquefois des *reliques*, et le font étendre ou l'étendent eux-mêmes, tournant le haut vers le kibla.

Le commun des martyrs porte lui-même sa natte et laisse ses babouches à l'entrée de la mosquée.

Les gens riches gardent leurs babouches à la

main, ou les font tenir par l'esclave qui a porté leur tapis et se tient derrière eux tout le temps que dure la prière.

Les militaires — officiers et soldats — entrent armés de pied en cap ; mais, une fois stationnaires, ils ôtent leurs armes et les déposent, avec leurs babouches, transversalement devant eux.

Nul ne peut conserver sa chaussure pour prier.

« La terre sur laquelle on parle à Dieu est sainte ; il faut la couvrir par honneur et n'y marcher que pieds déchaussés. »

Dans l'origine, on devait rester pieds nus ; aujourd'hui, on tolère les chaussettes, ou de petits chaussons en maroquin jaune ou rouge. Les Wahabites, les nomades et les musulmans fervents n'usent point de cette tolérance et se conforment à l'ancienne loi.

Quand le petit tapis est étendu comme il faut, on s'asseoit dessus, tout au bas, sur les talons, ce qui se fait en se mettant à genoux, les talons serrés l'un contre l'autre.

Puis on place symétriquement devant soi toutes les pièces que nous venons de citer, en y joignant sa bourse, ses bagues et les autres bijoux que l'on peut avoir sur soi.

Cela fait, on prend son peigne et son miroir, et on s'arrange la barbe, en ayant soin qu'elle soit nette et pure de toute souillure, ainsi que le visage.

Cette toilette achevée, on prend, à leur tour, à la main, le chapelet et le petit palet de terre; on commence l'invocation et on pose le palet justement au milieu du tapis, sous le dôme de la mosquée ou de la zaouïa représentée.

Les chapelets sont faits ordinairement de la terre appelée sainte, qui est celle des zaouïas les plus célèbres, celle des temples de la Mecque et de Médine.

Les grains en sont gros comme des pois, leur nombre n'est pas réellement fixé; mais, d'habitude, il est de quatre-vingt-dix-neuf, rappelant les quatre-vingt-dix-neuf noms par lesquels les musulmans désignent Dieu.

Ces grains sont égaux en grosseur et tout unis; ce qui doit s'entendre des chapelets ordinaires, car il en existe dont le trente-troisième grain, ou quelquefois le cinquantième, est plus gros que les autres.

Rien de prescrit sur la manière de dire son chapelet : chacun prie comme il veut.

Les dévots, et particulièrement les hypocrites et les superstitieux, ont sans cesse leur chapelet à la main chez eux et en public; vous les voyez toujours en remuer les grains et marmotter par les rues.

Les chapelets sont d'origine arabe.

Pierre l'Ermite fut le premier qui en apprit l'usage aux Croisés, lesquels, ne sachant pas lire, ne pouvaient se servir de livres et apprirent ainsi à prier par nombres.

Les palets sont de la même terre que les chapelets. On n'en fait jamais d'autre matière.

Ils sont épais d'un demi-doigt et de toutes formes, rondes, carrées, hexagones, octogones, et, d'ordinaire, de la grosseur d'une petite main.

Les plus grands ne dépassent pas la largeur d'une assiette; les plus petits, celle d'une pièce de cinq francs.

On y voit incrustés, soit les attributs de Dieu, les noms des prophètes et des imans, soit la profession de foi ou des passages du Coran, le tout selon le diamètre du palet et la grosseur des lettres.

Quant aux reliques, ce sont ou des morceaux de la tenture de la Kaâba ou du poêle des tombeaux de Mahomet et de sa famille.

De toutes ces prières, celle de six heures était, à coup sûr, la plus curieuse à étudier, et, plus d'une fois, je ris en moi-même de bon cœur, quoique musulman, en voyant l'impatience avec laquelle chacun attendait l'heure de la délivrance quotidienne.

Et certes, il y avait de quoi rire à considérer de côté et d'autre tous ces bons Mecquaouïs, les yeux hâves, la démarche chancelante, la bouche écumeuse, les uns récitant au hasard leur chapelet, les autres n'en pouvant plus, tournant et retournant de cent façons différentes leurs montres ou leurs sabliers, trépignant sur leurs genoux et leurs nattes, et n'osant, avant le fameux coup de canon, toucher aux fruits, aux confitures, aux gelées, aux pâtes de dattes et autres provisions semblables, que tous ceux qui étaient tant soit peu à leur aise avaient apportées avec eux, et que, une fois venue l'heure tant désirée, quelques-uns partageaient fraternellement avec leurs voisins pauvres ou oublieux.

C'était un autre supplice de Tantale, une vraie comédie, qui me rappelait tant soit peu cette épigramme du poëte de Crône sur Santeuil :

> Quand j'aperçois sous ce portique
> Ce moine au regard fanatique,
> Disant ses vers audacieux,
> Ouvrir une bouche effroyable,
> S'agiter, se tordre les mains,
> Il me semble en lui voir le Diable
> Que Dieu force à louer les Saints.

Le jeûne rompu, on mange à la hâte, voire

même parfois jusqu'à s'étouffer, de ces premières provisions que nous venons de désigner, et on avale trois gorgées d'eau du Zem-Zem, présentée dans des gargoulettes par des *sakas* ou porteurs d'eau.

Puis on fait cette prière, qui, toute courte qu'elle est, est cependant encore trop longue pour les impatients :

« O mon Dieu ! j'ai jeûné pour t'obéir, et j'ai rompu le jeûne en mangeant de tes biens. Pardonne-moi mes fautes passées et futures ! »

Mais ventre affamé n'a point d'oreilles ! le dernier mot n'est pas plus tôt achevé, qu'on se rue pêle-mêle, au risque de se faire écraser, hommes, femmes et adolescents, vers les trente-neuf issues de la Kaâba, pour arriver plus vite à se mettre à table.

Il est des musulmans qui font jusqu'à quatre repas consécutifs, et passent la nuit dans les excès ; mais ce sont là les gourmands, les débauchés et les libertins. — Il y a partout de ces gens-là. Pour eux, le jeûne n'est que l'interversion de l'ordre de leurs jouissances : ils dorment le jour et veillent la nuit.

C'est, au contraire, une rude pénitence pour ceux qui l'observent étroitement, pour les pauvres surtout, qui vivent du travail journalier de leurs mains.

Il est vrai que ces derniers s'en dédommagent quelque peu en s'invitant, le soir, à la table du riche, où ils sont admis sur un pied d'égalité parfaite.

C'est qu'en Orient, il n'y a pas de *peuple*, ou, si l'on veut, tout le monde est peuple en ramadan.

Les idées du maître ne diffèrent pas ou diffèrent peu de celles de l'esclave; l'intelligence de l'un n'est pas plus développée que celle de l'autre; et, s'il y a un déplacement brusque dans les fortunes et dans les positions, on ne s'en aperçoit pas.

Ensuite, l'aumône figure au premier rang des bonnes œuvres que la religion commande aux vrais croyants.

Ce n'est même pas assez de faire l'aumône aux pauvres, il faut aussi l'exercer envers les animaux.

Les Orientaux vénèrent les pigeons et les cigognes, comme les vénèrent les habitants des bords du Rhin et de l'Adriatique.

Ce sont, pour eux, des oiseaux sacrés.

« Attachez-vous aux pigeons et aux cigognes, ils détourneront de vos enfants le mauvais œil, » a dit le Prophète.

Voilà pourquoi, chaque jour, des hommes sont chargés de distribuer de la nourriture à cette nuée de pigeons et de cigognes qui voltigent sans cesse autour du dôme des mosquées.

A la Mecque, comme à Venise et à Stamboul, une rente perpétuelle a été créée pour subvenir aux frais de cette distribution.

Les pigeons, à Venise, rappellent les vieilles fêtes de la République; le doge, une fois dans l'année, jetait au peuple quelques pigeons liés qui devenaient la proie de la multitude. Comme le bouc émissaire des Hébreux, ils expiaient les péchés de la nation.

Un jour, les victimes se dégagèrent de leurs liens, échappèrent à la mort, et se réfugièrent sur le palais ducal, où elles multiplièrent en secret.

Cette colonie nouvelle se révéla tout à coup.

Venise au milieu des eaux, sans jardins, pour ainsi dire sans arbres et sans terre; Venise, la reine de l'Adriatique, la ville-navire échouée sur un banc de sable; Venise offrait peu de ressources à de malheureux volatiles.

Le sénat décréta qu'ils seraient nourris aux frais de la République.

Le sénat et les doges ont passé, la République n'est plus; mais les messagers du fameux Melik-el-Adel, le Nour-Eddyn-Mahmoûd des Européens, sont toujours là.

Pour eux, Venise n'a point changé; le soleil est continuellement le même; le chant du gondolier vient encore quelquefois retentir à leurs oreilles; c'est toujours la même horloge qui frappe les heures ; et, quand ils s'abattent comme une nuée sur les dalles bleues de la Piazza, toujours une main secourable leur jette la pâture, toujours le peuple les regarde manger.

Heureux, ils ne sentent point la fuite du temps ; ils n'ont point connaissance des révolutions humaines ; la patrie est toujours pour eux ce qu'elle fut à leur naissance...

Enfin, les chiens et les chats, quoique déclarés impurs, jouissent aussi, dans toute l'Arabie, de l'estime et de la vénération publique.

C'est que, malgré leur laideur, ils sont utiles : ils veillent, la nuit, aux portes des bazars; ils nettoient les rues à la manière des oiseaux de proie, et, comme la chimie n'a pas encore fait de grands progrès chez les Arabes et les Osmanlis, les teinturiers et les tanneurs achètent leurs excréments pour fixer leurs couleurs.

Une meute de chiens et de chats affamés entoure cet homme qui passe lentement, portant sur l'épaule une longue perche, à laquelle sont suspendus des morceaux de poumons, de foie, d'entrailles de mouton, de bœuf ou de veau.

Cet homme, c'est le *djidjerdis*, et de bonnes

âmes lui achètent sa marchandise pour la distribuer aux animaux.

Voilà pour les prières, les repas et l'aumône pendant le ramadan.

Passons maintenant à ses divertissements.

VII

— Yadace. —

Une fois le soleil couché, les maisons, les édifices, les mosquées s'illuminent, et les minarets se couronnent d'un cercle de flamme.

C'est la fête des chandelles, renouvelée chaque soir tant que dure la période sainte, et, plus tard encore, lors de l'aït-el-hébir.

Les rues, éclairées *a giorno*, sont encombrées de marchands de gâteaux, de sucreries, de rafraîchissements, et sillonnées de promeneurs qui ne conservent plus rien de la gravité musulmane.

Les femmes participent à ces plaisirs en se régalant de glaces et de sorbets sur les terrasses ou dans les cours des habitations.

On voit une multitude d'enfants, d'hommes, de vieillards, s'asseoir sur les places, ou s'installer devant les portes des maisons, et prolonger jusqu'au jour le bonheur de regarder les danseuses, de fumer la chibouque, d'entendre raconter des légendes, et de psalmodier de chevrotantes mélodies qu'accompagne toujours la guzla.

Tous les cafés regorgent de monde : on y joue aux dames, aux échecs, au trictrac ou au *yadace*.

Le jeu du *yadace* est le jeu par excellence des Orientaux, leur jeu national.

Certainement, si le hasard rendait un Européen témoin d'une des péripéties de ce jeu, au moment où le gagnant constate sa victoire en lançant le terrible mot *yadace* (souviens-toi), il serait obligé de convenir que jamais roue de loterie, tapis vert, ou brusque mouvement des rentes, n'a causé chez nous d'émotions plus vives que celles qui se peignent en cet instant décisif sur le visage du joueur qui succombe.

Entrons à ce sujet dans quelques détails.

Le jeu du yadace est de la plus grande simplicité et consiste uniquement à ne rien recevoir de la personne avec laquelle on joue.

Afin de constater la convention qui s'établit alors entre les parties, chacune d'elles prend par un bout un fétu de paille, un morceau de papier, ou même un brin d'herbe, qu'on brise ou déchire en énonçant la formule sacramentelle : *Yadace !*

Quelquefois, lorsqu'un des joueurs croit avoir affaire à un adversaire inexpérimenté, il lui présente immédiatement le morceau qui lui est resté dans la main, sous prétexte de le mesurer avec l'autre.

Si le second joueur est assez novice ou assez étourdi pour accepter, son partenaire lui jette au visage le mot *yadace !* et triomphe ainsi sans avoir eu la peine de combattre.

Mais il est rare que cette ruse grossière réussisse, et, avant que l'un des antagonistes se départe de sa circonspection, c'est-à-dire se laisse mettre en défaut, il s'écoule souvent des semaines et des mois, quelquefois même des années !

Comme il est impossible que deux personnes vivant habituellement ensemble ne soient pas souvent dans la nécessité de prendre quelque chose l'une de l'autre, il est reçu, dans cette hypothèse, qu'on peut mutuellement accepter.

Seulement, avant de toucher l'objet, on doit dire à celui qui l'offre : *Fi-bali* ou *Ala-bali;* mot à mot : « A ma connaissance; » en style Académique : « Je reçois avec connaissance de cause. »

Il est aussi convenu qu'on peut accepter tout ce qui tient immédiatement au corps.

Il n'y a pas d'inconvénient, par exemple, à prendre la main.

Au temps où la population était riche et nombreuse à la Mecque, ce jeu avait une très-grande vogue.

Les maris y jouaient avec leurs femmes, les frères avec leurs sœurs, les amis entre eux; et des sommes énormes se perdaient journellement de la sorte. Des maisons formaient souvent l'enjeu, et plus d'un chef de famille s'est ruiné pour avoir accepté de son adversaire une tasse de café ou toute autre chose, sans avoir préalablement prononcé la formule préservatrice *Ala-bali*.

Cependant, comme nous l'avons dit, certains joueurs se tiennent tellement sur leurs gardes, qu'ils luttent les uns contre les autres pendant des années entières.

Mais, pour atteindre à ce degré de perfection, il faut être doué d'une de ces natures tranquilles et méthodiques qui ne laissent arriver que lentement la pensée dans la tête, l'émotion dans le cœur, et ne procèdent que par poids et par mesure.

Malheur à celui que des affaires, des études sérieuses préoccupent habituellement, ou qui est disposé aux épanchements de l'amour ou de l'amitié : celui-là est à peu près sûr d'être battu.

On ne manque pas de profiter de ses distractions scientifiques ou commerciales, et d'exciter en lui les sentiments les plus généreux pour amener le moment d'oubli ou d'expansion qui doit le faire tomber dans le piége.

Nous croyons ne pouvoir mieux édifier le lecteur sur ce point qu'en rapportant deux anecdotes relatives à ce fameux jeu du yadace.

La première peut avoir pour titre les mots qui la terminent :

Il n'est pas prudent de jouer au yadace avec sa femme ou sa maîtresse.

La scène se passe d'abord à Constantine, ensuite à Alger, au commencement de ce siècle; mais l'époque ne fait rien à l'affaire.

Un jeune et beau garçon de la ville de Constantine cherchait, depuis plusieurs années, et sans succès, une femme d'une fidélité irréprochable.

Quoi qu'il unît à une physionomie séduisante un grand talent pour la musique, pour la poésie, ainsi qu'un esprit des plus délicats, et un excellent caractère, il n'avait jamais pu réussir à éviter certaines disgrâces conjugales que les maris orientaux supportent avec moins de patience que ceux de l'Occident.

En vain il avait multiplié les expériences,

grâce à la permission que donne le Prophète d'avoir simultanément quatre épouses légitimes, et autant de maîtresses qu'on en peut nourrir, privilége dont le héros de ce récit avait profité largement, sa fortune lui en fournissant les moyens.

Épouses ou concubines, toutes s'étaient en quelque sorte donné le mot pour le ranger invariablement dans cette classe d'infortunés aux dépens desquels Molière faisait rire la cour du grand roi, et que la pruderie moderne ne permet plus de désigner que par des euphémismes ou des périphrases.

Avant de renoncer tout à fait à un sexe vers lequel il se sentait entraîné malgré lui, notre homme résolut de tenter une dernière épreuve.

Il congédia son harem, répudiant les femmes légitimes et revendant celles qui étaient esclaves.

Puis il remplaça tout ce bataillon féminin par une très-jeune fille dont la pureté fut préalablement constatée par une expertise des matrones du pays; une véritable Jeanne d'Arc, — moins les vertus guerrières toutefois.

Il lui fit donner chez lui l'éducation la plus complète et prit particulièrement soin de la tenir éloignée de tout regard profane et tentateur.

Quand cette charmante fleur — c'était une fort jolie fille, dit l'histoire, — lui parut assez épanouie pour qu'il lui fût permis de la cueillir sans crime, il s'empressa de l'épouser.

Aux garanties morales dont nous venons de parler, il jugea prudent d'ajouter certaines précautions matérielles dont une longue expérience lui avait démontré la nécessité.

Ainsi, il fit murer le passage qui conduisait à la terrasse, et tint constamment dans sa poche la clef extérieure de la maison.

En outre, comme il avait fait construire chez lui un bain magnifique, Halima — c'était le nom de la belle enfant — ne put même pas invoquer ce prétexte de sortie, le seul qui permette aux femmes musulmanes d'échapper, de temps à autre, aux ennuis de la vie sédentaire.

Le jeune Constantinois, sachant l'accès de son trésor hérissé de tous ces obstacles, vivait dans la plus parfaite sécurité.

Malheureusement, on ne peut pas tout prévoir !

Notre jaloux n'avait pas remarqué un petit trou rond qui traversait une des parois du *kueublo* (espèce d'alcôve) où la jeune femme se tenait une partie de la journée, pendant qu'il allait à ses affaires ou visitait ses amis.

Le trou en question donnait sur la rue, et la dame n'était pas plus tôt seule, qu'elle enlevait un coussin qui lui servait à dissimuler cette ouverture secrète, où elle collait son œil comme à la lunette d'un observatoire.

Elle apercevait alors la boutique d'un barbier qui se trouvait de l'autre côté de la rue.

C'était une assez médiocre perspective, direz-vous.

Attendez.

Parmi les aides du barbier, il y avait un fort beau garçon; si beau, que la recluse prenait un véritable plaisir à le regarder, et qu'à force de le regarder, elle finit par en devenir éperdument amoureuse.

L'objet de cette passion risquait d'ignorer longtemps son bonheur, si la dame ne se fût souvenue à propos qu'au nombre des talents qu'elle tenait de la générosité de son mari, se trouvait celui de savoir écrire.

Le premier usage qu'elle en fit fut pour se mettre en rapport avec le jeune barbier, à qui elle écrivit que, ne pouvant le recevoir chez elle, elle avait pris le parti de lui donner rendez-vous au dehors; que, pour cela, il devait retenir une maison, sur le chemin d'un bain public qu'elle lui indiquait, et marquer cette maison d'une croix rouge, afin qu'elle pût la reconnaître au besoin; qu'en outre, il était indispensable de louer une négresse qui se tînt constamment au logis qu'il aurait arrêté.

Enfin, elle le priait, en terminant, de l'informer, par un certain signe, du moment où toutes ses dispositions seraient prises, parce que, alors, elle se chargerait du reste.

Tout n'allait pas mal jusque-là; mais le plus difficile était encore à faire; car comment la dame sortirait-elle de la maison où son jaloux la retenait si étroitement enfermée? Espérer que celui-ci reviendrait sur sa résolution de ne jamais permettre que sa femme parût au dehors, c'était rêver l'impossible.

Pourtant, la ruse des femmes est si grande, que ce fut précisément cette dernière hypothèse, la moins vraisemblable de toutes, qui se réalisa.

Une feinte maladie, dont s'alarma vivement le Constantinois, fit qu'il autorisa l'introduction d'une certaine vieille qui prétendait avoir traité la dame dans un cas à peu près semblable, et lorsque celle-ci était encore toute jeune.

Nous n'avons pas besoin de dire que la matrone mentait impudemment.

Il n'y avait qu'un seul mal qu'elle s'entendît parfaitement à guérir, et ce mal n'atteint pas les enfants, ni en Algérie ni ailleurs; seulement, nous devons avouer qu'en ce qui concerne cette affection unique, nul médecin, plus que la vieille, ne possédait de remèdes prompts et efficaces; toutes les jolies femmes de Constantine lui rendaient justice là-dessus...

Quoi qu'il en soit, notre Esculape femelle, après une courte conférence avec la malade, comprit aussitôt la nature de la médication à suivre.

Elle se hâta donc de prescrire des bains fréquents, avec des conditions telles, qu'il était impossible de les prendre autre part que dans un établissement public.

Le mari montra d'abord quelque répugnance à autoriser ce traitement extérieur; mais l'amour qu'il portait à sa femme et les craintes qu'on avait réussi à lui inspirer sur son état l'emportèrent sur tous ses scrupules.

S'imaginant, d'ailleurs, que celle-ci n'avait pu apercevoir aucun homme dans sa rigoureuse retraite, il ne lui vint pas même à l'esprit qu'il pût y avoir quelque intrigue en jeu.

Tout se trouvant ainsi arrangé, la dame jette une fleur par le trou de l'alcôve.

A ce signal convenu, le jeune barbier quitte sa boutique à la hâte et se rend à la *douira* *.

De son côté, la fausse malade, accompagnée d'une négresse qui porte les accessoires du bain,

---

* Nom par lequel on désigne une petite maison qui, ordinairement, depend d'une plus grande.

la suit de près, examinant avec attention toutes les portes des maisons devant lesquelles elle passe.

Arrivée en face de celle qui avait été marquée d'une croix rouge, elle feint de tomber par accident au milieu de la rue, et, en se relevant, déplore avec amertume la nécessité où elle se trouve de continuer sa route jusqu'au bain avec des vêtements souillés de boue.

La vieille, qui se trouvait là, comme on le pense bien, et qui avait imaginé cette ruse pour éloigner honnêtement l'argus au teint d'ébène, conjure la dame de se consoler.

— Il y a, lui dit-elle, un moyen de réparer l'accident qui vous afflige : je puis emprunter des habits pour vous à une personne de ma connaissance qui demeure précisément dans le voisinage.

Aussitôt, elle frappe à une porte, — celle qui était marquée d'une croix, bien entendu, — et demande à l'esclave de louage qui vient lui ouvrir si la maîtresse de la maison est chez elle.

Sur la réponse affirmative, elle fait entrer la dame et ordonne à la négresse d'aller les attendre au bain public, où elles ne tarderont pas à la rejoindre.

On devine le reste de l'aventure.

Ce premier rendez-vous fut suivi de bien d'autres.

Mais la crainte d'éveiller les soupçons ayant obligé la dame à mettre fin à sa prétendue maladie, le mari s'empressa d'en revenir au système de reclusion absolue dont il lui avait tant coûté de se départir.

Si bien qu'un soir, poussée à bout par l'ennui d'une existence qui lui était devenue intolérable depuis qu'elle avait goûté quelques instants d'agréable liberté, Halima dit à son jaloux :

— Vous croyez donc que, grâce à vos belles précautions, je vous ai été plus fidèle que vos autres femmes? Eh bien, détrompez-vous!

Et aussitôt elle lui raconta, avec des détails impitoyablement minutieux, tous les événements dont nous venons d'entretenir le lecteur.

Le pauvre mari, à cette accablante révélation, faillit tomber à la renverse.

Dès le lendemain, il répudia sa femme, vendit tout ce qu'il possédait à Constantine, et, ayant réalisé sa fortune en argent comptant, il se rendit à Alger, se proposant bien de n'avoir de sa vie rien à démêler avec le beau sexe.

Dans sa nouvelle résidence, il reprit donc la vie de garçon, et, au milieu des plaisirs de toutes sortes, perdit peu à peu le souvenir de ses nombreuses mésaventures conjugales.

Un jour qu'entouré de ses amis il chantait sur le banc extérieur d'un café, s'accompagnant sur la guzla, il fut entendu et aperçu par la favorite du dey.

La musique, la poésie, sans doute aussi la bonne mine du virtuose, furent du goût de la dame.

Son époux était précisément occupé à combattre en personne un bey de Tittéry qui venait de se révolter.

Le moment paraissait donc tout à fait opportun pour satisfaire le violent désir qui était venu à cette princesse de voir de près le beau chanteur.

Elle lui envoya sur-le-champ une de ses plus adroites et de ses plus discrètes messagères.

Le Constantinois avait fait, il est vrai, le serment de ne plus s'engager dans aucune aventure amoureuse; mais, soit qu'il ne crût pas prudent de repousser les avances d'une personne de ce rang, soit que ses anciens penchants eussent repris le dessus, il se laissa conduire au palais.

On l'introduisit avec mille précautions dans les appartements de la favorite, où aucun profane n'avait jamais pénétré.

Là était servi un souper délicat dont la partie liquide s'éloignait notablement des préceptes du Coran, et que la maîtresse du logis invita le jeune homme à partager avec elle.

Au dessert, quand les esclaves se furent retirés, et que la conversation succéda à la musique, la princesse ayant demandé à son hôte s'il était marié, cette question lui valut naturellement le récit des aventures que nous avons racontées, et qui lui inspirèrent pour le narrateur la plus tendre compassion.

Au moment où elle s'efforçait de consoler son aimable convive, une esclave entra tout effarée, annonçant que le dey était de retour et qu'il la suivait de fort près.

On n'eut que le temps de faire entrer l'amant dans un grand coffre qui se trouvait là, et la princesse venait de l'y enfermer et de cacher la clef dans son sein, lorsque le dey parut devant elle.

Le trouble que celui-ci remarque sur le visage de sa femme, la persistance qu'elle met à se tenir immobile auprès du meuble qui recèle le jeune Constantinois, tout cela le surprend et fait naître de vagues soupçons dans son esprit.

Il questionne.

On lui répond avec embarras.

L'idée d'une perfidie dont il est peut-être victime lui vient aussitôt à la pensée, et il demande la clef du coffre qu'on paraît garder avec tant de soin.

— Je n'ai pas cette clef, répond la princesse d'une voix altérée ; je l'ai donnée à réparer ce matin.

Cette pitoyable défaite redouble la mauvaise humeur du dey, qui ordonne à ses chiaoux de briser le coffre.

Mais, alors, la princesse paraît prendre un grand parti, et tendant la clef à son époux, qui s'en empare vivement :

— Yadace! s'écrie-t-elle en éclatant de rire.

A ce mot, la colère du dey s'évanouit comme par enchantement : il devient tout confus, laisse échapper de ses mains la clef fatale, et s'éloigne la tête basse.

C'est-à-dire qu'il y avait plus de huit mois qu'il jouait au yadace avec sa femme sans avoir pu la prendre en faute, et qu'il se voyait pris lui-même pour avoir trop écouté sa jalousie.

Aussi était-il inconsolable; — mais le malheureux ne savait pas encore tous les motifs qu'il avait de se désoler.

Dès qu'il fut parti, la princesse se hâta de rendre l'air et la liberté au jeune captif, qui, au fond de son étroite prison, où il respirait à peine, n'avait cependant rien perdu de la scène tragicomique qui venait de se passer.

— Ma foi, madame, s'écria-t-il en se remettant sur ses jambes, je croyais que les femmes par lesquelles j'ai été si bien trompé jadis étaient ce que leur sexe pouvait offrir de plus habile; mais votre présence d'esprit, l'adresse que vous avez montrée dans cette conjoncture difficile me prouvent que j'étais dans l'erreur, et qu'en fait de ruses féminines, il n'y a pas de limites au possible... Si donc, contrairement au serment solennel que j'ai prononcé, il m'arrivait de goûter encore du mariage, je vous promets de faire mon profit de ce nouveau tour, et de me rappeler *qu'il n'est pas prudent de jouer au yadace avec sa femme ou sa maîtresse.*

Passons à la seconde anecdote, qui sera moins longue à raconter.

Un riche Algérien fut obligé de partir pour la Mecque avant d'avoir pu prendre au jeu du yadace une femme avec laquelle il était récemment marié et qu'il laissait enceinte.

Le voyage se prolongea pendant trois ans, et notre homme, au moment de revenir, imagina d'acheter une bague d'un grand prix pour l'offrir à sa femme, supposant que la joie d'embrasser un mari si longtemps attendu et le plaisir de recevoir un riche cadeau pourraient faire oublier à celle-ci tous les jeux du monde.

Au moment où l'Algérien passait le seuil de sa porte, sa femme, le visage baigné de larmes... de bonheur, accourut à lui, tenant dans ses bras un jeune enfant qu'elle lui présenta.

C'était un beau et vigoureux garçon que le père saisit avec transport.

Mais, comme il le couvrait de baisers :
— Yadace! s'écria sa femme; yadace!...

On assure que le malheureux époux éprouva un tel saisissement de se trouver ainsi doublement attrapé, et comme mari et comme joueur, qu'il laissa tomber à terre le pauvre enfant, qui mourut des suites de sa blessure.

De sorte que notre homme perdit en même temps son pari, son fils unique et la foi qu'il avait en l'amour de sa femme!

Nos deux anecdotes citées, revenons au ramadan.

Un soir que je venais de faire ma prière à la Kaâba, et que je traversais, pour m'en retourner, l'enceinte affectée aux femmes, j'en remarquai une qui, au travers de son voile, m'observait d'une manière étrange, et qui, lorsque je passai près d'elle, me salua de la tête tout en m'appelant distinctement par mon nom.

Je me dirigeai tout aussitôt de son côté, voulant savoir à qui j'avais affaire.

Mais, sans m'attendre, elle s'esquiva prestement, et, grâce à l'obscurité qui régnait déjà partout, disparut bientôt à mes yeux.

Je n'en continuai pas moins de suivre sa trace, certain que j'étais de la rejoindre; car, n'ayant pu entrevoir la figure, je m'étais attaché à distinguer les vêtements.

L'inconnue, d'après sa démarche, me paraissait être Grecque.

Elle avait la taille svelte et gracieuse, le plus beau buste qu'il fût possible de voir.

C'était, sans doute, une de ces jolies filles d'Arakova, devant lesquelles celles d'Ipsara elles-mêmes, si justement renommées pour leur beauté, doivent baisser pavillon.

C'est, en effet, à Arakova qu'il faut chercher le type de ces beaux profils grecs, de ces figures aux lignes gracieuses et régulières, aux yeux bleus, aux cheveux noirs qui s'échappent en ondulations capricieuses de dessous une petite calotte rouge, et tombent négligemment sous un voile de batiste transparente. C'est l'éclat oriental uni à la finesse européenne, le point où les deux types se rencontrent et se confondent.

Mon inconnue portait une jupe de couleur voyante, ouverte par le bas, et ornée de deux larges revers brochés en or, qui se retroussaient sur le genou.

Son corset, de velours bleu, également brodé de fil d'or, se laçait sur la poitrine; par-dessus était un *caso* vert, espèce de gilet sans boutons, qui flottait librement des deux côtés; ce caso était brodé en or comme tout le reste.

Elle n'avait d'autres manches que celles de sa chemise, lesquelles étaient larges et pendantes, de manière à laisser nu le bras jusqu'au coude.

Ses petits pieds étaient emprisonnés dans de charmantes pantoufles rouges.

Enfin, un diadème de perles qui s'attachait sur le haut du front couronnait dignement sa gracieuse tête, cachée sous une riche *mellaya* blanche comme neige.

Tout cela était ravissant à voir.

Mais là, pour le moment, n'était pas la question.

J'en voulais au contenu; le contenant ne me tentait guère.

Aussi hâtai-je le pas, sans trop sortir, cependant, des bornes imposées par la gravité musulmane.

Mais, crac! au détour d'une rue ma vision disparut, et je restai planté là comme un terme, ne sachant à quoi me résoudre, et donnant ma langue aux chiens.

Force me fut de m'en retourner comme j'étais venu.

Arrivé chez moi, sans m'arrêter auprès de mon hôte le moudir, qui s'égayait à table avec sa famille, je montai droit à ma chambre et me couchai.

J'étais sûr au moins que, là, on ne viendrait pas me déranger, et je pus, par conséquent, passer et repasser à mon aise, dans ma mémoire, les diverses phases de la course tant soit peu fantastique que je venais d'accomplir.

Et certes, elle m'intriguait fort celle qui en avait été l'objet !

Était-ce une simple courtisane ?

Ou mieux, n'était-ce pas Hadji-Fatma ?

Je savais qu'elle était à la Mecque, puisque à Djeddah je l'avais vue partir pour cette destination, et que nous nous y étions même, on se le rappelle, donné rendez-vous.

Mais où la retrouver ?

Ne m'avait-elle pas oublié, d'ailleurs ?

Le lendemain au soir, je suivis, pour sortir de la Kaâba, le même chemin que la veille.

Je ne rencontrai point mon inconnue.

Plusieurs jours se passèrent de la sorte, et j'avais fini par ne plus songer à cette charmante apparition, quand, un beau matin, je vis arriver chez moi Hadji-Ali, le mari de Fatma.

A cette vue, je ne fis qu'un bond du *serir* où j'étais accroupi jusqu'au vieillard.

J'allais donc enfin avoir des nouvelles de ma jolie compagne de voyage.

— C'est pour elle que je viens te trouver, me dit Ali en entrant ; elle a besoin de tes services.

— Parle, parle, répondis-je aussitôt.

Hadji-Ali avait découvert mon domicile sur les indications de Fatma.

Qui lui avait donné à elle-même ces indications?

C'est ce qui ne m'a jamais été bien expliqué.

Le vieux turcoman était enchanté de me revoir et ne pouvait assez se féliciter de ma présence à la Mecque.

Et, moi aussi, j'étais tout heureux de le retrouver, ou plutôt, soyons franc, de retrouver Fatma.

Après l'échange des compliments et des félicitations, Hadji-Ali me reparla de sa femme.

On vient de voir qu'il était venu chez moi envoyé par elle, et que c'est lui qui m'en avait parlé le premier.

Je me fusse bien gardé de mettre la conversation sur ce sujet : c'eût été faire injure au digne homme, car les mahométans ne parlent jamais de leurs femmes, même entre eux.

On leur demande :

— Comment va ta maison, ta tante, ton aïeule?

Mais de leur femme, pas un mot.

— Hadji-Fatma est indisposée, reprit Ali, et je suis venu pour te demander si tu n'as pas, dans ta pharmacie, quelque remède qui puisse la guérir?

J'ai déjà dit, je crois, que je m'occupais un peu de médecine.

Mais il ne m'allait pas du tout de donner une

consultation au mari, sans avoir vu la femme : j'étais presque certain que c'était une ruse de celle-ci pour me faire venir chez elle sans éveiller la jalousie d'Ali.

Je répondis, en conséquence, à ce dernier, que je ne pouvais le satisfaire sans avoir préalablement tâté le pouls à la malade.

Hadji-Ali réfléchit un instant.

— C'est juste, répliqua-t-il ; mais je n'ose prendre sur moi de te présenter à elle sans l'en avoir prévenue. Au revoir donc, et à ce soir la réponse.

Et Hadji-Ali s'en retourna chez lui.

Homme simple et placide, il croyait à la sincérité de mes paroles, et, moi, j'allais abuser de sa bonhomie !

Mais l'occasion fait le larron...

Une fois seul, je mis un peu d'ordre dans ma boîte à médicaments, j'arrangeai ma trousse, je fis mes ablutions ordinaires et extraordinaires, et me harnachai de mes plus beaux atours.

Puis j'attendis, non sans quelque impatience, l'heure où le vieux turcoman devait venir me prendre à la sortie de la Kaàba.

Je fus un des premiers qui arrivèrent à la mosquée.

Aussitôt mes dévotions terminées, et quelles dévotions! je renvoyai Sélim avec mon tapis, mon Coran, mon peigne et mon miroir de poche.

Je ne gardai que ma pharmacie et ma trousse, et j'allai me poster à l'entrée principale de la Kaâba.

Mon attente ne fut pas longue.

J'avais à peine lié conversation avec mes causeurs habituels, que je me sentis légèrement touché à l'épaule.

C'était Hadji-Ali qui venait me chercher.

Il était rayonnant de joie en m'annonçant la bonne nouvelle.

Je souhaitai le bonsoir à tous mes amis, et, prétextant une affaire importante, je suivis l'honnête turcoman.

Chemin faisant, il m'apprit qu'Hadji-Fatma avait accepté ma proposition avec empressement, et m'invita à doubler le pas afin de ne pas trop la faire attendre.

Je ne demandais pas mieux.

La belle m'aimait, à ce que je compris par cette confidence de son mari. J'avais donc deviné juste en pensant que sa maladie n'était qu'une ruse pour me donner accès auprès d'elle.

La nuit était sombre.

Hadji-Ali me précédait, éclairant notre marche à l'aide d'un petit fanal qu'il avait apporté avec lui; ce qui est toujours une bonne précaution, le soir, dans les pays chauds, ne serait-ce que pour se garer des chiens.

Au bout de dix minutes qui me parurent un siècle, nous arrivâmes devant une maison de chétive apparence et dont la porte était soigneusement fermée.

Mais l'extérieur de cette maison ne me fit point mal préjuger de l'état de fortune des habitants.

Je crois avoir déjà dit qu'en Orient et en Afrique, tout le monde simule la misère, ou tout au moins la gêne, pour se soustraire à la rapacité des autorités constituées, qui pressurent le riche de manière à lui faire envier la condition du pauvre.

J'entrai dans la petite maison derrière Hadji-Ali, et bientôt je me trouvai en présence de Fatma...

Mais, ici, je m'aperçois que je vais, à peu de chose près, répéter l'histoire d'Halima, en m'attribuant le rôle de la vieille guérisseuse, ou plutôt celui de l'heureux garçon barbier.

Telle n'est point la tâche que je me suis proposée en écrivant ce livre.

Je suis un voyageur dont on a le droit d'attendre des récits plus dignes d'intérêt, et j'entends le lecteur qui me crie : « Marche! marche! »

En route donc!

VIII

— El-Nedjoud. —

Après un assez long séjour à la Mecque, j'étais revenu à Djeddah avec de nouveaux projets de voyage, et, en effet, le 15 septembre 1843, je m'embarquais sur un boutre en destination d'Abou-Arisch.

Abou-Arisch est la résidence habituelle du chérif de l'Yémen, qui, sur ma réputation faite par les Arabes, avait manifesté le désir de m'attacher à lui comme aide de camp.

Il m'était attribué une solde de huit cents francs par mois; ce qui pouvait équivaloir à deux mille en France. Quant au grade, il correspondait à celui de colonel : je conservais donc mon titre de bey.

Conformément aux ordres du chérif, le boutre *El-Nedjoud* (*l'Étoile*) avait été mis à ma disposition, et le reïs auquel il appartenait l'avait rendu, pour la circonstance, le plus confortable possible; le confortable pris au point de vue arabe, bien entendu.

L'équipage se composait d'une douzaine de nègres, les uns Cafres, les autres Abyssins; quelques-uns, qui venaient du Zanguebar et de la côte de Mozambique, se distinguaient par leur beau noir velouté ou luisant, selon qu'ils étaient Nubiens ou Saumaliens.

Au moment où nous levions l'ancre, on me fit des signes d'une barque qui forçait de rames pour arriver à nous, et la manœuvre s'arrêta aussitôt.

On voyait, en effet, à bord de la barque le pavillon du pacha.

Osman-Pacha — que j'oserai appeler mon père adoptif — m'envoyait, par son aide de camp, une sacoche qui pouvait renfermer dix ou douze mille francs. Il m'envoyait, en outre, un firman qui devait m'ouvrir les portes de toutes les autorités turques que je pourrais rencontrer sur ma route; enfin, des lettres pour Nedjid-Pacha, gouverneur de Bagdad, ville où, pour cacher mes projets d'exploration, j'affectais de vouloir me rendre.

Plus tard, mes projets ayant échoué, je retrouvai mon firman, mais ce fut pour le jeter à la mer : ce firman, qui m'ouvrait les portes des Turcs, était pour moi un signe de proscription près des Arabes.

Avec Hassan-Effendi, c'est-à-dire avec l'aide de camp du pacha, se trouvaient plusieurs autres officiers, beys comme moi, et M. Serkis, qui, quoique remplaçant l'agent français, m'avait servi d'intermédiaire quand j'avais voulu me faire musulman.

Quelques-uns des officiers me remirent des lettres pour leurs amis et leurs parents de Bagdad et de Bassora; M. Serkis, qui était Arménien, m'en remit également pour ses compatriotes.

Toutes ces lettres furent jetées à la mer avec le firman.

Après de courts adieux, ces messieurs redescendirent dans leur barque, et nous partîmes.

Je quittais la Mecque riche relativement.

J'emportais environ trente-cinq ou quarante mille francs, somme qui, en Arabie, équivaut à celle de cent vingt mille francs en France; elle provenait de mes appointements comme bey, et surtout comme médecin, quoique, en cette dernière qualité, je ne demandasse jamais rien; mais on allait, par les cadeaux, au delà de mes désirs, — les uns m'envoyant des armes, les autres des diamants, les autres des bijoux, quelques-uns de l'argent.

Puis ma dépense était à peu près nulle : avec mes deux domestiques, mes six chevaux, mon portier et un petit esclave, je n'ai jamais pu dépenser plus de trente francs par mois, c'est-à-dire — toujours pour garder la proportion —

quelque chose comme cent ou cent vingt francs.

Il est vrai que, de tous côtés, je recevais des confitures, des dragées, des parfums, des poules, des quartiers de mouton et même des moutons tout entiers.

Au moment du départ, j'avais réalisé tout ce qui était réalisable, exepté mes diamants, que je portais sous l'aisselle enfermés dans un petit sachet de peau. J'avais vendu ce que j'avais de trop en armes, en costumes, en meubles ; j'avais vendu — et bien vendu — mes six chevaux ; j'affectais l'air d'un simple pèlerin. En Orient, lorsqu'on voyage surtout, il ne faut point paraître trop riche, à moins que l'on ne voyage avec un caractère officiel.

En arrivant sur le boutre, j'avais trouvé mon campement tout préparé. On avait d'abord voulu, pour me faire honneur, me donner la dunette ; mais je savais trop que je ne l'habiterais pas seul, pour accepter cette distinction. Mes tapis étaient donc étendus sur un cadre près de la boussole.

Outre Sélim et Mohammed, mon cuisinier et mon palefrenier, j'emmenais avec moi un petit nègre qui était chargé du département des pipes, et qui se nommait Bellal.

Il avait été pris dans les environs de Mombaza, petite ville située sur la côte du Zanguebar, et qui fait partie des États de l'iman de Mascate; il était très-fin, très-intelligent, et avait une certaine distinction dans les manières. Cette distinction et ce que je pus tirer de ses souvenirs me porte à croire qu'il était le fils de quelque chef.

Il avait les goûts les plus aristocratiques : il aimait les chevaux, les armes, les bijoux, et surtout la musique ; je pourrais même dire qu'il était l'inventeur d'un instrument : il s'était fait un arc mélodieux. Une corde à boyau extrêmement tendue faisait les frais de ce luth à une corde ; la nuit, au clair de la lune, il se posait comme un barde, et tirait de son arc trois ou quatre notes différentes qui se perdaient en gémissant dans le murmure des vagues. Cela avait quelque chose de profondément mélancolique qui plaisait à Bellal et à l'équipage, et qui ne me déplaisait pas.

Toutes les nuits, à heure fixe, aussitôt sa prière du soir terminée, il passait à l'avant du navire, — là où la proue brise les flots, — et se mettait à pincer sa corde.

Cela durait jusqu'à minuit.

Mais ses auditeurs les plus assidus étaient les dorades et les dauphins qui se jouaient autour du bâtiment, et qui, à coup sûr, eussent renouvelé l'histoire d'Amphion, si Bellal fût tombé à la mer.

Les musulmans ne doutaient point que tous

ces poissons ne vinssent là pour écouter le nègre ; cette croyance avait dans leur esprit d'autant plus de fondement que, pour eux, les dauphins sont des sirènes.

A minuit, la musique de Bellal cessait et était remplacée par un concert de grillons qui avaient leur logement dans les trous de la cale.

Alors, chacun s'endormait insensiblement, à l'exception des hommes de quart et des vedettes, qui se tenaient à l'avant, et qui, invisibles à l'extérieur, exploraient la mer, et, à des distances énormes, distinguaient les moindres objets, disant ce qu'ils étaient, quand, pour ma part, je n'en apercevais pas encore l'ombre.

De temps en temps, au milieu de l'obscurité, on croisait de petits bâtiments qui passaient silencieux avec leur flamme à la proue.

Une nuit, nous en vîmes un qui avait l'air de se conduire tout seul ; son feu était éteint, et il gouvernait droit sur des récifs. Nous le hélâmes pour le prévenir du danger qu'il courait : personne ne nous répondit, et il alla heurter un banc de corail.

On mit aussitôt une chaloupe à la mer, ou plutôt, deux hommes sautèrent dans celle qui nous suivait à la prolonge, et se dirigèrent sur le bâtiment.

Il était vide, taché de sang et pillé.

Notre reïs déclara que c'était l'œuvre de pirates qui, de peur d'être découverts, avaient abandonné le navire à lui-même, après avoir tué les hommes, emmené les femmes et les enfants, et volé les marchandises.

La surveillance en redoubla à bord du *Nedjoud*, non-seulement pour cette nuit-là, mais encore pour les nuits suivantes.

Pendant le jour, grâce à la chaleur abominable qu'il faisait, on dormait bien autrement encore que la nuit. — Les nègres seuls restaient debout et s'amusaient à pêcher au trident.

Le pêcheur, à cet effet, se plaçait à l'avant, lançait son trident, retenu par une corde, et rarement manquait la bonite ou la dorade contre laquelle il était lancé.

D'autres se baignaient au milieu des requins. La première fois que j'avais vu cet effrayant spectacle, j'avais eu la bonhomie de leur crier de prendre garde.

Le capitaine me rassura.

— Bon! me dit-il, soyez tranquille : ils mangeront le requin avant que le requin les mange!

Le fait est que, dans mes traversées de la mer Rouge et de la mer des Indes, les nègres m'ont toujours paru plus friands de requins que les requins friands de nègres.

J'ai vu, au reste, plus d'un duel de ce genre,

et d'où l'homme ne manquait jamais de sortir vainqueur.

Ainsi, le nègre porte constamment au bras gauche une espèce de bracelet en cuir auquel il suspend un large couteau recourbé; quand il se sent flairer de trop près par le requin, il tire son couteau, et passe comme un éclair sous le ventre du squale.

Bien entendu que, en passant, il lui a ouvert le ventre, dans une longueur de trois ou quatre pieds, plus ou moins.

Le requin poursuit l'homme en traînant ses entrailles; mais l'homme, qui nage aussi vite que son ennemi, évite les effroyables coups de queue qui l'anéantiraient; quant à la gueule, il n'y a rien à craindre de ce côté : il faut que le requin se retourne pour happer, — et toujours le requin met dans ce mouvement une certaine lenteur; — or, pendant qu'il se retourne, l'homme a filé de l'autre côté du bâtiment, faisant quelquefois, au passage, une nouvelle victime.

Les requins blessés à mort ainsi plongent et disparaissent comme la baleine; mais, tout blessés qu'ils sont, ils suivent sous l'eau le navire, et une heure, deux heures, trois heures après, ils remontent à la surface, épuisés, ayant perdu tout leur sang.

Alors, on leur passe autour du corps un nœud coulant, on les laisse suspendus jusqu'à ce qu'ils soient bien morts, puis on les amène sur le pont, où on les dépèce, et où chacun tire au plus gros morceau.

Les uns font bouillir, les autres font frire, les autres, enfin, font sécher au soleil leur part de la pêche.

La meilleure de ces trois préparations est exécrable.

Et, cependant, le requin forme la nourriture habituelle des marins de ces côtes, pour lesquels c'est un morceau des plus délicats.

Dès le lendemain de notre départ, comme nos nègres s'aperçurent que trois ou quatre requins folâtraient dans le sillage de notre boutre, ils jetèrent à la mer un hameçon avec une chaîne de fer ; l'hameçon amorcé d'une boule de suif.

Cinq minutes après, un des requins se débattait au bout de la chaîne.

Aux cris poussés par le marin qui surveillait la ligne, une demi-douzaine de ses camarades accoururent, et se mirent à tirer le squale.

Ces hommes étaient naturellement des plus vigoureux ; et pourtant ce ne fut qu'après de prodigieux efforts qu'ils parvinrent à faire perdre au requin le point d'appui que l'eau lui offrait, et à lui faire prendre une position verticale.

Un instant, on laissa l'animal suspendu ainsi pour lui donner le temps de se pâmer.

C'était un beau requin bleu, un peu plus foncé que l'azur du ciel, de l'espèce de ceux que les Arabes nomment *elazerac* (peau bleue).

Au bout de vingt minutes de suspension pendant lesquelles le drôle avait fait le mort, on le hissa sur le pont en prévenant tout le monde de s'écarter ; mais la curiosité fut plus forte que la crainte du danger : on fit un grand cercle autour de l'animal, cercle qui s'élargit rapidement lorsque, se sentant de nouveau un point d'appui, grâce au pont du bâtiment, le requin se mit à jouer de la queue et à montrer en bâillant sa double rangée de crocs inclinés en dedans, de manière qu'ils ne lâchent plus la proie, une fois la proie happée ; la gueule, qui semble petite à première vue, prend, lorsqu'elle s'ouvre dans les convulsions de l'agonie, une effroyable dimension.

Cependant, notre requin n'était pas de grande taille, il pouvait avoir huit à neuf pieds. — Les requins bleus vont jusqu'à douze ; les requins blancs à quinze, et même davantage.

Avant le soir du même jour, le requin fut dépecé, bouilli, frit, rôti.

J'avais la plus profonde répugnance pour ce mets ; néanmoins, sur les instances de Sélim, qui prétendait qu'en le lui laissant préparer suivant sa recette, je m'en lécherais les doigts, je me hasardai à goûter de son ragoût.

Sélim en fut pour ses oignons, son piment, son ail, son gingembre, son girofle, son huile et son vinaigre : à la première bouchée, le cœur me leva, et, pour ce jour-là, je dînai en regardant dîner les matelots.

Il est vrai que, ce jour-là, ils dînèrent pour eux et pour moi. Le requin y passa tout entier, à l'exception du foie, qu'ils conservèrent pour faire de l'huile : un foie de requin donne de vingt-cinq à trente livres d'huile.

Cette huile leur servit à peindre le boutre, et, tout en peignant le navire, à se frictionner eux-mêmes ; grâce à ces frictions, ils infectent, mais peuvent rester nus au soleil.

C'est aussi à ces frictions qu'ils doivent de pouvoir demeurer à l'eau pendant des heures entières.

Il y a sans doute là un reste du massage antique ; seulement, les anciens se frottaient d'huile parfumée.

Comme moi, notre reïs avait un petit nègre attaché à son service particulier; c'était un Abyssin marqué au type de la vieille Égypte; son teint était olivâtre, son nez plutôt aquilin qu'aplati; il avait les yeux grenat, doux comme du velours, et les lèvres, européennes pour la forme, sinon pour la couleur.

Une particularité me frappa : c'est qu'il portait le même nom que le nègre de Robinson Crusoé ; il s'appelait *Djouma*, c'est-à-dire Vendredi. Je doute cependant que le reïs eût jamais lu le chef-d'œuvre de Daniel de Foë.

Il y a toutefois, en arabe, une foule d'histoires qui ressemblent à celle de Robinson ; Sélim en racontait beaucoup de ce genre ; je regrette de ne pas les avoir écoutées plus attentivement ; je pourrais aujourd'hui, dans un livre intitulé les *Mille et une soirées*, faire le pendant des *Mille et une nuits*.

Pour revenir à Djouma, le troisième jour après notre départ, il se roulait sur le pont en poussant des cris que j'entends encore.

J'accourus à ses cris ; il avait l'écume à la bouche, ses yeux étaient injectés de sang, ses dents étaient serrées à se briser. Je crus qu'il avait une attaque de rage ou d'épilepsie.

Tous les autres nègres l'entouraient et essayaient de le maintenir ; seulement, pour en arriver là, il fallait la force de quatre de ces colosses d'ébène. J'ai dit quelle avait été ma première impression ; mais, en voyant une des jambes de l'Abyssin serrée fortement par une corde au-dessus des chevilles et horriblement gonflée, je compris qu'il y avait là-dessous une piqûre quelconque.

En effet, à trois pas du pauvre Djouma, un scorpion était en train de se suicider dans un cercle de feu. C'était un scorpion jaune : les scorpions jaunes sont les plus dangereux dans toute l'Arabie.

Dans l'Afrique septentrionale, ce sont les noirs ; sur la côte orientale, à Quiloa et à Mozambique, les rouges.

J'appelai Sélim, lui criant, du plus loin que je l'aperçus, de m'apporter ma trousse.

Djouma, en descendant à la cale puiser de l'eau, avait été piqué par le scorpion entre l'orteil et le second doigt du pied gauche ; la douleur du pauvre diable avait été excessivement vive, moins vive cependant qu'elle le fut au moment où il apprit qu'il n'y avait pas d'espoir de le sauver.

En effet, nos médecins du bord — et tout le monde est médecin sur un boutre — étaient à bout de ressources, il avaient, d'abord, lié la jambe, puis sucé et cautérisé la plaie avec un fer rouge.

Tout cela n'avait rien fait : l'enfant était pris d'un tremblement nerveux qui, si on ne lui appliquait pas le véritable spécifique, devait le conduire au tétanos.

On en était à la magie : on lui faisait avaler

de l'eau dans laquelle on avait détrempé des versets du Coran.

Mais le mal résistait à ce remède infaillible.

Le reïs se désespérait.

C'est en voyant ce désespoir de son patron que Djouma avait compris le danger, et la conviction qu'il allait mourir, bien plus encore que la douleur physique, lui faisait pousser des cris de possédé.

Sélim arriva avec ma trousse et l'ouvrit devant tout le monde; la vue des divers instruments produisit une grande sensation et le mot de *hakim* passa de bouche en bouche et fit renaître un peu d'espoir.

Hakim veut dire médecin.

Mon premier soin fut de chercher, au milieu de toutes ces cautérisations, la blessure primitive, qui n'était pas plus considérable qu'une piqûre d'aiguille; un petit cercle livide me la dénonça.

Je débridai la plaie; mais le sang ne sortait point; il fallut l'attirer en suçant, ce que fit courageusement un des premiers psylles. Au bout de quelques secondes, le sang arriva en abondance.

Pendant ce temps, Mohammed m'avait apporté un flacon d'alcali; je laissai tomber plusieurs gouttes de la liqueur dans l'ouverture pratiquée par la lancette; ce fut une nouvelle cautérsation qui, faisant éprouver au patient une douleur aiguë, redoubla ses cris et ses contorsions.

Je ne me préoccupai ni des uns ni des autres, et continuai le traitement.

Sélim tenait tout prêt un verre d'eau rempli à moitié. J'y versai cinq ou six autres gouttes d'alcali, et forçai Djouma à avaler le tout.

Au bout d'un quart d'heure, le traitement avait produit un effet qui mettait tout le monde en admiration. Le calme dans lequel tomba le blessé fut en raison inverse de l'agitation à laquelle il avait été en proie : il vomit deux ou trois fois, puis s'endormit.

Son pouls, après avoir donné quatre-vingt-cinq pulsations par minute, n'en donnait plus que soixante-huit ou soixante et dix.

Le reïs était aux anges!

Seulement, ce sommeil l'inquiétait; n'était-ce pas le sommeil de la mort, ce sommeil si profond, qu'il semblait une léthargie?

Puis Djouma était insensible au toucher.

J'avais beau dire que je répondais de tout, on hochait la tête d'un air de doute; alors, je fis apporter la glace de mon nécessaire, je la mis devant la bouche du malade.

Elle se couvrit de vapeur, et le reïs, ainsi que les autres assistants, furent convaincus que Djouma n'était pas mort.

Mais en reviendrait-il? là était la question.

Une piqûre de scorpion jaune est presque toujours mortelle en Arabie, surtout avec le mode de traitement appliqué par les indigènes.

J'avais fait disposer, à l'ombre et avec des voiles, une espèce de couche; on étendit Djouma sur ce lit improvisé; je mis un nègre de planton pour chasser les mouches et les fourmis que les pâtes de dattes avaient attirées à bord par milliers, et qui rivalisaient de gourmandise avec les rats et les souris; je plaçai Sélim en sentinelle avec charge de veiller et de m'appeler aussitôt que le malade ouvrirait les yeux.

Sachant que ce sommeil durerait au moins deux ou trois heures, j'invitai le reïs à faire préparer sous mes yeux et par les soins de Mohammed, élève de Sélim au point de vue culinaire, une bonne poule au riz.

Il va sans dire qu'on voulait échauder et dépouiller l'animal; je m'y opposai : il fut brûlé et flambé à la manière française, après avoir toutefois été saigné à la façon musulmane.

Cette poule, accommodée avec sa peau, fut, comme je m'y attendais, l'objet d'une vive discussion; mais je déclarai que le cordial qui devait réconforter le malade était justement dans la peau du volatile.

Cette affirmation, qui, d'ailleurs, n'avait rien

de contraire à la loi musulmane, laquelle même, dans certains cas, dans le cas de maladie surtout, permet l'emploi des choses prohibées ; cette affirmation, dis-je, leva tous les scrupules, et, cinq minutes après son réveil, Djouma était accroupi avec sa poule au riz entre les jambes, et paraissait trouver le traitement fort à son goût.

Le lendemain, il était guéri de la piqûre.

Ce qui fut plus long à guérir, ce fut la cautérisation.

J'aurais pu demander au reïs tout ce que j'eusse voulu, même son boutre, il m'eût certainement tout donné, tant il était attaché à son négrillon.

Aussi, pendant toute la route, et même à terre, il n'y eut sorte de prévenances dont je ne fusse l'objet de sa part.

Sélim et Mohammed reçurent, chacun selon son importance, une splendide gratification; elle était bien certainement du double du prix qu'avait coûté Djouma lorsqu'il avait été vendu.

Cette cure, comme on le comprend bien, me donna une fort belle clientèle à bord du boutre, et il n'y eut pas un passager ni un marin qui ne vînt me demander une consultation.

Nous avions encore six jours de traversée pour arriver à Confoda, dernière ville de la province de l'Hedjaz.

Jusque-là, les incidents du voyage, c'est-à-dire la prise du requin et la piqûre du scorpion, m'avaient aidé à passer le temps; mais Djouma n'ayant plus besoin de moi, et les requins devenant rares, je me fis apporter mon fusil et me mis à tirer des mouettes, des goëlands et des paille-en-queue. Au milieu de ma chasse, je m'aperçus, malgré toute l'attention que j'y apportais, qu'il se faisait un grand mouvement à bord.

Tout le monde se pressait à l'avant; j'étais resté à peu près seul sur la dunette. Je regardai du côté où regardait tout le monde : je vis à l'horizon une espèce de barque qui semblait chasser devant elle une ligne de brisants.

Des brisants mobiles et qui marchaient devant une chaloupe, c'était certes assez extraordinaire!

Je criai à Sélim de m'apporter ma lunette. Sélim, voyant bien ce qui me préoccupait, essaya de me donner des explications; mais il eut beau faire, je ne pus parvenir à comprendre le mot arabe qu'il me répétait cependant à satiété.

Je portai ma lunette à mon œil, et tout me fut expliqué : la barque était une baleine; le récif était un banc de sardines qui fuyait devant elle.

Le monstre ouvrait, d'un mouvement régulier, une gueule grande comme un four et la refermait avec la même régularité, tout en lançant l'eau par ses deux évents.

Il est rare de voir des baleines dans la mer Rouge; aussi, comme je l'ai dit, tout le boutre était-il fort en émoi. Si l'on pouvait joindre et harponner la baleine, c'était la fortune de l'équipage; le capitaine aurait pris une part, un quart peut-être; le reste serait revenu aux matelots; et ce n'eût plus été vingt-cinq ou trente livres d'huile que l'on eût recueillies, comme on avait fait avec le foie du requin, mais bien de deux mille à deux mille cinq cents livres!

La baleine en question était, bien entendu, une petite baleine; mais, telle qu'elle était, on s'en fût contenté. On gouverna pour se rapprocher d'elle.

En même temps, on mettait les deux canots à la mer.

Quatre hommes et un harponneur, dépouillés de tout vêtement, descendirent dans chaque canot.

Malheureusement, nous n'étions guère organisés pour cette pêche, et je compris bientôt que nos hommes étaient plus inquiets que joyeux de leur bonne fortune.

La baleine, qui porte le nom de *sémek-Jouns* c'est-à-dire de *poisson de Jonas*, la baleine, quoique innocente, au point de vue de la science moderne, du crime de gloutonnerie dont l'accuse la Bible; la baleine, dis-je, rappelait à nos matelots une trop terrible tradition pour qu'il n'y eût pas quelque hésitation de leur part.

Une des barques s'approcha cependant du terrible léviathan; elle était particulièrement montée par nos pêcheurs de requin: mais le requin était pour ces hommes un ennemi habituel, un ennemi de tous les jours, un ennemi connu, avec lequel chacun d'eux s'était mesuré vingt fois, tandis qu'il n'en était pas ainsi de la baleine; la baleine, c'était l'inconnu.

Quoi qu'il en fût, ils continuaient résolûment à nager vers l'animal, lequel, toujours occupé de mordre des bouchées dans son banc de sardines, ne paraissait faire aucune attention aux deux coquilles de noix qui s'approchaient de lui.

Enfin, la première barque étant parvenue à la distance de trois ou quatre mètres, le harponneur lança son harpon.

Mais le harpon était lancé d'une main moins sûre que le javelot d'Hippolyte; aussi, au lieu de faire au flanc du monstre une large blessure, glissa-t-il tout simplement sur la peau. Bien que la baleine, grâce à la couche de graisse dont elle est recouverte, et pour laquelle elle est recherchée, ait l'épiderme peu sensible, il paraît que l'égratignure fit son effet, car elle plongea aussitôt.

Les deux bateaux se trouvèrent entraînés dans l'abîme que creusa l'énorme cétacé; seulement, le bonheur voulut que ni l'un ni l'autre ne fût englouti.

Nous les vîmes demeurer seuls sur la mer bouillonnante et pleine d'écume : la baleine avait disparu en fouettant l'eau de sa queue.

On attendit avec une certaine anxiété pour savoir à quel endroit elle reparaîtrait; les regards embrassaient tout le cercle de l'horizon, chacun fixant les siens dans la direction qu'il supposait que le monstre avait prise.

Au bout de dix minutes, la baleine reparut à trois cents mètres à l'arrière du bâtiment. Les deux barques, voyant qu'il ne leur était point arrivé malheur à la première attaque, s'étaient enhardies : elles se remirent à la poursuite de l'animal, et le boutre abaissa sa voile de manière à demeurer en panne.

Nous nous trouvions par le travers d'un des derniers mouillages de la province de l'Hedjaz ; nous étions assez près de terre pour distinguer les maisons comme des points blancs surmontés de panaches verts, qui n'étaient autres que des palmiers.

J'eus l'idée de profiter de l'heure que nos marins emploieraient à chasser la baleine, pour chasser, moi, les gazelles dans les îles qui nous entouraient.

J'appelai une des deux barques et lui fis donner l'ordre par le reïs de me déposer sur l'île d'Abblad, qui était la plus rapprochée de nous.

Je pris mon fusil et me fis suivre par Sélim, et un nègre du bord.

Je n'avais pas de plomb à chevreuil; mais, selon la coutume arabe, j'avais des balles coupées en sept ou huit morceaux.

La barque me conduisit à l'île, et se hâta de remettre le cap sur la baleine; de mon côté, je me mis aussitôt en chasse.

Il semble que tous les cormorans, tous les pélicans, tous les goëlands, toutes les mouettes, tous les ibis, toutes les cigognes de la mer Rouge se soient donné rendez-vous à Abblad ; mais, comme aucune de ces espèces n'était, à mon avis, meilleure à manger que le requin, je les laissai me regarder gravement, sans songer le moins du monde à les troubler dans leur contemplation.

J'entrai par curiosité dans deux ou trois grottes, et j'en fis sortir des nuées de chauves-souris de la grosseur d'une poule. Il y avait aussi dans les mêmes grottes des essaims d'abeilles qui y font un miel d'un blanc mat extrêmement compacte, et dont les Arabes sont d'autant plus friands que, grâce à la chaleur, ce miel se détache de lui-même de la cire, et ne donne, par conséquent aucune fatigue pour sa récolte.

En traversant un espèce de mâquis, je fis lever

une bande d'oies sauvages ; je tirai dessus : il en tomba trois.

Sélim en chargea notre nègre, qui fut presque fâché de m'avoir crié : « Ouis louis ! » au moment où les oies s'étaient levées, puisque cet éveil lui valait la peine de porter un poids de douze à quinze livres.

Je voyais, en outre, de temps en temps, des animaux de la grosseur d'un chat sauter agilement d'un arbre à l'autre ; j'ignorais à quelle espèce ils appartenaient, et je croyais avoir affaire à de gros écureuils. J'envoyai un coup de fusil à l'un d'eux : il tomba. Sélim courut pour le ramasser ; mais il arriva trop tard : trois ou quatre individus de la même espèce s'étaient emparés du blessé ou du mort, et l'emportaient avec de grands cris.

Le nègre alors me cria : « Virth ! virth ! » ce qui voulait dire : « Singes ! singes ! »

J'avais déjà tiré des singes en Nubie, du côté du Sennaar ; mais ils étaient beaucoup plus gros et de l'espèce des cynocéphales ; ce qui fait qu'à la première vue, je n'avais pas reconnu ceux-ci.

Je remarquai alors qu'ils se tenaient plus particulièrement sur les papayers, étant fort friands de papayes, fruits excellents au goût, rafraîchissants quoique sucrés, ressemblant à un concombre, avec des pepins noirs et ronds comme des grains de poivre.

J'invitai Sélim à mettre plus de rapidité dans ses évolutions, afin d'arriver avant les amis du prochain blessé ou du prochain mort.

L'occasion ne se fit pas attendre; je tirai un second singe qui tomba comme le premier.

Sélim s'élança et le ramassa, en effet, avant qu'il fût secouru par ses compagnons; mais, dans son empressement, il ne s'aperçut pas que l'animal n'était que blessé; de sorte que celui-ci lui fit, en termes de combat, une prise à la main.

En véritable Arabe qu'il était, Sélim, voyant que le singe ne voulait pas desserrer la mâchoire, prit à sa ceinture sa djembia, et, sans se plaindre le moins du monde, sans jeter les hauts cris comme eût fait un domestique français, trancha la tête du singe avec une adresse digne d'un bourreau turc.

Puis il lui desserra les dents à l'aide de la lame de sa djembia, et, cette double opération terminée, il me rapporta l'animal en deux morceaux.

Je voulus bander la plaie de Sélim; mais il me pria de le laisser la traiter à sa manière, disant que ce n'était point la peine de me déranger pour si peu de chose. Il suça le sang pendant cinq minutes, et, déchirant un morceau de sa manche de chemise, il banda sa main, et il n'en fut plus question.

Cependant, le temps se passait et je n'avais

pas encore tiré une seule gazelle, quand, à travers les arbres, j'aperçus la réflexion d'un petit étang; je m'approchai : c'était le déversoir de toutes les eaux de l'île, et, sur ses bords, je vis des traces fraîches de pieds de gazelles.

Je cherchai à avoir le vent bon, et nous nous couchâmes dans les gommiers.

Au bout d'un quart d'heure, deux gazelles, l'une mâle et l'autre femelle, l'œil inquiet, l'oreille ouverte, sortirent d'un massif et s'approchèrent du bord de l'étang.

Elles étaient à soixante pas à peine.

Je mis en joue, espérant les tuer toutes deux; je lâchai le coup : une seule tomba quoique l'autre parût blessée; cette dernière rentra dans bois, et je la perdis de vue.

Le nègre courut ramasser la gazelle morte; c'était le mâle.

J'arrivai derrière lui, et suivis la trace de la femelle; quelques gouttes de sang que je reconnus dans sa passée me prouvèrent qu'en effet, elle avait reçu un de mes quartiers de balle. J'allais me mettre à sa recherche, lorsque je m'entendis héler par les gens de la barque.

La pêche était finie; le reïs désirait se remettre en route, et il m'envoyait prendre.

Je hélai à mon tour les rameurs, qui vinrent me rejoindre en laissant un homme à la garde du bateau. Je leur montrai le sang de la gazelle blessée, et, nous mettant en ligne, nous fîmes une espèce de battue dans la direction où je pensais retrouver l'animal.

Au bout d'une centaine de pas, un de nos hommes cria : « Gazel ! »

Et, en effet, levant la main, il nous fit voir au-dessus du mâquis l'animal, qu'il tenait par les deux pattes de derrière.

J'avais fait, comme on voit, une superbe chasse en peu de temps : j'avais tiré trois oies, un singe et deux gazelles.

La chasse fut complétée par une outarde de la petite espèce, que je rencontrai sur mon chemin.

Un quart d'heure après, nous avions rejoint le boutre.

Pendant la traversée, mes rameurs m'apprirent le résultat de la pêche à la baleine.

La pêche avait été moins heureuse que la chasse.

Une des barques s'était approchée à environ deux mètres de l'animal, et le harponneur avait lancé son harpon, qui, cette fois, était entré profondément.

La baleine avait plongé, emportant la corde de feuilles de palmier attachée au harpon, et qui pouvait avoir une soixantaine de mètres.

Au bout de la corde était attachée une calebasse

qui, en restant à la surface de l'eau, devait indiquer la direction que prendrait le monstre marin ; mais celui-ci avait plongé au plus profond de la mer, et la calebasse avait disparu.

Peut-être la baleine allait-elle faire une ou deux lieues avant de respirer ; de quel côté reparaîtrait-elle ? reparaîtrait-elle en vue ?

Impossible de résoudre cette question, surtout pour des Arabes dont ce n'est point l'état de pêcher la baleine.

Aussi les nôtres avaient-ils perdu courage, et, après une demi-heure d'attente pendant laquelle ils n'avaient rien vu, ils étaient revenus au boutre.

C'était alors que le reïs m'avait envoyé chercher.

On n'attendait que mon arrivée pour remettre à la voile, opération qui s'exécuta, selon l'habitude arabe, en poussant de grands cris et en invoquant le nom de Dieu et de Mahomet.

FIN DU SECOND VOLUME.

TABLE DES MATIÈRES

CONTENUES DANS CE VOLUME.

                                                      Pages.

I. — La plaine de Moûna. 5
II. — Bêtes et gens 38
III. — Un repas musulman 64
IV. — Mœurs publiques et privées 84
V. — La mort chez les mahométans 109
VI. — La ramadan. 125
VII. — Yadace 148
VIII. — El-Nedjoud. 172

FIN DE LA TABLE.